Möhle/Rabe · Kriegsdi

8,—

Volker Möhle/Christian Rabe

Kriegsdienstverweigerer in der BRD

Eine empirisch-analytische Studie
zur Motivation der Kriegsdienstverweigerer
in den Jahren 1957–1971

Westdeutscher Verlag Opladen 1972

ISBN 3-531-11135-3
© 1972 by Westdeutscher Verlag Opladen
Gesamtherstellung:
Druckerei Dr. Friedrich Middelhauve GmbH Opladen
Umschlag: Hanswerner Klein Opladen
Printed in Germany

Inhaltsverzeichnis

Verzeichnis der Tabellen und Abbildungen

Teil A

1. Einleitung

Mit einiger Regelmäßigkeit sind in der Bundesrepublik Äußerungen zu registrieren, die Unbehagen oder Aversion gegenüber einer gesellschaftlichen Randgruppe – den Kriegsdienstverweigerern – zum Inhalt haben. Diese Gruppe oder deren Tun und ihre Existenz wird häufig als unangenehm, nicht konform, staatsfeindlich oder zersetzend gewertet.

Derartige Verlautbarungen hatten in den 50er Jahren etwa den Tenor, daß sich Kriegsdienstverweigerer aus der staatlichen und »volklichen« Gemeinschaft ausschlössen [1]. Der Bundeswehr-Generalmajor Herrmann konnte 1956 nach insgesamt 31 militärischen Dienstjahren kein Verständnis für Kriegsdienstverweigerer haben, so sein Eingeständnis. Er zitierte einen hohen katholischen Würdenträger, wonach es sich bei dieser Gruppe um »Kommunisten oder Feiglinge« handelte [2]. Ende der 60er Jahre sprach dann der CSU-Abgeordnete des Bundestages und Vorsitzende des Verteidigungsausschusses Zimmermann angesichts der steigenden Zahlen von Kriegsdienstverweigerern, die ihren Antrag während der Dienstzeit stellten, von »Saboteuren« [3]. Und im Frühjahr 1971 meinte Bundeskanzler Brandt vor dem Parlament: »Wir müssen denen entgegentreten, die das unbestrittene Recht der Wehrdienstverweigerung aus Gewissensgründen zu ganz anderen Zwecken nutzen.« [4] Ein halbes Jahr zuvor hatte der sozialdemokratische Verteidigungsminister Helmut Schmidt seine eigenen Schlüsse aus der Statistik gezogen und äußerte einen »Eindruck, daß die jungen Leute aufgrund statistischer Erfahrungen davon ausgehen können, daß jemand, der als Wehrdienstverweigerer anerkannt wird, eine größere Chance hat, sich von dem Dienst davonzuschlängeln als jemand, der nicht zu dieser Gewissensentscheidung kommt. Das halte ich auch unter dem Gesichtspunkt der Gerechtigkeit für einen unerträglichen Tatbestand, der im übrigen einen großen Anreiz dafür bietet, daß sich in immer größerer Zahl junge Leute zum Wehrdienstverweigerer entwikkeln, Zahlen, die sonst in keinem anderen Staat der Welt vorkommen, wie ja auch kein anderer Staat der Welt eine so liberale Gesetzgebung gegenüber Wehrdienstverweigerern hat.« [5] Auch der Wehrbeauftragte des Deutschen Bundestages, Matthias Hoogen, stellte sich in seinem Jahresbericht 1969 »die Frage, ob die überaus große Aussicht, als Kriegsdienstverweigerer aus Gewissensgründen anerkannt zu werden, den Entschluß, von dem Grundrecht aus Artikel 4 Abs. 3 GG Gebrauch zu machen, nicht zumindest erleichtert« [6].

Einmal von der Qualität und Stoßrichtung dieser Aussagen abgesehen – sie sprechen für sich und die Aussagenden selbst – verbirgt sich hinter dieser Auffassung über die Kriegsdienstverweigerer unausgesprochen oder unbewußt die Vorstellung, daß sich im Laufe der Zeit irgend etwas an der Kriegsdienstverweigerung geändert hat. Man orientiert sich an Oberflächenerscheinungen, so, daß die Zahl der Anträge gestiegen sei, woraus beispielsweise Schmidt bestimmte Schlußfolgerungen zieht, oder vermutet gleich Kommunisten, die als »Drahtzieher« auftreten. Aber darüber, was sich konkret geändert hat, gibt es bislang keine verläßlichen und aussagekräftigen Untersuchungen.

Heinz Liepmann schrieb zu diesem Gesamtkomplex der Kriegsdienstverweigerung: »Am Maßstab der uns alle betreffenden politischen und sozialen Schicksalsfragen gemessen, handelt es sich bei der Kriegsdienstverweigerung um ein kleines Thema. Aber weil dieses kleine Thema repräsentativ ist für die Bedrohung der moralischen Position der Bundesrepublik, deshalb wird es zu einem brennend aktuellen Problem, das eine Priorität beansprucht.« [7] Wenngleich Liepmann die Kriegsdienstverweigerung auf eine Kategorie der Moralität verengt [8], gibt er doch zu verstehen, daß es sich bei der Frage der Kriegsdienstverweigerung um eine gesamtgesellschaftlich relevante Problematik handelt.

Und so wird dann auch der Versuch gemacht – angesichts der steigenden Zahl der Kriegsdienstverweigerer – diese über den Ersatzdienst zu integrieren, ihnen einen »festen Platz in der Gesellschaft zu geben« [9].

Das bedeutet einmal das Eingeständnis, daß Kriegsdienstverweigerung zu einem Problem wird, dem mit einer verbalen Diffamierung nicht mehr beizukommen ist. Andererseits versucht man Einfluß und Kontrolle über diesen Personenkreis zu bekommen, der seinerseits schon qua Institution potentiell in eine oppositionelle Haltung gezwungen wird.

Wenn die oben angeführten Zitate vermuten lassen, daß sich die Kriegsdienstverweigerung oder die Verweigerer selbst gewandelt haben, so wäre diese Wandlung näher zu bestimmen und nach den Motiven der Kriegsdienstverweigerer zu fragen.

In der hier vorliegenden Arbeit wird versucht, dieser Frage nachzugehen. Als methodischer Ansatz wurde eine Inhaltsanalyse von Bescheiden und Urteilen aus den Anerkennungsverfahren gewählt, die seit dem Frühjahr 1957 [10] durchgeführt werden. Dieser Ansatz wurde ergänzt [11] durch Intensivinterviews und eine Fragebogenaktion an einen ausgewählten »Experten-Kreis«. Die Untersuchung hat den Rahmen einer »pilot-study«, mit deren Hilfe aus einer relativ homogenen Gesamtmenge bei einer kleinen Stichprobe ein Trend erkennbar aufgezeigt werden kann [12].

Um in die Problematik der Kriegsdienstverweigerung einzuführen, wird ein Abriß der Entwicklung zum Recht auf KDV in der Bundesrepublik vorausgeschickt und die Praxis der Prüfungsgremien kritisch dargestellt. Durch diese Art der Darstellung wird es möglich, zu zeigen, daß die in der Nachkriegszeit durchaus politisch verstandene Kriegsdienstverweigerung von allen bisherigen Bundesregierungen systematisch ihrer politischen Funktion entkleidet wurde. Die in jüngster Zeit sichtbar werdenden Tendenzen zunehmender Quantität und auch kritischer Qualität bei Kriegsdienstverweigerern stellen auf einer anderen Ebene den Versuch dar, Kriegsdienstverweigerung wieder als gesellschaftsbezogene – nicht mehr losgelöst individuelle – Entscheidung zu begreifen.

2. Die Entwicklung des Rechts zur KDV in der BRD

Die Entwicklung des Kriegsdienstverweigerungsrechts setzt zeitlich – juristisch ausgedrückt – im vorkonstitutionellen Raum ein, um dann ein gutes Jahrzehnt später in der Debatte um das Wehrpflichtgesetz 1956 im Bundestag zu enden. Die Auseinandersetzung um den Gewissensbegriff wird an dieser Stelle absichtlich ausgeklammert, da hier nur die wichtigsten Schritte des Funktionswandels der Kriegsdienstverweigerung hervorgehoben sein sollen.

2.1. Zur Entwicklung der Kriegsdienstverweigerung in der Nachkriegszeit

Vom 10. bis 25. August 1948 tagte auf Herrenchiemsee der »Verfassungsausschuß der Ministerpräsidentenkonferenz der westlichen Besatzungszonen«, ein Sachverständigenausschuß der Ministerialbürokratien, »der die Tätigkeit des von den Länderparlamenten, nicht vom Volke gewählten Parlamentarischen Rates durch seine Vorarbeiten vorbereiten sollte« [13]. Im Bericht dieses Verfassungskonventes war keinerlei Passus über die Kriegsdienstverweigerung (KDV) enthalten. Einmütig [14] formulierte der Konvent Artikel 6, den Vorläufer des späteren Artikels 4 GG:

»(1) Glaube, Gewissen und Überzeugung sind frei.
(2) Der Staat gewährleistet die ungestörte Religionsausübung« [15].

Zum Themenbereich der KDV im weitesten Sinne heißt es lediglich im darstellenden Teil zu Artikel 5, daß er »zusätzlich zu den bisher üblichen Formulierungen Schutz gegen die ungesetzliche Beschlagnahme der Wohnräume (gewähre). – Im Konvent wurde hierzu der Vorschlag gemacht,

13

dem Artikel noch Bestimmungen hinzuzufügen, wie sie in Artikel 3 der amerikanischen Bill of Rights getroffen sind. Dieser Artikel lautet:

›In Friedenszeiten darf kein Soldat in irgendeinem Hause ohne Einwilligung des Hauseigentümers einquartiert werden; auch in Kriegszeiten darf dies nur in gesetzlich vorgeschriebener Weise geschehen.‹

Dem Vorschlag wurde entgegengehalten, daß sich im Grundgesetz nirgends die Möglichkeit einer deutschen Wehrmacht abzeichne, und daß gegen die Einquartierung von Soldaten einer fremden Wehrmacht ein deutsches Grundrecht keinen Schutz gewähre« [16].

»Erst in der 26. Sitzung des Ausschusses für Grundsatzfragen des Parlamentarischen Rates beantragte die Abg. Nadig (SPD) die Behandlung eines Antrags der SPD-Fraktion auf Aufnahme folgender Bestimmung über die Kriegsdienstverweigerung:

Jedermann ist berechtigt, aus Gewissensgründen den Kriegsdienst mit der Waffe zu verweigern« [17].

Der Ausschuß entschloß sich, diesen Antrag aufzunehmen, jedoch in der veränderten Form von Hermann v. Mangoldt (CDU), dessen Vorschlag dann Eingang in das Grundgesetz fand, mit einer von Seebohm (DP) vorgeschlagenen Modifizierung [18]. Grundsätzlich in Frage gestellt wurde diese grundgesetzliche Bestimmung in der 2. Lesung des Hauptausschusses am 18. 1. 1949 von Theodor Heuss (FDP), der für den Ernstfall um einen »verfassungsmäßig festgelegten Verschleiß des Gewissens« fürchtete und die KDV lieber bundesgesetzlich geregelt wissen wolle [19].

Dennoch blieb es bei der Verankerung des Rechtes auf KDV im GG. Hermann v. Mangoldt führte als Berichterstatter im Mai 1949 zu diesem Artikel im Parlamentarischen Rat folgendes aus: »In Artikel 4 war an Stelle der kurzen Fassung des Herrenchiemseer Entwurfs ein Text gewählt worden, der besser erkennen ließ, welche Rechte im einzelnen mit dem *Recht auf Glaubens- und Gewissensfreiheit* gewährleistet werden sollen. Neben diesen beiden Freiheiten ist geschütztes Grundrecht auch die Bekenntnisfreiheit. Zugleich ist – ein Ausdruck des Geistes der Toleranz, welcher diese Verfassung kennzeichnet – klargestellt, daß unter diesem Schutz in gleicher Weise das religiöse wie das weltanschauliche Bekenntnis stehen soll ... Absatz 3 ist auf einen Antrag der SPD zurückzuführen. Das hier gewährte Recht auf *Kriegsdienstverweigerung* bedarf eingehender gesetzlicher Regelung, wenn es von unlauteren Elementen nicht zum Nachteil der Gesamtheit ausgenutzt werden soll. Entgegen den sonst angewandten Prinzipien ist daher nur ein Grundsatz aufgestellt, die Regelung im einzelnen aber einem Bundesgesetz überlassen. Der Grundsatz kann also erst mit Erlaß dieses Gesetzes wirksam werden.« [20]

Welches Verständnis des Toleranzbegriffes im staatsrechtlichen Bereich dann allerdings zu finden ist, hat Otto Busch am Beispiel des Art. 4 III

GG aufgezeichnet. »Unter Führung von Scheuner und Flor – nämlich unter ausdrücklicher Berufung auf sie in der Auslegung – sieht eine Gruppe in Art. 4 Abs. 3 GG einen staatlichen Akt der ›Duldsamkeit gegenüber menschlicher Gewissensnot‹ [a]), ›Toleranz‹ und ›bedingten Verzicht des Staates‹ auf die Einberufung zum Wehrdienst, eine ›Sonderbestimmung‹ [b]), eine ›ausnahmesweise‹ Befreiung von einer ›allgemeinen Pflicht‹ [c]) und die ›Duldung der Meinung einer Minorität‹ [d]), ein ›Stück staatlicher Toleranz‹ [e]). Scheuner [f]) und Flor [g]) bezeichnen Art. 4 Abs. 3 GG als Ausdruck staatlicher Toleranz. Es wird aber sofort klar, was *sie* unter Toleranz verstehen, wenn es dann bei ihnen weiter heißt: ›Der Staat billigt die Haltung der Kriegsdienstverweigererung nicht‹ [h]) und: ›Kriegsdienstverweigerung ist erlaubter Ungehorsam gegenüber dem Gesetz‹ [i]) ... Hier erscheint sie einwandfrei und ohne Zweifel in einem modernen, in einem neuen Kapitel des Staatsrechts: die alte Konzession des Obrigkeitsstaates! Für einen Obrigkeitsstaat ist tatsächlich die ›Bereitschaft zum Martyrium› [j]) Kennzeichen einer echten Gewissensentscheidung ...« [21]

Es ist an dieser Stelle zu fragen, ob die von Busch beschriebenen obrigkeitsstaatlichen Tendenzen im Zusammenhang mit der KDV ursprünglich schon in der Entwicklung dieses Rechts angelegt waren. Daher ist es notwendig, kurz auf die Geschichte des Art. 26 I GG einzugehen, und in einem zweiten Schritt sollen die wichtigsten Teile der Debatte um den deutschen Wehrbeitrag herangezogen werden.

2.1.1. Der Artikel 26 I GG

Der Artikel 26 GG erklärt in seinem ersten Absatz die Führung eines Angriffskrieges für verfassungswidrig. Zu diesem Punkt diente dem Parlamentarischen Rat die Formulierung des Verfassungskonvents von Herrenchiemsee als Vorlage:

»Handlungen, die mit der Absicht vorgenommen werden, das friedliche Zusammenleben der Völker zu stören, insbesondere die Führung eines Krieges, werden unter Strafe gestellt.« [22]

In der Formulierung des Herrenchiemsee-Konvents war mit den Worten »Handlungen, die mit der Absicht vorgenommen werden ...« zunächst nur der subjektive Charakter einer möglicherweise kriegsfördernden Politik angesprochen worden. Während der Beratungen des Parlamentarischen Rats wurde dieser subjektive Tatbestand auf den objektiven erweitert, indem man zusätzlich festhielt, daß auch solche Handlungen gemeint sind, die de facto dazu »geeignet sind«, das »friedliche Zusammenleben der Völker zu stören«.

15

Eine ähnliche Diskussion ergab sich bei der Formulierung der Strafandrohung für eine kriegstreibende Politik. Im Oktober 1948 beantragte der Sozialdemokrat Carlo Schmid, daß eine friedensstörende Politik für verfassungswidrig erklärt werden sollte. Einen Monat später sprach sich der CDU-Abgeordnete v. Brentano gegen eine solche Formulierung aus, da ihm der Terminus »verfassungswidrig« nicht eindeutig genug erschien. Carlo Schmid hielt aber an seinem Vorschlag fest und meinte: »Wenn hier erklärt wird, daß der Akt verfassungswidrig ist, so bedeutet es, daß ohne komplizierte Rechtsverfahren Paroli geboten werden kann, während mir, wenn es nur heißt ›sind verboten und unter Strafe gestellt‹ diese Möglichkeit nicht gegeben zu sein scheint.« Wenig später führte Schmid ergänzend dazu aus, daß auf der Grundlage, eine friedensstörende Politik für verfassungswidrig zu erklären, »gegen solche Handlungen vorgegangen werden kann, ohne daß der Betroffene den Schutz der Verfassung anrufen kann.« Carlo Schmids eigener Fraktionskollege, der Sozialdemokrat Zinn, sprach sich gegen eine Formulierung aus, die nur die Verfassungswidrigkeit festhalte und forderte, daß kriegsvorbereitende »Handlungen verboten sind, (daß) man ... auch eine Strafandrohung zum mindesten in Aussicht stellen (muß)«. – Der Parlamentarische Rat einigte sich in dieser Frage dann auf einen Kompromiß, der beide Momente – Strafandrohung und Verfassungswidrigkeit – umfaßte. Damit gelangte man – wie auch bei der Ausweitung auf den »objektiven Tatbestand« – ebenfalls zu einer schärferen Formulierung des Artikels 26 GG als der vom Verfassungskonvent vorgeschlagenen.

In Zusammenhang mit unserem Untersuchungsgegenstand ist nun vor allem die Auseinandersetzung während der Arbeit des Parlamentarischen Rats von Bedeutung, in welchem Umfang jegliche Art von Kriegsvorbereitung zu untersagen sei. – Auch hier trat Carlo Schmid wieder als Wortführer auf und hob hervor, daß politische Aktivitäten denkbar seien, »die in dem Augenblick, in dem sie geschehen, nicht geeignet sind, die Führung eines Krieges vorzubereiten ... Man kann an einen als Wanderklub getarnten Verein für die Wehrhaftmachung – wie man so schön zu sagen pflegt – der deutschen Jugend denken. Man sollte aber diese Möglichkeit in unserer Formulierung klar aussprechen und sie unter die Rechtsfolge dieses Artikels stellen.« Schmids Ausführungen sahen also vor, jegliche militärische und auch vormilitärische Organisationen unter die Verbotsklausel zu stellen. Noch deutlicher wird diese Haltung, als der kommunistische Abgeordnete Karl Renner an Schmid die Frage stellte, ob er mit seinen Ausführungen auch die Möglichkeit ausschließen würde, für Westdeutschland ein Heer aufzustellen. Darauf Carlo Schmid: »Die Fassung geht noch weiter. Sogar sogenannte Wehrsportvereine sind damit ausgeschlossen.«

16

Wenngleich in Teilen des Artikels 26 I GG der Parlamentarische Rat eine schärfere Formulierung vornahm, wich er in einem Punkt von dem Vorschlag des Verfassungskonvents ab: dort war noch jegliche Kriegsvorbereitung verboten worden. Mit der endgültigen Fassung von Art. 26 I GG wurde aber nur der Angriffskrieg untersagt. Denn – so meinte der FDP-Abgeordnete Thomas Dehler – »kein Volk (hat) das Recht, sich der Pflicht seiner Verteidigung zu entziehen.«

Die hier kurz skizzierte Darstellung des Art. 26 I GG macht deutlich, daß der erste Abschnitt in sich widersprüchlich ist, wenn man ihn von seiner Entstehungsgeschichte her begreift; er stellt politisch gesehen einen Kompromiß dar: Er enthält antimilitaristische Tendenzen ebenso wie die Antizipation einer möglichen Aufrüstung.

2.1.2. Die Debatte um den Wehrbeitrag

Es würde in unserer Untersuchung zu weit führen, die einzelnen Gründe für einen westdeutschen Wehrbeitrag im Rahmen eines westlichen Militärbündnisses hervorzuheben, sondern es interessieren nur Aussagen, die eine Bestimmung der Funktion von KDV erkennen lassen [23].

Den Ausgangspunkt der mehrjährigen Auseinandersetzungen um einen deutschen Wehrbeitrag zwischen Regierung und Opposition während der 1. Legislaturperiode des Bundestages hatte Fritz Erler (SPD) folgendermaßen umschrieben: »Der zugrunde liegende Konflikt, der die gesamte deutsche Öffentlichkeit aufs tiefste aufwühlt, ist seit dem 8. November 1950 öffentlich bekannt. Es handelt sich um die Frage, ob über eine *Wehrverfassung* ohne vorherige *Änderung unseres Grundgesetzes* entschieden werden kann.« [24]

Der damalige Bundeskanzler Adenauer hatte am 24. 1. 1952 vor der deutschen und ausländischen Presse erklärt: »Aus der Bestimmung des Art. 4, daß niemand zum Kriegsdienst mit der Waffe gezwungen werden kann, ergibt sich eindeutig, daß die Erstellung einer Wehrmacht und die Wehrpflicht als völkerrechtliches Naturrecht eines jeden Staates vom Parlamentarischen Rat auch für die Bundesrepublik anerkannt wurde; man hätte sonst ja gar nicht darüber abzustimmen oder zu debattieren brauchen, ob jemand den Dienst mit der Waffe verweigern könne.« [25] Ähnlich wurde in einer Reihe der Gutachten argumentiert, die von den streitenden Parteien erbeten wurden.

Der Staatsrechtler Ulrich Scheuner kam zu dem Ergebnis, daß Art. 4 III GG »unleugbar schon prima facie ein Beweis dafür (ist), daß mit der Einführung einer Wehrmacht und Wehrpflicht gerechnet wird.« [26] In der gleichen Richtung äußerte sich Weber: »Diese Vorschrift (Art. 4 III GG) hat nur dann einen Sinn, wenn eine Heranziehung zum Militärdienst überhaupt als im Bereich der verfassungsrechtlichen Möglichkeit liegend erachtet wird.« [27] Genauer versteht er darunter den »Hintergrund einer potentiell bestehenden Wehrpflicht.« [28] Kaufmann vertrat die Auffassung, daß das Recht auf KDV »die verfassungsmäßige Zulässigkeit eines Kriegsdienstes mit der Waffe zur Voraussetzung« hat [29].

Zu einer ähnlichen Feststellung gelangte Süsterhenn, denn: »die Festlegung dieses Kriegsdienstverweigerungsrechtes ist logisch nur dann sinnvoll, wenn die Möglichkeit einer generellen Kriegsdienstpflicht und damit die Wehrpflicht vorausgesetzt wird« [30]. Ein ähnliches Verständnis von Art. 4 III GG vertrat auch Mangoldt [31].

Auffällig bei allen Gutachten, die diese Meinung teilen, ist die Tatsache, daß sie logisch abstrakt und deduktiv vom Text des Grundgesetzes bzw. der Dokumente des Parlamentarischen Rats her argumentieren. Sie unterlassen es, auch auf die Aussagen des Verfassungskonvents von Herrenchiemsee zurückzugreifen. Der Grundgedanke aller dieser Stellungnahmen ist der, daß schon der Parlamentarische Rat eine Wehrpflicht für zulässig erachtete.

Genau diese Position wurde in einer Anzahl von Stellungnahmen und Rechtsgutachten energisch bestritten. So lasse die Entstehungsgeschichte des Art. 4 III GG sogar erkennen, »daß eine allgemeine Wehrpflicht abgelehnt wurde ... Anlaß war die Befürchtung, daß Deutsche durch die Besatzungsmächte zum Dienst mit der Waffe gezwungen werden könnten.« [32] Zwei weitere Aspekte hat Rudolf Smend hervorgehoben, nämlich, daß das Recht auf KDV gesehen werden muß »in Zusammenhang des Art. 4 als ein integrierender Bestandteil der Gewissensfreiheit oder als eine Folgerung aus ihr.« [33] Zum anderen verwies Smend auf die Entwicklung im Verfassungskonvent auf Herrenchiemsee. Dort »wurde bei der Erörterung grundrechtlicher Sicherung gegen einen anderen Wehrmachtsanspruch, nämlich gegen militärische Einquartierung, die ausdrückliche Frage, auf die Besatzungsmacht beantwortet, unter allseitiger Ablehnung, dabei an deutsche Wehrmacht zu denken.« [34]

Auch Schätzel wies die Argumentation zurück, daß ein Recht auf KDV eine gesetzliche Wehrpflicht voraussetze. »Aus den Materialien des Parlamentarischen Rates geht hervor, daß man bei dieser Bestimmung nicht entfernt an eine Wiedereinführung der allgemeinen Wehrpflicht gedacht hat. Man wollte lediglich vorbeugen, daß etwa die Besatzungsmächte den Deutschen Wehrverpflichtungen auferlegen könnten. Die jetzige Auslegung von Art. 4 III GG heißt, den Sinn dieser Bestimmung in sein Gegenteil verkehren.« [35]

Löwenstein führte in seinem Gutachten aus: »Die Bestimmung (4 III GG) steht im Grundrechtsteil und ist eine spezielle Betonung der Religionsfreiheit. Sie entstammt der pazifistischen Mentalität der Nachkriegszeit.

... Es ist nicht leicht verständlich, wie man aus einer bewußten Schutzbestimmung ... auf ihr Gegenteil, die Wehrpflicht als Zwang für alle anderen Staatsangehörigen, schließen kann.« [36] Ernst Forsthoff erkannte ebenfalls hinter der »Schutznorm« des Art. 4 »die Erfahrungen des letzten Krieges und der Kriegsverbrecherprozesse« und wies darauf hin, »daß das Besatzungsrecht vor der Vorschrift des Art. 4 Abs. 3 GG den Vorrang hat ... Praktisch könne es und würde es den Besatzungsmächten nicht gleichgültig sein, wenn sie im gegebenen Falle vor die Notwendigkeit gestellt wären, sich über eine Verfassungsnorm hinwegzusetzen.« [37]

Man wollte bewußt der Gefahr begegnen, »die eigenen Staatsbürger einer Wehrpflicht zu unterwerfen, die möglicherweise von den Besatzungsmächten auf Grund der von ihnen ausgeübten obersten Gewalt hätte in Anspruch genommen werden können. Im Gegenteil hat man sich deshalb bemüht, die deutschen Staatsangehörigen wenigstens politisch und moralisch gegen eine Konskription seitens der Besatzungsmächte abzuschirmen, indem man durch Art. 4 GG das Grundrecht schuf, den Kriegsdienst mit der Waffe zu verweigern. Diesen Gedanken brachte im Zusammenhang mit der Regelung einer Kriegsvorbereitung durch Art. 26 GG der Abg. *Heile* offen zum Ausdruck, als er sich dagegen wandte, ›daß wir einem amerikanischen Militarismus den Weg ebnen, indem wir der Bevölkerung erlauben wollten, amerikanische Dienstpflicht zu übernehmen‹.« [38] Auf die Vorstellungen der Nachkriegszeit anspielend führte Schätzel in seinem zweiten Gutachten aus: »Man wollte der Welt gegenüber ein Bekenntnis der pazifistischen Einstellung abgeben und die bis zum äußersten gequälte Bevölkerung darüber beruhigen, daß nie wieder der Krieg und Kriegsdienst sein würde.« [39]

Die wohl prägnanteste Bestimmung des Grundgesetzes brachte Klein in seinem Gutachten zum Ausdruck. »Art. 4 Abs. 3 GG ist, wie Ernst Wolgast mit vollem Recht gesagt hat, nicht nur nicht ›weit davon entfernt, eine Stütze für die Remilitarisierung zu sein‹, sondern bildet ›eine besonders harte Nuß dagegen‹, da er ›eine Verdichtung und Verstärkung des antimilitaristisch-pazifistischen Charakters des GG‹ darstellt.« [40]

Der Streit um den Wehrbeitrag wurde durch die politische Entwicklung insofern überrollt, als das französische Parlament im August 1954 das Vertragswerk für die Europäische Verteidigungsgemeinschaft nicht ratifizierte [41]. Dennoch lassen sich aus den Rechtsgutachten und Schriftsätzen zum »Kampf um den Wehrbeitrag« wichtige Schlüsse für die Bestimmung der KDV ableiten.

Die erste Pervertierung des Rechtes auf KDV stellt die Argumentation dar, die aus der Existenz dieses Grundrechts deren Gegenteil – nämlich die Wehrpflicht – ableiten will. Die konsequente Fortführung dieser Argumentation schlägt sich dann in der Formulierung der Begründung zum

Regierungsentwurf des Wehrpflichtgesetzes nieder, wo in bezug auf die KDV von einem Ausnahmerecht gesprochen wird [42]. Die Vertreter dieser Richtung leiten ihre Aussagen einzig aus den Dokumenten des Parlamentarischen Rates ab, wobei sie exegetisch vorgehen, von sozialen und historischen Bezügen losgelöst.

Eine ganz andere Bestimmung des Art. 4 III GG wird durch die Zusammenschau der Dokumente des Verfassungskonvents, einiger Länderverfassungen, die Klauseln gegen den Kriegsdienst enthalten [43] und des Parlamentarischen Rates ermöglicht. Das trifft besonders dann zu, wenn diese Aussagen als Dokumente und Niederschlag des antimilitaristischen Verständnisses der unmittelbaren Nachkriegszeit gewertet und verstanden werden. Unter diesem Aspekt gewinnt KDV eine explizit politische Komponente, die pazifistische und antimilitaristische Züge aufweist. Sie dürfte aber auch teilweise – vermittelt durch die Sozialisierungsbestrebungen der damaligen Zeit [44 ff.] – die objektive Komponente einer nichtkapitalistischen Wirtschaft, als Pendant zur antimilitaristischen Haltung, beinhaltet haben.

Unter diesen Voraussetzungen ist Kriegsdienstverweigerung als subjektiv und objektiv politisch zu verstehen. Schon kurz nach der Verabschiedung des Grundgesetzes machen sich die oben angedeuteten Tendenzen bemerkbar, die darauf abzielen, die Kriegsdienstverweigerung in diesem Sinne zu entfunktionalisieren, ja sie als Vehikel zur Begründung der Remilitarisierung in ihr Gegenteil zu verkehren.

2.2. Vorbereitung der Entfunktionalisierung des Rechtes auf Kriegsdienstverweigerung

Wir wollen uns in diesem Punkt kritisch mit einem Beitrag von Ulrich Scheuner zum »Recht auf Kriegsdienstverweigerung« [48] befassen. Dieser Beitrag ist insofern wichtig, weil in ihm die Entfunktionalisierung der KDV theoretisch bereits vorformuliert wurde, bevor die allgemeine Wehrpflicht überhaupt Wirklichkeit geworden war. Scheuner beeinflußte mit seiner Meinung wesentlich die spätere Diskussion um den § 25 des Wehrpflichtgesetzes.

2.2.1. Scheuners Überlegungen basieren darauf, daß der Kriegsdienst als Norm anzusehen ist [49]. Der einzelne Bürger wird grundsätzlich »darauf vertrauen können, daß die staatliche Autorität rechtmäßig handelt« [50].

Betrachten wir mit Scheuner das Verhältnis des Kriegsdienstverweigerers zum Staat, so zeigt sich, daß der Verweigerer »das Recht des Staates, Kriegsdienste zu fordern, nicht allgemein in Frage (stellt), er fühlt sich diesem Staate im übrigen als Staatsbürger verbunden und zu Gehorsam verpflichtet.« [51]. Daher hat der einzelne auch keinerlei Recht, »einer grundsätzlichen staatsbürgerlichen Pflicht wie der Verteidigung« [52] nicht nachzukommen oder diese zu verweigern, wenn er mit der »Politik einer Regierung oder eines Staates nicht einverstanden ist« [53].

Der Staat billigt in den Augen Scheuners die Haltung der KDV nicht [54]. Deshalb kann der Staat auch nicht darauf verzichten, »die Ernsthaftigkeit der Haltung des Kriegsdienstverweigerers zu prüfen« [55]. Es muß dem Staat also »die Befugnis zustehen, das Vorhandensein echter Bedenken in einem Verfahren festzustellen« [56].

In einem solchen Verfahren hätte der Antragsteller seine Gewissensnot für seine Entscheidung gegen den Kriegsdienst darzulegen. Gewissen stellt sich dabei für Scheuner als eine »in der gesamten sittlichen Haltung des Menschen verwurzelte Gesinnung und Überzeugung« dar [57]. Die Gewissensnot des einzelnen »entsteht nicht auf Grund vorübergehender Stimmungen und politischer Meinungen, sondern auf Grund der ganzen sich in der Lebensführung des Betreffenden manifestierenden sittlichen Haltung und Gesinnung, die eine dauernde feste Bindung an ethische Grundsätze zeigt. Die Gewissensbedenken müssen einer solchen dauernden inneren Bindung entsprechen« [58].

Ist der einzelne als Kriegsdienstverweigerer anerkannt, so wird er auch ohne weiteres einsehen, »daß von ihm die Ableistung eines Ersatzdienstes als Bekräftigung seiner staatsbürgerlichen Gesinnung und Treue erwartet wird« [59]. Nach Scheuners Vorstellung sollte die Dauer dieses Dienstes zeitlich über die des normalen Wehrdienstes hinausgehen. Auch die Vergütung kann – »im Hinblick auf die leichtere Form des Ersatzdienstes« [60] – vom Wehrdienst abweichend geregelt werden. – Organisatorisch soll der Ersatzdienst unter zivile Leitung gestellt werden. Die »Zusammenfassung der Dienstverweigerer in Lagern zu praktischem Arbeitsdienst erscheint für Friedenszeiten richtig« [61]. In diesen Lagern ist darauf zu achten, daß »für das Ganze nützliche Arbeit und nicht Beschäftigung betrieben wird« [62].

KDV hat nach Scheuners Verständnis »nichts zu tun mit politischer Überzeugung« [63]. Zur Verweigerung kommt es daher nicht, »weil der Staat oder seine Politik abgelehnt wird« [64].

Der Verweigerer hat das Recht des Staates auf Kriegsführung nicht mehr grundsätzlich in Frage zu stellen. Nur für den Fall, daß der Staat den Kriegsdienstverweigerer »zur Ableistung militärischer Dienste nötigen will«, erscheint ein Widerstand des Verweigerers legitim. Dieser wird aber stets ein passiver, duldender sein. Nur ein solcher steht innerlich mit der Ablehnung von Krieg und Militärdienst in Übereinstimmung. Aktiver Kampf gegen den Staat oder seine Regierung, revolutionäre Gesinnung und Ablehnung der gegenwärtigen Verfassung oder politischen Strukturen haben nichts mit Kriegsdienstverweigerung zu tun« [65].

2.2.2. Wenn Scheuner von Staat spricht, meint er zunächst die Bundesrepublik. Sein Ausgangspunkt – die Wehrpflicht als Norm – ist schon deshalb interessant, weil er mit dieser Aussage die gesellschaftliche Entwicklung der KDV in der Nachkriegszeit und deren Ausdruck in fixierten Rechtssätzen nicht sehen will oder kann. – Betrachten wir nun die obrigkeitsstaatlichen Tendenzen [66] in Scheuners Ausführungen, so ergibt sich ein vielschichtiges Bild.

Einmal wird ein fast uneingeschränkter Gehorsam zur staatlichen Autorität gefordert. Auch ein historischer Rückblick kann Scheuner in seiner Forderung nach Gehorsam nicht verunsichern. Die Epoche des Faschismus wird auf eine Art »Irreführung« des Bürgers reduziert, gesellschaftspolitische Aspekte – etwa des Zusammenhangs von Faschismus und kapitalistischem System – geraten so notwendigerweise aus dem Blickwinkel [67]. – Ebenso verbietet es sich für Scheuner, die KDV als ein Politikum zu begreifen.

Deutlich wird diese »Enthaltsamkeit« gegenüber gesellschaftlich vermittelten Prozessen, wenn Scheuner von der Gewissensnot des Verweigerers spricht. Hierbei entwickelt er Vorstellungen, die darauf hinauslaufen, Gewissen als etwas Statisches zu begreifen, das im Individuum unabänderlich verankert ist. Da die Gewissensentscheidung des einzelnen ein individueller Akt sein soll, wird auch hier die politische Dimension von KDV eliminiert. Der Verweigerer zeichnet sich demnach durch eine unpolitische und devote Haltung aus, einzig besorgt um seine Gewissensnot, für die er im schlimmsten Fall leidend einzustehen hat. – Vorstellungen dieser Art führen konsequenterweise auf einer anderen Ebene zu Ansichten, »daß ein Kriegsdienstverweigerer aus religiösen Gründen unbedingt auch Vegetarier sein müsse« [68]. Womit das Ziel erreicht ist, den Verweigerer als einen verschrobenen Außenseitertyp zu entstellen.

Es ist sicherlich nicht mangelndes Fingerspitzengefühl, wenn Scheuner mit dem historisch vorbelasteten Begriff »Arbeitsdienst« operiert [69]. Die Bedeutung derartiger Passagen kann nur in einer abschreckenden Wirkung zu suchen sein. Denn auf diese Art soll schließlich erreicht werden, daß von der Möglichkeit der KDV nur wenige Gebrauch machen sollen. Die systematische Einschränkung hat einzig die Aufgabe, daß endlich nur noch eine Minorität gewillt ist, Gewissensbedenken gegen den Kriegsdienst vorzubringen. Ein ganz ähnliches Ziel verfolgen neuere Argumentationen, wenn sie unter dem Aspekt der »Wehrgerechtigkeit« für eine Verlängerung des Ersatzdienstes plädieren. Dessen Dauer sollte »der Dauer des Grundwehrdienstes zuzüglich der Wehrübungen entsprechen« [70].

Der ständige Gebrauch der Begriffe »Staat« und »politisch«, der eine bei Scheuner positiv, der andere negative belegt, läßt darauf schließen, daß er mit seinem Referat keineswegs Selbstverständliches vortragen wollte. War doch in der damaligen Zeit die Diskussion darüber, ob die BRD nun ein

Staat oder nur ein Provisorium sei – im Rückgriff auf die Präambel des Grundgesetzes – keineswegs abgeschlossen.

Um den Stellenwert von Scheuners Ausführungen zu verdeutlichen, wollen wir Ergebnisse von Repräsentativerhebungen zur Frage der Remilitarisierung anführen. Diese hatten bis zur Mitte der 50er Jahre ergeben, »daß für den eigenen persönlichen Bereich sich ergebende Konsequenzen einer Wiederbewaffnung immer wieder von der überwiegenden Mehrheit der Bevölkerung abgelehnt« wurden [71]. Das Sozialprestige von Berufssoldaten wurde nur gering eingeschätzt. Auf die Frage, ob ein Facharbeiter oder ein Berufssoldat in der Bevölkerung mehr Ansehen genieße, mochten nur neun Prozent dem Soldaten ein höheres Ansehen zubilligen [72]. Es ist also durchaus verständlich, daß »für die Errichtung der Bundeswehr die psychologische Situation im Jahre 1955 und 1956 nicht gut (war). Die überwiegende Mehrheit der Bevölkerung glaubte, daß sich für die Bundeswehr als Freiwillige nur die melden werden, die sonst nicht wissen, was sie tun sollten« [73].

Auf seiten der Regierung war man sich durchaus dieser Haltung der Bevölkerung bewußt und man rechnete bei der Musterung des ersten aufgerufenen Jahrgangs im Januar 1957 sogar noch mit 25 Prozent Kriegsdienstverweigerern [74].

Sehen wir unter diesem Aspekt Scheuners Ausführungen, so wird folgendes deutlich. Indem er einen Staatsbegriff entwickelt, der sich inhaltlich durch eine obrigkeitsstaatliche Qualität auszeichnet, versucht er gleichzeitig eine vollkommene Entpolitisierung der Wehrfrage. Andererseits sieht Scheuner die KDV als eine Folgeerscheinung der Wehrpflicht an und kann so konsequenterweise hierin kein Politikum erkennen. Er geht in seinen Bestrebungen so weit, daß er die KDV als gesellschaftliches Problem aufhebt, um sie dann auf eine losgelöste Gewissensfrage zu reduzieren. Sein ständiges Beharren darauf, daß Verweigerung nichts mit Politik zu tun hat, deutet darauf hin, daß die KDV eben doch politisch zu sehen ist, sonst wäre die dauernde Abgrenzung nicht nötig.

2.3. Die Einschränkung des Grundrechts durch das Wehrpflichtgesetz

Nachdem im Sommer 1954 die Pläne für einen Beitritt der BRD zur Europäischen Verteidigungsgemeinschaft gescheitert waren, wurden noch im Oktober desselben Jahres durch die Pariser Verträge die Vorarbeiten für ein bundesdeutsches Wehrpflichtgesetz notwendig. »Anfang März 1956 wurde dann durch Änderung des Grundgesetzes die Aufstellung deutscher Streitkräfte ermöglicht. Dieser Grundsatzänderung haben auch die meisten Abgeordneten der SPD zugestimmt. Als Gegenleistung ging die CDU auf einige Wünsche der SPD ein (Wehrbeauftragter, Rechte des Verteidigungsausschusses, Kriegsdienstverweigerung u. a. m.)« [75].

Nachdem in vorangegangenen Auseinandersetzungen von der Aussage des Art. 4 III GG auf die Legitimität der Wehrpflicht geschlossen wurde, verankerte man nun auch die nähere Bestimmung der Kriegsdienstverweigerung im Wehrpflichtgesetz.

2.3.1. Der drei Paragraphen umfassende III. Abschnitt des Regierungsentwurfs eines Wehrpflichtgesetzes sollte die in Art. 4 III GG geforderte nähere Regelung durch ein Bundesgesetz erfüllen. – Von zentraler Bedeutung ist die Auseinandersetzung um den Paragraphen 25 gewesen; er hatte im Regierungsentwurf den folgenden Wortlaut:

»Wirkungen der Kriegsdienstverweigerung. Wer sich aus grundsätzlicher religiöser oder sittlicher Überzeugung allgemein zur Gewaltlosigkeit in den Beziehungen der Staaten und Völker bekennt und deswegen den Kriegsdienst mit der Waffe verweigert, hat statt des Wehrdienstes einen zivilen Ersatzdienst außerhalb der Streitkräfte zu leisten. Er kann auf seinen Antrag zum waffenlosen Dienst in den Streitkräften herangezogen werden.« [76]

In der regierungsamtlichen Erläuterung zu dem Entwurf wurde noch einmal darauf hingewiesen, daß »das Recht auf Kriegsdienstverweigerung im übrigen praktische Bedeutung nur (hat), solange es eine allgemeine Wehrpflicht gibt« [77]. Um dann im nächsten Abschnitt fortzufahren: »Es gewährt ein Ausnahmerecht ..., denn in allen anderen Gesetzen verlangt der Staat auch dann Gehorsam, wenn dieser Gehorsam dem einzelnen Gewissensnot bereitet« [78].

Es heißt dann weiter: »Ist das Recht auf Kriegsdienstverweigerung ein Ausnahmerecht, so muß die allgemeine Rechtsregel, daß Ausnahmen strikt auszulegen sind, auch auf den Artikel 4 Absatz 3 Anwendung finden.« Darunter ist zu verstehen, »daß die angesprochene Gewissensentscheidung ... (sich) gegen jeden Waffenkriegsdienst richten muß« [79]. »Der Entwurf lehnt daher eine Erstreckung des durch Artikel 4 Absatz 3 gewährten Schutzes über die grundsätzliche Kriegsdienstgegnerschaft hinaus mit situationsgebundenen Entscheidungen ab« [80].

Neben diesem Gedankengang findet sich in der Begründung zum § 25 ein Ansatz, der von dem nichtplebiszitären Verfassungssystem der BRD ausgeht und daraus für die KDV ableitet: »Das Grundgesetz beruht auf dem Grundgedanken der repräsentativen Demokratie ... Würde man dem einzelnen Staatsbürger in ausdehnender Auslegung des Artikels 4 Absatz 3 die Entscheidung darüber einräumen, ob er in bestimmten politischen Situationen oder gegenüber einem bestimmten Angreifer den Kriegsdienst mit der Waffe auf Grund seiner Gewissensentscheidung leisten will, so würde dies einer zusätzlichen Volksabstimmung über die Zweckmäßigkeit der Einführung der allgemeinen Wehrpflicht oder die bewaffnete Durchführung der Verteidigung in einem bestimmten Falle oder gegen einen bestimmten Angreifer gleichkommen« [81].

Der Abgeordnete Merten (SPD) hat in der 1. Lesung des Wehrpflichtgesetzes, an diese Stelle anknüpfend, folgendes ausgeführt: »Diese staatsrechtlichen Ausführungen in der Begründung des Gesetzes und vor allen Dingen die daran geknüpften Folgerungen verdienen die Aufmerksamkeit des hohen Hauses, denn aus ihnen spricht autoritäres Denken, das sich den Staat nicht anders als einen Obrigkeitsstaat vorstellen kann, gegen dessen Entscheidungen es nun einmal keinen Widerspruch geben kann, weil dann der ganze Staat in Frage gestellt würde« [82]. Tatsächlich war wohl für die Regierung der einzig gangbare Weg der, daß man versuchte, die Debatte von politischen Aspekten möglichst freizuhalten und statt dessen auf eine abstrakte staatsrechtlich verfestigte Argumentation festlegte. Dies um so mehr, als mit dem Widerstand der Opposition zu rechnen war und sich auch ein Großteil der Bevölkerung damals noch nicht mit der Remilitarisierung abzufinden bereit war. Merten hob dann im folgenden auch hervor, »daß hier wieder einmal die merkwürdige Vorstellung umhergeistert, als tue der Kriegsdienstverweigerer eigentlich etwas Unrechtes, etwas Gemeinschaftswidriges, und als müsse er die Treue gegenüber seinem Gewissen eigentlich durch ein Martyrium erkaufen. Dem kann nicht scharf genug widersprochen werden« [83]. – Auch die enge Auslegung des Grundgesetzartikels durch § 25 im Regierungsentwurf wurde von Merten angegriffen. »Gewissensentscheidungen sind eben nicht vom Religiösen oder vom Ethischen her, sondern Gewissensentscheidungen sind auch vom Politischen und von vielen anderen Grundlagen her denkbar, und sie sind nicht nur denkbar, sondern sie sind sogar erwünscht.« [84] In ähnlicher Richtung äußerte sich auch der Abgeordnete Nellen (CDU/CSU), wenn er davon sprach, »daß nur das geschützt wird, was ich einen sehr exzessiven Pazifismus nennen möchte. So, glaube ich, kann der Gesetzgeber es nicht gemeint haben ... Denn es ist durchaus möglich, ... daß ich mich allgemein zum Waffendienst oder den Möglichkeiten des Waffendienstes bekenne, daß ich aber aus der heutigen Zeitsituation, aus einer vielleicht einmaligen und konkreten Situation – die in keiner Weise insinuieren würde, daß ich etwas Politisches damit meine, sondern aus der sich ergäbe, daß ich etwas konkret Ethisches damit meine – zu der Überzeugung komme, der Kriegsdienst ist für das eine oder andere Gewissen nicht annehmbar und nicht vollziehbar« [85]. Bezeichnenderweise wird bei den kritischen Positionen gegenüber dem Gesetzesentwurf eine Gewissensbindung zeit- und auch gesellschaftsbezogen verstanden. Aber Nellen weigert sich ausdrücklich eine derartige Haltung als politisch zu bezeichnen.

Gut zwei Monate nach der ersten Lesung legte der Ausschuß für Verteidigung seinen schriftlichen Bericht über den Entwurf des Wehrpflichtgesetzes vor [86]. Während dieser Beratung »wurde erörtert, ob nur die grundsätzliche Verneinung der Gewaltanwendung im zwischenstaatlichen Bereich eine Kriegsdienstverweigerung begründen könne oder auch eine situationsgebundene Gewissensentscheidung gleich welcher Motivierung« [87]. Der § 25 lautete jetzt in seiner überarbeiteten Formulierung:

»Wirkungen der Kriegsdienstverweigerung. Wer sich aus Gewissensgründen der Beteiligung an jeder Waffenanwendung zwischen den Staaten widersetzt und deshalb den Kriegsdienst mit der Waffe verweigert, hat statt des Wehrdienstes einen zivilen Ersatzdienst außerhalb der Bundeswehr zu leisten. Er kann auf seinen Antrag zum waffenlosen Dienst in der Bundeswehr herangezogen werden« [88].

Im schriftlichen Bericht heißt es dazu: »Indem schlechthin von ›Gewissensgründen‹ die Rede ist, verzichtet die Formulierung auf eine Abgrenzung dieser Gewissensgründe« [89].

Der Abgeordnete Kliesing (CDU) erstattete in der 2. Lesung des Wehrpflichtgesetzes dem Plenum am 4. Juli 1956 den Bericht des Verteidigungsausschusses. Er meinte, »das schwierigste Kapitel dieses Gesetzentwurfs war wegen seiner Schwierigkeit der Materie schlechthin die Frage der *Kriegsdienstverweigerung*« [90]; darin bildet der § 25 den »Grundsatzparagraphen« (Kliesing). Obwohl das Abstimmungsergebnis im Verteidigungsausschuß mit 17 gegen 8 Stimmen ausgefallen war, ist der Minderheitenstandpunkt der SPD im Bericht nicht aufgenommen worden. Deshalb kritisierte der Abgeordnete Wittrock (SPD) den Bericht scharf. Denn nach den Vorschriften [91] müssen Ausschußberichte auch die Meinungen der Minorität wiedergeben. – Wittrock wiederholte deshalb nochmals den verfassungsrechtlichen Standpunkt der SPD: »Es handelt sich ... um die Frage, ob aus der Verfassung nur ein grundsätzliches *Recht zur Kriegsdienstverweigerung* abzuleiten sei oder auch ein Recht zur Kriegsdienstverweigerung in einer bestimmten Situation. Das ist eine Problematik, die für uns in Deutschland von besonderer Bedeutung ist. ... § 25 beantwortet die Frage, ob das eine oder das andere eine zulässige Motivierung für die *Kriegsdienstverweigerung* sei, keineswegs eindeutig, so daß die Frage bei einer ruhigen Betrachtung als völlig offengelassen anzusehen ist« [92]. Dieser Gedankengang wurde erst wieder in der 3. Lesung aufgenommen und vertieft diskutiert.

2.3.2. Zwei Auseinandersetzungen in bezug auf die KDV zwischen Regierung und Opposition kennzeichneten die Debatte am 4. 7. 1956; einerseits beantragte Arndt (SPD) den Begriff »ziviler Ersatzdienst« in »Zivildienst« abzuändern, zum anderen entspann sich eine längere Debatte um die Stellung der Geistlichen zur Wehrpflicht.

»Der § 3 (des Wehrpflichtgesetzes, d. Verf.) lautet im ersten Absatz

Satz 1: Die Wehrpflicht wird durch den Wehrdienst oder im Falle des § 25 durch den zivilen Ersatzdienst erfüllt.

§ 25 ist die Vorschrift über die Kriegsdienstverweigerer. Die Ausschußfassung weicht von der Regierungsvorlage dadurch ab, daß sie zwischen *Wehrpflicht* und *Wehrdienst* unterscheidet und auch den zivilen Ersatzdienst als Erfüllung der Wehrpflicht abstempeln will« [93]. Arndts Antrag zielt darauf ab, den Passus »oder im Falle des § 25 durch den zivilen Ersatzdienst erfüllt« zu streichen, da sonst der Eindruck entstehen könnte, daß es sich bei der KDV um eine Ausnahmeregelung handle. Dies sei aber nicht der Fall, ganz im Gegenteil handle es sich nach seinem Verständnis um »eine eigenständige Alternative zur Wehrpflicht« [94].

Hier deutet sich bereits die Weigerung der SPD an, die Problematik der KDV als einen integrativen Bestandteil der Wehrpflichtgesetzgebung zu verstehen. Die Mehrheitsverhältnisse und auch schon die Antwort von Mende (FDP) verdeutlichen die vergeblichen Bemühungen der SPD. Mende führte auf den Antrag Arndts aus: »Wir wollen . . ., daß er (der Verweigerer, d. Verf.) seine nationale Verteidigungspflicht auch durch den zivilen Ersatzdienst voll und ganz erfüllt« [95]. Haaseler von der CDU/CSU-Fraktion verdeutlichte für die Regierungsparteien diese integrative Tendenz noch stärker, indem er meinte, »es bedarf also in Zukunft keiner besonderen gesetzlichen Bestimmungen, wenn man denjenigen, der den *zivilen Ersatzdienst* ableisten will, in seinen Rechten dem normalen Wehrpflichtigen gleichstellt« [96].

Nach dem damaligen Gesetzentwurf und heute geltenden Wehrpflichtgesetz sind Geistliche von der Wehrpflicht befreit. Der Abgeordnete Metzger (SPD) fragte in diesem Zusammenhang nach dem Grund dieser Wehrdienstausnahme. Nach seinen Ausführungen verstanden evangelische Pfarrer nicht, warum für »sie allein aus . . . theologischen Erwägungen« andere Vorschriften gelten sollten als für andere Gemeindemitglieder. »Vor allem wünschen sie eines nicht: daß man sie nicht vor die gleiche konkrete Gewissensentscheidung stellt wie die anderen Gemeindemitglieder« [97]. Die Auskunft des Verteidigungsministers Blank, man habe mit dieser Regelung einem Wunsch des Rats der Evangelischen Kirche entsprochen und bei den katholischen Geistlichen sei diese Regelung »herkömmlich bestimmt« [98], wies Metzger zurück, da bei der Evangelischen Kirche zur Zeit der erteilten Auskunft dieses Problem »noch gar nicht ventiliert worden war« [99]. Außerdem hatte »das entscheidende Organ der Evangelischen Kirche, nämlich die Synode, zu dieser Frage keine Stellung genommen« [100].

Den Kern des Problems dürfte wohl damals Helmut Schmidt (SPD) getroffen haben, als er die Regierungsfraktion fragte, ob sie nicht der Meinung sei, »daß durch das Festhalten an dieser Bestimmung des Regierungsentwurfs zumindest der Eindruck erweckt werden muß, daß es sowohl den kirchlichen Behörden auf beiden Seiten als auch der Christlich-Demokratischen Union darum geht, nicht in Erscheinung treten zu lassen, daß bei Wegfall dieser Bestimmung ein Großteil von *Pfarrern* beider Bekenntnisse sich als *Kriegsdienstverweigerer* bekennen würde?« [101]

2.3.3. Die 3. Lesung des Wehrpflichtgesetzes am 6. 7. 1956 gipfelte in einer Debatte um das Grundrechtsverständnis des Art. 4 III GG.

Adolf Arndt hob hervor, daß es bei diesem Problem um mehr ging »als bloß ein Organisationsproblem der Bundeswehr« [102] und verwies auf die von der SPD ständig vorgetragene Haltung, »daß eine gesetzgeberische Interpretation oder Legaldefinition des Grundrechtes aus Art. 4 Abs. 3 des Grundgesetzes gar nicht zulässig ist, und daß jedenfalls in der Sache dieses Grundrecht nicht so eingeengt werden kann und darf« [103] wie dies mit § 25 in der Ausschußvorlage geschah. »Nicht wir haben aus Anlaß dieser Gesetzesvorlage zu entscheiden, ob eine Verweigerung des Kriegsdienstes aus Gewissensgründen anerkannt werden soll, sondern das Grundgesetz hat diese Regelung durch seinen ersten und vierten Artikel schon getroffen:

Niemand darf gegen sein Gewissen zum Kriegsdienst mit der Waffe gezwungen werden,

bekennt Art. 4. Wenn es dort weiter heißt: ›Das Nähere regelt ein Bundesgesetz‹, so kann darin keine Ermächtigung liegen, zu bestimmen, was das Gewissen ist oder welches Gewissen zu Recht oder zu Unrecht schlägt; denn alle Grundrechte, auch das der Kriegsdienstverweigerung, binden nach Art. 1 Abs. 3 des Grundgesetzes die Gesetzgebung als unmittelbar geltendes Recht. . . . Aber man hat allerlei *Einschränkungen* versucht. Erstens hat man gesagt, das Grundrecht gelte nur im Kriege, wobei man sich an den Wortlaut geklammert hat; . . .« [104]. »Dieses Grundrecht ist ein Fundamentalsatz der Staatsstruktur, aber keine absonderliche Ausnahmebefugnis, sondern eine elementare Norm der Verfassung, die keiner weiteren Bestimmung des an sie gebundenen Gesetzgebers unterliegt« [105].

»Aber auch in der Sache bestehen Bedenken, ob dieser § 25 selbst in der etwas verbesserten Ausschußfassung dem Grundrecht gerecht wird.

Denn § 25 erkennt seinem Wortlaut nach allein solche Gewissensgründe an, die jeder Waffenanwendung zwischen Staaten entgegenstehen. Diese Formulierung läßt es immerhin zweifelhaft erscheinen, ob sie wirklich den in Betracht kommenden Gewissensgründen angemessen ist. . . . Jeder Versuch, das Gewissen gesetzlich zu normieren, mit anderen Worten, das Gewissen des einen, der sich allgemein zur Gewaltlosigkeit bekennt, als ein beachtliches Gewissen zu erklären, dagegen das Gewissen eines anderen, der es nicht auf sich nehmen kann, mit Atomwaffen zu kämpfen oder auf Soldaten aus seinem eigenen Volke zu schießen, als ein unbeachtliches Gewissen abzuwerten, jeder solche Versuch ist eine Überforderung des Gesetzes, kann vor dem Grundgesetz nicht bestehen und endet in Unmensch-lichkeit«[106]. Sofern der Entwurf des § 25 vorsehe, »daß ausschließlich eine solche Gewissensnot als Not des Gewissens geachtet werden soll, die überhaupt schlechthin jedweden Krieg zwischen Staaten ablehnt, dann wäre diese Einengung unerträglich und mit dem Grundgesetz unvereinbar. Würde dies beabsichtigt sein ..., so wäre das eine Anmaßung, zwischen wertvollen und wertlosen Gewissen zu unterscheiden. Es hieße dies, alle anderen Gewissen in den Mülleimer werfen, die in unüberwindliche Not geraten, weil sich der eine oder andere Mensch in seiner letzten, tiefsten, äußersten Entscheidung nicht dazu verstehen kann, am Krieg mit Atom-waffen oder am Bruderkrieg innerhalb des gespaltenen Vaterlandes teil-zunehmen«[107].

Als einziger Vertreter der Unionsparteien hob Nellen hervor: »Es ist nicht zufällig ..., daß im Ausschuß über zwei Buchstaben heftig gestritten wor-den ist: ob es heißen soll ›wer *jeder* Waffenanwendung widerspricht‹ oder etwa ›wer *der* Waffenanwendung widerspricht‹.«[108] Auch Nellen hielt den vorgelegten Passus von § 25 »nicht nur für höchst bedenklich, sondern ... auch für mit dem Grundgesetz unvereinbar«[109] und meldete starke Bedenken seinerseits an.

Auf die Ausführungen von Arndt und Nellen ging dann der Abgeordnete Haasler (CDU/CSU) ein. »Wir, die Mehrheit im Rechtsausschuß, sind davon ausgegangen, daß schon aus der Entstehungsgeschichte dieser Grund-gesetzbestimmung zu entnehmen ist, daß der Gesetzgeber damit kein per-fektes Gesetz schaffen wollte, das einer näheren Bestimmung und Ergän-zung nicht bedürfe. Er hat im Satz 2 des Art. 4 Abs. 3 ausdrücklich nieder-gelegt, daß das Nähere durch ein Bundesgesetz zu regeln sei«[110]. Der Unionsabgeordnete erläuterte auch, welche Art von Motivation zur Aner-kennung als KDV zulässig sei; nämlich »jedes echte Gewissen, das nicht situationsbedingt ist, das nicht aus temporären Opportunitätsgesichtspunk-ten heraus« entsteht, man verlange »nur ein Gewissen von Tiefe«[111].

In seiner Entgegnung bezeichnete Arndt die von Haasler vorgebrachten Argumente als »nichts anderes als eine Selbstentlarvung, ... (wenn) er entscheiden will, welches Gewissen ›echt‹ ist und welches nicht«[112]. Dennoch versuchte Arndt noch einmal, das Problem der KDV inhaltlich losgelöst von der Meinungsverschiedenheit um die Wehrpflichtgesetzge-bung zu begreifen. Denn »es liegt genauso im Sinne auch der Anhänger einer allgemeinen Wehrpflicht, hier nichts zu tun, was die sittlichen und freiheitlichen Grundlagen unseres Staates stört oder zerstört und was auch in die Bundeswehr einen Keim des Zerfalls hineintragen könnte«[113]. In ähnlicher Richtung äußerte sich auch Metzger (SPD) und meinte: »Hier geht es um eine Frage, in der es gar keine parteipolitischen Gegensätze geben kann und geben darf«[114].

Aber auf diese Argumentation ging die Unionsfraktion nicht ein. Jaeger (CDU/CSU) machte noch einmal den Standpunkt der Mehrheit bezüglich des Verhältnisses Grundgesetz und Wehrpflichtgesetz klar. Die Formulierung des § 25 ist »mit dem Grundgesetz allein deshalb schon vereinbar, weil das Grundgesetz ein Privileg nur für die Verweigerung des Kriegsdienstes mit der Waffe gibt, den Friedensdienst mit der Waffe also überhaupt nicht ausschließt« [115]. Als Carlo Schmid (SPD) auf die unzulässige Einschränkung der Grundrechtsnorm durch das Wort »Jeder« verwies und dann fortfuhr: »Mit dieser Formulierung ist lediglich der Mann geschützt, der allgemein und schlechthin der Meinung ist, es dürfe zwischen Staaten keine Gewalt angewandt werden, die zu Blutvergießen führen könnte«, bestätigte Haasler (CDU) dies durch einen Zwischenruf [116]. Die inhaltliche Auseinandersetzung war damit beendet, es blieb jetzt nur noch die Abstimmung über § 25.

Alternativ zu der Ausschußvorlage hatte Arndt folgende Lösung für den § 25 vorgeschlagen:

»Wer auf Grund des Art. 4 Abs. 3 des Grundgesetzes den Kriegsdienst mit der Waffe verweigert, ist zum Wehrdienst nicht heranzuziehen. Er leistet einen Zivildienst oder auf seinen Antrag einen waffenlosen Dienst in der Bundeswehr. Das nähere regelt ein Gesetz.« [117]

Dieser Antrag wurde abgelehnt.

»Nach der Ablehnung des Antrags der Sozialdemokratischen Partei zu § 25 haben wir die Befürchtung, daß wir es in Zukunft mit zwei Arten von Kriegsdienstverweigerern zu tun bekommen, diejenigen, die sich auf den jetzigen § 25 berufen, und diejenigen..., die sich unmittelbar auf den Art. 4 Abs. 3 des Grundgesetzes berufen, ... Wir möchten mit Ihnen (der Regierungskoalition) gemeinsam dahin kommen, daß die Regelung des § 25 beide möglichen, von uns anzuerkennenden Arten von Kriegsdienstverweigern umfaßt« [118]. Mit diesen Worten beantragte der Abgeordnete Merten (SPD) den § 25 folgendermaßen abzuändern:

»Wer aus Gewissensgründen die Beteiligung an der Waffenanwendung zwischen den Staaten ablehnt und deshalb den Kriegsdienst mit der Waffe verweigert, hat statt des Wehrdienstes einen Zivildienst außerhalb der Bundeswehr zu leisten. Er kann auf seinen Antrag zum waffenlosen Dienst in der Bundeswehr herangezogen werden.« [119]

Der CDU/CSU-Abgeordnete Bausch führte dazu aus, in diesem Antrag sei die Abänderung der Worte »jeder Waffenanwendung« in »der Waffenanwendung« vorgenommen.

»Das bedeutet in gewissem Sinn eine Lockerung des Ausschußantrags. Aber dann kommt noch eine weitere Unterscheidung. ... Dieser Antrag sagt: ›Wer aus religiöser oder sittlicher Gewissensüberzeugung sich der Beteiligung ... widersetzt‹. Das bedeutet eine eindeutige Einschränkung dessen, was im Ausschußantrag gesagt ist.« [120] Auch zu diesem Antrag ließ sich im Plenum keine Mehrheit finden; angenommen wurde die unveränderte Vorlage, wie sie der Verteidigungsausschuß bereits während der zweiten Lesung in das Plenum eingebracht hatte.

2.3.4. Zusammenfassung der Debatte von 1956

1. Die Opposition hat während der 2. und 3. Lesung des Wehrpflichtgesetzes versucht, inhaltlich die Frage der KDV nicht als einen integrativen Bestandteil dieses Gesetzes zu verstehen. Dieses Bestreben dokumentiert sich
– einerseits in der Argumentation Arndts, nicht von einem »zivilen Ersatzdienst« zu sprechen,
– zum anderen in dem Versuch (Arndt und Metzger), das Problem der KDV nicht zum Gegenstand parteipolitischer Auseinandersetzungen zu machen; nach ihren Vorstellungen hätte sich eine Regelung eng an den entsprechenden Grundrechtartikel anzulehnen.
2. Der zentrale Streitpunkt in der Auseinandersetzung um den § 25 ist die Frage, ob er die Grundrechtsnorm des Art. 4 III einschränkt. Während dies von der Regierungskoalition bestritten wird, versucht die Opposition auch der situationsgebundenen Verweigerung im Gesetz Geltung zu verschaffen. Sie geht dabei sogar so weit, den Antrag Nellen – der sich damit gegen seine eigene Fraktion stellte – zu unterstützen, obgleich andererseits mit diesem Vorschlag eine Einschränkung (vgl. Bausch) vorgenommen wurde.
3. Hahnenfeld kommt zu dem Ergebnis, daß die Debatte im Bundestag zur Frage der KDV im Rahmen des Wehrpflichtgesetzes »die Problematik von allen Seiten (beleuchtete)« [121]. Diese Aussage trifft nur bedingt zu in der hier angesprochenen Diskussion um das Gewissen orientierte man sich lediglich an moraltheologischen Kategorien. Eine allgemeine sozialwissenschaftliche oder gar speziell psychologische Diskussion um den Gewissensbegriff hat nicht stattgefunden, gerade dadurch wäre aber die Auseinandersetzung um die situationsbedingte Verweigerung auf eine ganz andere Ebene gehoben worden.
4. In der Zusammenschau von Art. 4 I und Art. 4 III GG hat Riedel auf die »einschneidende Einschränkung« des § 25 Wehrpflichtgesetz hingewiesen [122]. Weiterhin ist bemerkenswert, daß sich die Unionsparteien über die Stellungnahmen der beiden Kirchen hinwegsetzten, sie »(verlangten) den Schutz der grundsätzlichen *und* der situationsbezogenen Kriegsdienstverweigerer« [123].

2.4. Das Normenkontrollverfahren zu § 25 Wehrpflichtgesetz

Adolf Arndt sieht im § 25 des Wehrpflichtgesetzes »den bewußten Versuch . . ., einen staatseigenen Gewissensbegriff zu schaffen, d. h. zu bestimmen, daß eine Gewissensnot bloß dann rechtlich von Wert und beachtlich sei, wenn einer sich zur Teilnahme an überhaupt keinem Krieg bereit finden kann« [124]. Er gelangt zu dem Schluß: »Der § 25 ist wegen seiner Unvereinbarkeit mit Art. 4 GG nichtig« [125]. – Arndt schrieb diesen Satz im Jahre 1957. Gut drei Jahre später entschied dann das Bundesverfassungsgericht, daß »§ 25, Satz 1 des Wehrpflichtgesetzes . . . mit dem Grundgesetz vereinbar (ist)« [126].

Wir wollen hier das Urteil des Bundesverfassungsgerichts etwas eingehender betrachten, um später zu einer abgerundeten Einschätzung über die Kriegsdienstverweigerung zu gelangen. – Im Jahre 1960 bat das Schleswig-Holsteinische Verfassungsgericht das Bundesverfassungsgericht zu überprüfen, ob § 25 Wehrpflichtgesetz mit dem Artikel 4 III GG in Übereinstimmung stehe [127]. Anlaß für dieses Normenkontrollverfahren war die Aussetzung eines Kriegsdienstverweigerungs-Verfahrens bei der III. Kammer des norddeutschen Gerichts. In diesem Verfahren war der Antragsteller der Überzeugung gewesen, daß er in einem möglichen Krieg gegen Deutsche schießen müßte, sofern er zur Bundeswehr eingezogen würde. Um dies zu vermeiden, stellte er seinen Antrag auf KDV; in einem wiedervereinigten Deutschland wollte der Kläger dann jederzeit der Wehrpflicht nachkommen. – Der Antragsteller war vom Prüfungsausschuß und von der Prüfungskammer nicht anerkannt worden, da er eine ›situationsbedingte‹ Gewissensentscheidung getroffen hatte. – Vor dem Bundesverfassungsgericht mußte also entschieden werden, ob § 25 Wehrpflichtgesetz mit Art. 4 III GG in Einklang steht, und ob – vom konkreten Fall ausgehend – nur grundsätzliche Pazifisten das Grundrecht der KDV beanspruchen können oder auch situationsgebundene Antragsteller den Schutz von Art. 4 III GG genießen sollten.

Das Bundesverfassungsgericht gelangte zu dem Schluß, daß § 25 Wehrpflichtgesetz nicht verfassungswidrig sei. Denn – so das Urteil – »ein Grundrecht kann, soweit dies die Verfassung nicht zuläßt, durch einfaches Gesetz in seinem sachlichen Gehalt nicht eingeschränkt werden« [128].

Darüber hinaus gewährt Art. 4 III GG ein Grundrecht, bei dem es »sich nicht bloß um einen ›Grundsatz‹ (handelt), der erst der Aktualisierung durch den Gesetzgeber bedürfte« [129]. – »Das Gericht kommt praktisch zu dem Ergebnis, daß § 25 Wehrpflichtgesetz nur dann und insofern mit dem GG in Einklang steht, wenn man ihn nicht nur auf die Grundsatzpazifisten, sondern ausdehnend anwendet« [130]. Gustav W. Heinemann hat 1961 zu diesem Urteil angemerkt, daß der Weg der verfassungskonformen Auslegung durch das Gericht bedenklich sei. »Eine verfassungs-konforme Auslegung setzt die Möglichkeit mehrerer Auslegungen voraus. Bei § 25 war jedoch der Wille des Gesetzes eindeutig und aus der richtigen Sicht des BVerfG verfassungswidrig. In Wahrheit hat das BVerfG den § 25 nicht ausgelegt, sondern ihm einen anderen Sinn gegeben, um ihn vor dem Art. 4 GG zu retten. . . . Das BVerfG hätte von seinem Verständnis des Art. 4 Abs. 3 GG aus besser daran getan, den § 25 für nichtig zu erklären« [131].

Worin besteht nun die oben angesprochene Ausweitung des entscheidenden Paragraphen des Wehrpflichtgesetzes durch das Gericht? Das Bundesverfassungsgericht stellte fest, daß der grundsätzliche Pazifist, der in jeglicher historischer Situation den Kriegsdienst verweigert, den Schutz des Grundrechtes genießt. Darüber hinaus kann ein Antragsteller »es aber auch heute und hier allgemein ablehnen, Kriegsdienst mit der Waffe zu leisten, weil ihn Erlebnisse oder Überlegungen dazu bestimmen, die nur für die augenblickliche historisch-politische Situation Gültigkeit besitzen, ohne daß sie notwendig zu jeder Zeit und für jeden Krieg gelten müßten. Nicht der Inhalt, das unmittelbare Ziel seiner Weigerung, sondern seine Motive sind ›situationsbedingt‹.« [132] An einer anderen Stelle des Urteils heißt es, »daß die Gewissensentscheidung wesenhaft und immer ›situationsbezogen‹ (ist).« [133] – Es bleibt festzuhalten, daß im Urteil selbst ein Widerspruch angelegt ist. Zwar wird darin konstatiert, daß eine Gewissensentscheidung situationsbezogen, also gesellschafts- und umweltgebunden entsteht. Auf der anderen Seite wird Antragstellern, die eine situationsgebundene Gewissensentscheidung getroffen haben und diese nur für die augenblickliche historische Situation gelten lassen wollen, der Schutz des Art. 4 III GG abgesprochen.

Gustav W. Heinemann hat diesen Widerspruch im Grunde genommen schon vor mehr als einem Jahrzehnt erkannt, als er meinte: »Der konkrete Fall, den das VG Schleswig vorlegte, betrifft einen Wehrpflichtigen, der in einem geteilten Deutschland nicht dienen will, weil er mit der Möglichkeit rechnen müsse, eines Tages den Befehl zu erhalten, auf Deutsche zu schießen. Auch diese Weigerung kann eine allgemeine in dem Sinne sein, daß sie sich auf jeden Krieg der Bundesrepublik bezieht, weil ›heute und hier‹ kein Krieg der Bundesrepublik vorstellbar ist, der nicht zugleich Bruderkrieg würde. Das VG ist deshalb durch den Beschluß des BVerfG allein nicht gehindert, seinen konkreten Fall zugunsten des Kriegsdienstverweigerers zu entscheiden.« [134]

Versteht man eine situationsgebundene Entscheidung in dem Sinn, daß sie sich gegen die Teilnahme an bestimmten Kriegen oder gegen die Kriegführung mit bestimmten Waffen wendet, so wurde diese Entscheidung als Rechtsgrundlage für die Kriegsdienstverweigerung mit dem Urteil des

Bundesverfassungsgerichts »verfassungswidrig ausgeschaltet. Diese Auffassung muß auch entgegen höchstrichterlicher Meinung aufrechterhalten werden.« [135] Der Staatsrechtler Ernst-Wolfgang Böckenförde kommt in dieser Frage zu dem folgenden Ergebnis: »Art. 4 III GG geht, wie Art. 4 I, von dem allgemeinen, nicht einem normativen verengtem Begriff des Gewissens aus. Er will alle Gewissenspositionen schützen, die sich als solche gegen den Kriegsdienst mit der Waffe richten, nicht nur die sogenannte prinzipielle Kriegsdienstverweigerung. § 25 WpflG und BVerfGE 12, 45 stehen mit Inhalt und Intention des Art. 4 III nicht in Einklang.« [136]

2.5. Zusammenfassung

Die sich später im GG als Recht auf KDV niederschlagenden Tendenzen der Nachkriegszeit müssen als Ausfluß eines antimilitaristischen, pazifistischen, zu Teilen auch antikapitalistischen gesellschaftlichen Bewußtseins verstanden werden. Dem Recht der Verweigerung ist damit politische Bedeutung und Aussagekraft zuzuschreiben. In dem Streit um den westdeutschen Wehrbeitrag werden diese Inhalte größtenteils bereits zugunsten eines mehr individuellen Verständnisses eingeschränkt.
Eine Pervertierung des Art. 4 III GG liegt schon insofern vor, als von ihm ahistorisch auf die Wehrpflicht zurückgeschlossen wird. Der konkrete Anlaß für diesen Grundrechtsartikel dürfte in einer Schutzklausel liegen, mit deren Hilfe Deutsche vor einer Einberufung durch die Besatzungsmächte bewahrt werden sollten. Diese Tatsache ging bereits in der Debatte um den westdeutschen Wehrbeitrag unter und wurde bei der Auseinandersetzung um die Wehrpflichtgesetzgebung im Bundestag mit keinem Wort erwähnt.
Bereits in den ersten Jahren nach der Verabschiedung des Grundgesetzes wird der Grundrechtsartikel auf KDV als Ausnahmerecht von den Kräften verstanden, die für eine Remilitarisierung eintreten. Im Zuge dieser Entwicklung wird der an sich nicht unpolitisch gemeinte Gehalt des Verweigerungsrechts auf ein immer mehr individuelles und unpolitisches Maß eingeengt. Diese Reduzierung, die gleichzeitig den letzten Schritt der Entfunktionalisierung des ursprünglich Beabsichtigten darstellt, ist mit der Wehrgesetzgebung 1956 abgeschlossen; dabei kann sich die Regierung mit einer unzulässigen Einschränkung des Art. 4 III GG durchsetzen.

Teil B

3. Das Anerkennungsverfahren

Die entscheidende Basis für das Verfahren zur Anerkennung als Kriegsdienstverweigerer bildet § 26 des Wehrpflichtgesetzes. Die Darstellung
dieses Verfahrens in theoretischer und praktischer Sicht sowie dessen kritische Betrachtung wird hier soweit ausgeführt, wie sie notwendige Voraussetzung für das Verständnis des Motivationswandels der Verweigerer
ist. Anschließend wird sowohl auf die Stellung des Vorsitzenden als auch
der Beisitzer in den beiden ersten Verfahrensinstanzen einzugehen sein. [137]

3.1. Darstellung des Verfahrens

Wer auf Grund des Artikels 4 III GG den Kriegsdienst verweigern will,
muß sich auf seine Gewissensüberzeugung vor gesetzlich vorgeschriebenen
Gremien befragen lassen. Das Verfahren wird nur auf einen Antrag
des jeweiligen Wehrpflichtigen eingeleitet. Nach der gesetzlichen Regelung
soll dieser Antrag zwei Wochen vor der Musterung – also nach der Wehr-
erfassung – bei dem Kreiswehrersatzamt gestellt werden, in dessen Einzugsbereich der Wehrpflichtige seinen Hauptwohnsitz hat. In einem solchen Fall ist die Einberufung des Wehrpflichtigen solange unmöglich,
– bis die Entscheidung des Prüfungsausschusses (1. Instanz) [138] rechtswirk-
sam geworden ist.
– Dies gilt auch, sofern der Antragsteller oder der Leiter des jeweiligen
Kreiswehrersatzamtes gegen die erstinstanzliche Entscheidung Widerspruch eingelegt hat und bis hierüber entschieden ist.
Anders verhält es sich, wenn der Antrag erst nach der Musterung oder
während der bereits angetretenen Bundeswehrdienstzeit gestellt wird. Bei
der Antragstellung nach der Musterung *kann* das Kreiswehrersatzamt den
Einberufungsbefehl bis zur Entscheidung des Prüfungsausschusses aus-
setzen. Bei Soldatenanträgen bleibt der Antragsteller bis zur rechtskräfti-
gen Entscheidung in der Truppe.
Der damalige Generalinspekteur der Bundeswehr – de Maizière – hatte in
einem ersten Erlaß vom Oktober 1966 angeordnet, daß Antragsteller aus
der Truppe von jedem Dienst mit der Waffe freizustellen seien. Bis zur
endgültigen Entscheidung eventuell erst in der Verwaltungsgerichtsinstanz

war damit der Soldat vom Waffendienst befreit. – Nachdem aber die Zahl der Verweigereranträge von Soldaten anstieg – der Wehrbeauftragte Hoogen sprach in seinem Jahresbericht 1968 von »besorgniserregender Zunahme« –, schränkte de Maizière seinen Erlaß im Mai 1968 ein und ordnete für Soldaten wieder den Waffendienst an, sofern sie in der ersten Instanz abgelehnt waren. Rechtsgrundlage für diesen Erlaß war der Beschluß des Bundesgerichtshofes vom 21. Mai 1968, in dem festgestellt wird, »daß ein Soldat, der einen Antrag auf Anerkennung als Kriegsdienstverweigerer aus Gewissensgründen stellt, bis zur unanfechtbaren Entscheidung dieses Antrages Soldat mit allen Rechten und Pflichten ist und deshalb dem Dienst mit der Waffe unterliegt« [139].

Dabei wird Art. 4 III GG einschränkend so gedeutet, daß »die Gewissensposition gegen den Kriegsdienst mit der Waffe zu schützen« sei und der »Kriegsdienstverweigerer vor dem Zwang zum Töten zu bewahren« sei. »Da dieser Zwang im Frieden grundsätzlich nicht unmittelbar an den Soldaten herantritt, hält es das Bundesverfassungsgericht für zumutbar, den bisher geleisteten Dienst als Soldat für eine kurze Übergangszeit noch fortzusetzen« [140].

Auch bereits aus der Bundeswehr Ausgeschiedene und Zeitsoldaten können ihre Anerkennung als Kriegsdienstverweigerer beantragen. Von einer Entscheidung über ihren etwaigen Antrag ausgenommen sind Männer, bei denen »eine Einberufung aus anderen Gründen nicht in Betracht kommt« (§ 26 WPflG), etwa Geistliche (vgl. oben 2.3.2.) oder auf Grund der Musterung dauernd untauglich Befundene [141].

Das Gesetz verlangt, daß der Antrag schriftlich gestellt werden *muß*, er *soll* begründet sein. Über den Antrag entscheidet ein *Prüfungsausschuß* beim zuständigen Kreiswehrersatzamt, der von einem Angehörigen des Bundesverteidigungsministerium geleitet wird, der die Befähigung zum Richteramt oder höheren Verwaltungsdienst besitzen *muß*. Als Vorsitzender bereitet er die mündliche Verhandlung vor und leitet sie auch. Er hat im Entscheidungsverfahren nur beratende Stimme. – Die eigentliche Entscheidung treffen drei Beisitzer, zwei von ihnen werden von kommunalen Vertretungsorganen gewählt, der dritte wird von der Landesregierung »oder der von ihr bestimmten Stelle benannt« (§ 26,3 WPflG).

Die Mitglieder des Ausschusses sind nicht weisungsgebunden und haben »bei ihrer Entscheidung die gesamte Persönlichkeit des Antragstellers und sein sittliches Verhalten zu berücksichtigen« (§ 26,3 WPflG).

Während der Sitzung wird vom Vorsitzenden ein sinngemäßes Protokoll diktiert, das der Antragsteller auf seinen Wunsch hin vorlesen lassen, eventuell abändern und bestätigen kann. – Über den Ausgang des Verfahrens werden der Antragsteller und die Wehrbehörde mit einem Bescheid benachrichtigt, den der Vorsitzende verfaßt.

Gegen die Entscheidung des Prüfungsausschusses kann sowohl der Antragsteller als auch das zuständige Kreiswehrersatzamt Widerspruch bei der übergeordneten Instanz – der *Prüfungskammer* – einlegen. Die Verhandlungsmodalitäten sind hier ähnlich geregelt wie beim Ausschußverfahren: Auch hier ist der Vorsitzende Beamter der Wehrersatzbehörde, dem drei Beisitzer zugeordnet sind.

Das Rechtsmittel gegen den Kammerbeschluß kann ebenfalls von beiden Seiten mittels einer Klage vor dem *Verwaltungsgericht* eingelegt werden. Die Kammern der Verwaltungsgerichte sind mit drei Berufsrichtern und zwei ehrenamtlichen Verwaltungsrichtern besetzt. Sie entscheiden durch einen Urteilsspruch, gegen den bei Fällen, die Kriegsdienstverweigerung betreffen, keine Berufung zulässig ist. Im Urteil ist ebenfalls angegeben, ob eine Revision beim Bundesverwaltungsgericht zugelassen wird. Dies ist nur dann der Fall, wenn entweder eine Rechtssache von grundsätzlicher Bedeutung vorliegt, oder aber das Urteil des Verwaltungsgerichtes von Entscheidungen des Bundesverwaltungsgerichtes abweicht. – Daneben besteht noch – in geringem Umfang praktiziert – die Möglichkeit, in Kriegsdienstverweigerungsverfahren vor das Bundesverwaltungsgericht zu gehen, wenn Verfahrensmängel in Verwaltungsgerichtsverfahren zu rügen sind.

Zu diesem Punkt meinte der Stuttgarter Rechtsbeistand Joachim Loes: »Ich habe deshalb in manchen Fällen beantragt, psychologische Sachverständigengutachten einzuholen; oder stelle doch wenigstens diesen Antrag vor Gericht ›hilfsweise‹. Dann ist bei einer negativen Entscheidung des Gerichtes eventuell ein Revisionsgrund gegeben, falls ein solches Gutachten nicht eingeholt wurde.« [142]

3.2. Kritische Anmerkungen zum Verfahren

Nach der Darstellung der mehr formalen Seite des Verfahrens wollen wir nun einige kritische Aspekte aus den beiden ersten Prüfungsgremien hervorheben. Dabei wird der enge Rahmen einer formal-juristischen Betrachtungsweise des Verfahrens öfter zu verlassen sein, um zu verdeutlichen, daß bei den Beratungen zum Grundgesetz nie Vorstellungen zum Tragen gekommen sind, die darauf abzielen, für die Realisierung und Inanspruchnahme eines Grundrechtes ein Verfahren einzuschlagen und zu praktizieren, das sich mit dem Grundgedanken eines Rechtsstaates nur schwer in Einklang bringen läßt.

Ungeachtet der Problematik, was eine Gewissensentscheidung ist, wird der Antragsteller dazu gezwungen, seine Gewissensbedenken in nicht-öffentlichen Prüfungsgremien vorzutragen. Das Verfahren muß für ihn zwangsläufig zu einem Problem der richtigen Begründung und Sprachgewandtheit werden [143]. Ein dumpfes Unbehagen gegenüber der waffenmäßigen Auseinandersetzung genügt in den meisten Fällen nicht; verlangt wird eine gedankliche Auseinandersetzung mit dem eigenen Gewissen, die im Prüfungsverfahren offen dargelegt werden soll. – Hier ist bereits ein Selektionsmechanismus verfahrensmäßig verankert.

Denn die Auseinandersetzung über das Gewissen kann im Individuum nur dann eingeleitet werden, wenn vorher seine nähere soziale Umwelt – Schule oder Eltern – hier initiierend wirkt.

Oevermann [144] hat auf Spracherwerb und Sprachgebrauch sowie die kognitiven Fähigkeiten des einzelnen hingewiesen und aufgezeigt, in welch enger Abhängigkeit zur sozialen Schichtung diese Fähigkeiten entstehen. – Darüber hinaus gilt für das Verfahren Basil Bernsteins Aussage: »Es fällt dem Sprechenden (aus der Unterschicht – d. Verf.) schwer, die subjektive Intention sprachlich genau darzulegen und explizit zu machen. In einer Situation, die das erfordert, steigen die Angstgefühle erheblich an. Das wiederum hemmt die weitere Verbalisation« [145].

Tatsächlich ist eine Bemerkung treffend, die in dem gesamten Prüfungsverfahren ein Relikt inquisitorischer Maßnahmen sieht [146]. Adolf Arndt hatte bei den Beratungen des § 25 im Bundestag darauf verwiesen, daß es in jedem Prozeß auch um die Glaubwürdigkeit eines Menschen ging. Aber nicht einmal gegen einen des Mordes Beschuldigten dürften Grundsätze angewandt werden, »ihn ›allgemein‹ auf seine sittlichen Grundsätze hin zu prüfen. . . . Denn was in der sittlichen Überprüfung steckt, ist die kommende Degradierung und Diffamierung der Kriegsdienstverweigerer, bei denen herausgesucht wird, der Mann habe angeblich einmal dieses und jenes getan« [147]. Diese, dem Kriegsdienstverweigerer zugedachte, gesellschaftliche Position faßt der ehemalige Bundesvorsitzende des Verbandes der Kriegsdienstverweigerer (VK) – Reinhold Settele – 1967 folgendermaßen zusammen: Im Wehrpflichtgesetz »ist genau gesagt, was mit Leuten zu geschehen hat, die solche Bekenntnisse ablegen wie wir; und damit schien ein Strich gezogen, eine Abteilung geschaffen, (schienen) die Wenigen in die Ecke manövriert zu sein« [148].

Die beiden ersten Instanzen sind – juristisch gesehen – Verwaltungsausschüsse des Bundesverteidigungsministeriums. Günter Amendt hat auf die institutionelle Verankerung der beiden ersten Entscheidungsgremien aufmerksam gemacht und sie folgendermaßen beschrieben: »Die Exekutive hat es verstanden, mittels des ministeriellen Apparates, aber über die Köpfe derer hinweg, die diesen Apparat legitimieren, ihre einseitigen Vorstellungen durchzusetzen« [149]. Aber diese Betrachtungsweise, daß sich formal das Verfahren in der Hand der Exekutive befindet, die ihre eigenen Anschauungen vom Parlament unkontrolliert durchsetzen kann, wen-

det das Problem zunächst nur auf die Frage der klassischen Gewaltentei-
lung. Versteht man Kriegsdienstverweigerung nicht nur als »demokrati-
sches Alibi« [150], worauf es lange Zeit reduziert wurde, sondern begreift
man Kriegsdienstverweigerung als eine Alternative zum Militär [151], so ist
es befremdlich, zu sehen, daß ausgerechnet das Verfahren auf Anerkennung als Kriegsdienstverweigerer in der Hand der militärischen Administration zusammengefaßt ist. Richter und Beklagter also dieselbe Institution ist. Keinesfalls haltbar sind in diesem Zusammenhang die Ausführungen des Wehrbeauftragten des Deutschen Bundestages, der im Februar
1970 meinte: »Gegenüber den häufigen Vorwürfen, insbesondere der
außerparlamentarischen Kräfte, daß das Grundrecht aus Artikel 4 Abs. 3
von den zuständigen Instanzen im Bereich der vollziehenden und voll-
streckenden Gewalt ausgehöhlt oder gar beseitigt werden sollte, muß ich
mit aller Entschiedenheit darauf hinweisen, daß die Prüfungsausschüsse
und -kammern für Kriegsdienstverweigerer, die Verwaltungsgerichte und
alle anderen an dem Anerkennungsverfahren beteiligten Stellen durch
eine verantwortungsbewußte Handhabung ihrer gesetzlichen Möglichkeiten immer wieder ihren Respekt vor der Verfassung in der Öffentlichkeit bekundet haben« [152].
Wir werden jedoch zeigen, daß ohnehin schon die dominante Funktions-
ballung in der Hand des Vorsitzenden die postulierte Unabhängigkeit
aufhebt.

3.2.1. Der Vorsitzende und seine Stellung im Verfahren [153]

In den ersten beiden Instanzen des Kriegsdienstverweigerungsverfahrens
hat der Vorsitzende auf Grund seiner Stellung vielfältige Möglichkeiten,
das Verfahren entscheidend zu beeinflussen.
Bei der Person des Vorsitzenden von Prüfungsausschuß und Prüfungskammer sind zwei Aspekte beachtenswert; einmal der individuelle, also
die Frage, inwieweit er seine Autorität und sein eventuell autoritäres
Gebaren gegenüber den Beisitzern und gegenüber dem Antragsteller zur
Geltung bringt. Der zweite Aspekt liegt in seiner materiellen und beruflichen Abhängigkeit im institutionellen Bereich der militärischen Administration begründet. Zwischen beiden Seiten sind Reibungspunkte denkbar,
dann nämlich, wenn es sich – individuell – um einen aufgeschlossenen Vorsitzenden handelt, in dessen Verhandlungspraxis es zu vergleichsweise
vielen Anerkennungen kommt, und sich dies negativ in seinem beruflichen
Fortkommen niederschlägt.
Für unsere Untersuchung ist der individuelle Aspekt vorrangiger und es
sollen daher einige Verhaltensmuster von Vorsitzenden dieser Entscheidungsgremien kurz vorgestellt werden. Keineswegs kritisch gemeint war

die folgende Bemerkung eines Oberregierungsrates der Wehrbereichsverwaltung Hannover. Er führte im März 1965 aus: »Auch wenn der Vorsitzende bei der abschließenden Entscheidung kein Stimmrecht hat, kann er durch Vorbereitung und Leitung des Verfahrens, insbesondere durch die verantwortliche Anhörung des Wehrpflichtigen, das Prüfungsverfahren maßgeblich beeinflussen. Ferner hat er bei der Beratung seine Rechtskenntnisse und seine Erfahrung aus der Rechtsprechungspraxis den Beisitzern zur Verfügung zu stellen« [154].

Die Formulierung, daß »der Vorsitzende als ›Fachmann‹ gilt« und »seine Argumentation dominierendes Gewicht« hat [155], ist eher noch zu schwach, verglichen mit der mancherorts geübten Praxis. So meinte in diesem Zusammenhang Reinhold Settele nach rund sechsjähriger Tätigkeit als Beisitzer bei einem Stuttgarter Prüfungsausschuß: »Ich habe bisher noch keinen Vorsitzenden erlebt, der nicht zu Beginn der Beratung – also nach Anhörung des Verweigerers – ein Plädoyer gibt, mit dem die Beisitzer schließlich beeinflußt werden sollen.« [156]

Der eigentlichen Verhandlung vorgelagert – und in der Regel für den Antragsteller ›unsichtbar‹ – liegt die Vorbereitung des Prüfungsverfahrens. Schon hier setzt der Prozeß ein, daß die Vorsitzenden »einseitig für den Wehrdienst Partei ergreifen« [157].

Denn: »Der Vorsitzende hat es auch in der Hand, wie viele Verhandlungen er an einem Tag führt. So kann er bei einer Kammer oder einem Ausschuß, der gerne ablehnt, viele Verhandlungen ansetzen; wenn er Beisitzer hat, die gerne anerkennen, setzt er nur eine Verhandlung an. Er kennt ja seine Beisitzer nach kurzer Zeit [158].

Zwar ist der Vorsitzende formal – was den Verfahrensausgang betrifft – nicht stimmberechtigt; aber er hat die Möglichkeit und nimmt sie oft wahr, nach der Anhörung des Verweigerers, in der Beratung sein Plädoyer gegenüber den Beisitzern abzugeben. Er strukturiert die Meinungen und damit auch die Entscheidungen der Beisitzer auf diese Weise vor. Je nach Zusammensetzung dieses Gremiums ist dann die Gefahr einer Anpassung an diese vorgetragene Meinung durch die Beisitzer gegeben. So sagt Pfarrer Finckh, Geschäftsführer der EAK: »In der Regel ist der Vorsitzende Regierungsrat oder Oberregierungsrat, wenn dann die Beisitzer niederen sozialen Ranges sind, etwa einfache Behördenangestellte oder Inspektoren sind, schließen sie sich in aller Regel aus reiner Behördengewohnheit der Meinung des Oberregierungsrates an.« [159]

Diese Aussage läßt sich dahingehend verallgemeinern, daß über verinnerlichte Hierarchisierungsprozesse und Autoritätsfixierung nicht nur »funktionale Sachautorität« des Vorsitzenden als in der Regel einzigem Juristen im Prüfungsgremium dominiert, sondern auch sogenannte »Surplus-Autorität, (die) ... funktional nicht begründet, rational nicht ausgewiesen«

ist [160]. Dem Inhalt des Plädoyers des Vorsitzenden kommt dadurch großes, wenn nicht ausschlaggebendes Gewicht zu.

Der Vorsitzende faßt nach der Entscheidung des Prüfungsausschusses, bzw. der Kammer, den Bescheid ab, der inhaltlich über die Ablehnung Auskunft geben soll. Er ist es, der die »Begründung abgesetzt und den Bescheid unterschrieben hat« [161]. An dieser Stelle setzt ein Prozeß ein, der objektiv manipulativen Charakter haben kann. Er liegt in solchen Fällen vor, wo der Vorsitzende bei der Abfassung des Bescheides »diese Gelegenheit benutzen kann, seine eigene Meinung selbst dann vorzutragen, wenn sie von den Beisitzern nicht geteilt worden ist; manche Bescheide sind so abgefaßt, daß man am Ende wirklich staunt, daß der Antragsteller trotz allem als Kriegsdienstverweigerer anerkannt worden ist« [162]. Der Duktus in derartigen Bescheiden sieht dann etwa so aus, daß »die Entscheidung als solche zwar positiv, die Entscheidungsgründe jedoch inhaltlich negativ abgefaßt sein (können)« [163].

3.2.2. Die Beisitzer der Prüfungsausschüsse und Prüfungskammern

Einziges Kriterium für die Tätigkeit als Beisitzer in den Ausschüssen und Kammern ist die gesetzlich vorgeschriebene »Lebenserfahrung«. Da die Beisitzer formal die Entscheidung darüber treffen, ob ein Antragsteller anerkannt wird oder nicht, hat das Bundesverwaltungsamt für sie eine »Zusammenstellung von Rechtsvorschriften und Rechtsübersicht« herausgegeben [164]. Diese Broschüre erschien im April 1966 und eine überarbeitete Fassung 1970; für die davorliegenden Jahre wurde ein doppelseitig hektographiertes Blatt verwendet. Die Broschüren sollen dazu dienen, den Beisitzern »ihre verantwortungsvolle Arbeit zu erleichtern« [165]. Sie enthalten eine ausgewählte Zusammenstellung der wichtigsten Gesetzesvorschriften sowie auszugsweise eine Reihe von Grundsatzentscheidungen. Auf eine Darstellung der Auseinandersetzung mit der Gewissensproblematik ist in den Broschüren verzichtet worden, sofern abschnittsweise derartige Themen nicht in den Gerichtsurteilen angeführt wurden.

Offensichtlich wird aber auch von dem angesprochenen Material und dessen Umsetzung in den Verfahren seitens der Beisitzer nicht viel Gebrauch gemacht. Denn selbst der Wehrbeauftragte spricht sich in seinem Bericht für das Jahr 1969 für eine Verbesserung des Anerkennungsverfahrens aus. Mittels »Informationen mannigfacher Art« sollen »die gerade in diesem Verfahren notwendigen psychologischen und soziologischen Sachkenntnisse prozessual einfließen«, um damit besser erkennen zu können, »ob bei dem Antragsteller typische Mechanismen dogmatisierten Denkens und Verhaltens in Auftreten, Artikulation und Argumentation darauf schließen lassen, daß der Verhandlungsablauf und die zielgerichtete Offenbarung seines Gewissens bereits vorher einstudiert wurden, oder ob die vorgetragenen Gründe auf einer echten Gewissensentscheidung beruhen« [166]. – Vorerst fällen die Beisitzer ihre Entscheidung jedoch häufig nach emotionalen Gesichtspunkten. »Der Eindruck eines ›guten, ehrlichen Kerls‹ ist wichtiger als eine geschliffene Argumentation.« [167] Oder aber die Beisitzer sind auf Grund der »gesellschaftlichen Tradition in ihrer Mehrheit bewußt oder unbewußt weniger an den Grundrechtsideen des Grundgesetzes als an herkömmlichen militärfreundlichen und zum Teil militaristischen Ideologien orientiert« [168]. – Eine genaue Lokalisierung nahm Heinz Kopp in diesem Zusammenhang vor: »Meine Beobachtung ist die, daß die der CDU nahestehenden Beisitzer nicht ausreichend über die höchstrichterliche Rechtsprechung orientiert sind. Das hat seinen Grund darin, daß sie der Kriegsdienstverweigerung grundsätzlich ablehnend gegenüberstehen.« [169] Weiterhin ist für das Verständnis der Beisitzer noch ein anderer Punkt bedeutsam, der in abgeschwächter Form wohl auch für den Vorsitzenden gilt. Wir wollen diesen Punkt als eine Art Sprachbarriere bezeichnen; sie liegt häufig vor, wenn Antragsteller ihre Motivation etwa in einer vorwiegend sozialwissenschaftlichen Ausdrucksweise vortragen. Hierbei treten bei Gesprächspartnern, denen die Inhalte derartiger Begriffsnomenklaturen nicht bekannt sind, nur selektive Verständnisprozesse ein, was darauf hinausläuft, daß bestimmte Begriffe je nach dem Vorverständnis mit verschiedenen Inhalten unterlegt werden [170].

Noch allgemeiner läßt sich feststellen, daß bei der Erörterung komplizierter psychologischer Zusammenhänge, wie sie in der Selbstdarstellung vom Antragsteller de facto gefordert werden, die Gefahr des Aneinandervorbeiredens besteht: Jeder Mensch kann sich nur im Rahmen seines Begriffssystems ausdrücken. Worte allein drücken die Bedeutung nicht völlig aus. Wenn die Sinnbegriffe vorhanden sind, um sich auszudrücken, dann verbinden sich die Worte, die jemand gebraucht, mit den Begriffen, und sie geben einen Sinn, wenn er sie äußert. Wenn man ihn dagegen zwingt, Worte zu äußern, die seinen Sinnbegriffen nicht entsprechen – wie zum Beispiel, »Gewissen« zu definieren –, dann ist es das gleiche, als wenn man den Betroffenen in ein Chaos persönlichen Unsinns hineinwirft. Es liegt demnach oft nicht mangelnde Bereitschaft vor, wenn ein KDVer sich nicht in wünschenswerter Weise artikulieren kann, sondern eine echte Unfähigkeit, sich selbst in Begriffen auszudrücken, die von seinem Standpunkt aus äußerst fehlerhaft für die Beschreibung der individuellen Sinnzusammenhänge erscheinen müssen [171].

4. Motivation zur KDV

4.1. Motivation zur KDV in Literatur und öffentlicher Meinung

Die Überlegungen dazu, was einen Wehrpflichtigen wohl veranlassen könnte, den Kriegsdienst zu verweigern, haben bereits zu absurden, unwissenschaftlichen Spekulationen verleitet. Das darf insofern nicht wundern, als es unseres Wissens bisher keine aussagekräftige empirische Untersuchung gibt (zumindest keine veröffentlichte), die diesen Komplex behandelt. Das gleiche gilt in ähnlicher Weise für die soziale Schichtung der KDVer. Was es dazu etwa aus dem Bundesverteidigungsministerium gibt, ist bruchstückhaft und kaum vergleichbar mit anderen Erhebungen früherer Jahre, da die Kriterien, nach denen die Untersuchungen angelegt sind, nur selten einen Vergleich mit anderen Untersuchungen zulassen [172]. Es ist jedoch bekannt, daß es in verschiedenen Bundesbehörden ausführliches Material gibt, das sicher auch zu einem beträchtlichen Teil ausgewertet sein dürfte, jedoch der Öffentlichkeit nicht einmal für wissenschaftliche Untersuchungen zur Verfügung gestellt wird. Unter anderem existieren auch nichtveröffentlichte Statistiken über »Motivation zur KDV«. In Teil D dieser Arbeit veröffentlichen wir die wenigen Ergebnisse solcher Untersuchungen des Bundesverteidigungsministeriums, die uns bekanntgeworden sind [173].

Die KDV als soziales Phänomen ist offensichtlich ein Politikum. So zeigen gerade die Äußerungen hoher Politiker, daß ihnen das Erscheinungsbild der KDV tatsächlich ein »Phänomen« ist, und mit ihren Äußerungen treten sie in die Fußstapfen von Autoren wie G. L. Binz, der die Motive der »Wehrverneinung« in der »Wehrwissenschaftlichen Rundschau« schlagwortartig aufzählt: »wehrverneinender Pazifismus = staatsgefährdender Pseudopazifismus«, »Unterbilanz an National- und Kulturbewußtsein«, »Diskriminierung des Soldatenstandes«, »Verherrlichung der Desserteursmoral« um nur einige zu nennen und fordert dann: »Konsequenzen moderner Wehraufklärung – Anschauungskraft des Frontfilms – Kirche und Schule als Mitträger seelischer Aufrüstung« [174]. Oder Hinzmann: »Die KDV kann ... nicht auf persönliche Motive, wirtschaftliche, familiäre und utilitaristische Gründe sowie auf Erwägungen der Selbsterhaltung gestützt werden. Artikel 4 Abs. 3 GG ist nicht als Zufluchtsstätte für Drückeberger und asoziale Elemente gedacht.« [175]

Ganz in diesem Sinne einig waren sich Vertreter aller Parteien einschließlich Bundeskanzler und Verteidigungsminister; anläßlich der Wehrdebatte am 26. März 1971 vor leerem Haus – 34 von 504 Abgeordneten waren anwesend [176] – gaben einmütig Brandt, Schmidt und Zimmermann »auch einigen Lehrern« (so Schmidt) sowie der GEW, IG Metall und ÖTV (so Zimmermann) die Schuld an der steigenden Zahl der KDVer [177], und Brandt schrieb gar einen Brief an die Kultusministerversammlung der Länder und meinte darin: »Ich wäre dankbar, wenn die Ministerpräsidentenkonferenz darauf hinwirken könnte, daß die Notwendigkeit und Probleme der Landesverteidigung in den Schulen allgemein mehr Beachtung finden.« Den Schülern »stehen die Kasernen offen« [178].

Genaue Angaben über die Motivation zur KDV und die Gründe für den »Gewissenskonflikt« finden sich nirgendwo. Zwar werden Vermutungen geäußert, die sich auf gewisse Grundkategorien beziehen, die man in der Regel als Motiv bei KDVern antreffe und daß es da eine Verschiebung gegeben habe, daß die ganze KDV-Bewegung politischer geworden sei, daß die Politisierung bestimmten sozialen Gruppen – der APO, den Studenten – zuzuschieben sei. Aber die Begriffsinhalte von Motiv, Gewissensentscheidung, politisch, humanitär usw. sind oft nicht klar abgegrenzt und tragen entsprechend eher zu einer Verwirrung als zu einer Klärung bei. Wenn sich jedoch in der Literatur klare Definitionen finden lassen, dann stehen sie in der Regel im Zusammenhang mit einer abstrakten juristischen Erörterung des Themas – einen Teil dieser Diskussion haben wir zu Beginn der Arbeit wiedergegeben [179].

4.2. Zur begrifflichen Abgrenzung der Motivation

Wir wollen im folgenden den Begriff »Motivation« in unserem Sinne abgrenzen. Dazu ist es notwendig, zunächst einige Aspekte aus der (sozial-) psychologischen Diskussion dieses Begriffes herauszunehmen – ohne daß mit dem folgenden Überblick Vollständigkeit beabsichtigt wäre.

In der psychologischen und sozialpsychologischen Diskussion ist der Begriff Motivation in den letzten 50 Jahren mit unterschiedlichen Inhalten gefüllt worden; auch heute ist die Diskussion darüber, was Motivation ist, was Motive sind und sogar, ob es sich bei diesen Begriffen nicht nur um wissenschaftliche »Erfindungen« handelt, keineswegs abgeschlossen.

In einer frühen Phase der Diskussion wurde ausgegangen von einer Parallelität der Begriffe »Fühlen« und »Wollen« einerseits und der »Motivation« andererseits; dabei wurde das »Fühlen« als ein mehr affektiver oder dynamischer Tatbestand von dem eher »kognitiven« »Wollen« unterschieden.

Es zeigte sich jedoch bald, daß sich diese vereinfachende Sicht, »aus der der Begriff der Motivation nichts anderes ist als eine neue Bezeichnung für die Vorgänge des Fühlens und Wollens«, nicht aufrechterhalten ließ.

»Denn diese Ausdrücke bezogen sich auf Bewußtseinstatbestände. Angeregt durch die Argumentation der Tiefenpsychologie wie durch andere Arbeitsrichtungen aber lernten wir erkennen, daß die wesentlichen Aspekte oder Phasen der Motivationsgeschehnisse unbewußt verlaufen. Diese unbewußten Faktoren aber kann man nur schwer als ›unbewußte Gefühle‹ oder als ›unbewußte Willensakte‹ deklarieren. Insbesondere schließen die von der Tiefenpsychologie angenommenen oder beschriebenen unbewußten Hintergründe des Verhaltens nicht nur Triebregungen und Gefühle, sondern z. B. Vorgänge der Zensur, d. h. des Eingriffs bestimmter ordnender Instanzen in das fundamentale Geschehen ein.« [180]

Um die psychischen und physiologischen Hintergründe des Verhaltens zu erfassen, war ein jenseits des Gegensatzpaares »bewußt – unbewußt« bzw. »kognitiv – affektiv« stehender Oberbegriff erforderlich. Ein solcher Oberbegriff ist der des »Antriebes« als einer allgemeinen Energiequelle menschlichen Handelns; eine Definition aus einem in Berlin erschienenen »Wörterbuch der marxistisch-leninistischen Soziologie« sieht Motivation als das »System der das individuelle soziale Handeln subjektiv veranlassenden bewußten Antriebe, die unmittelbar Inhalt und Richtung menschlicher Tätigkeiten bestimmen« [181].

Im Gegensatz zu einer derartigen Definition, die das Motiv quasi als Unterklasse bewußter Willenserlebnisse ansieht, ist die westliche Diskussion heute stark durch Gesichtspunkte und Einstellungen bestimmt, welche innerhalb der angelsächsischen Psychologie bedeutsam wurden. Eine typische Entwicklung ist dabei die Ausweitung des Verständnisses von Motivationsvorgängen auf »die Gesamtheit der physiologischen und symbolischen Prozesse, die uns zum Verhalten antreiben« [182]; wichtig ist hier jedoch vor allem, daß die Frage nach dem »Warum« des Verhaltens nicht auf dem Wege der Introspektion beantwortet werden soll. Motivierende Faktoren sind dieser Konzeption zufolge vielmehr aus den äußeren Verhaltensweisen und deren objektiv beobachtbaren Reizbedingungen zu erschließen.

In einem stärker vom Behaviorismus beeinflußten Ansatz wird von der These ausgegangen, daß sich Erlebnisweisen der Motivation scheinbar nicht aus dem äußeren Verhalten ableiten lassen. »Von dessen Studium aus werden nur bestimmte ›Dispositionen‹ oder auch ›hypothetische Konstrukte‹ erschließbar, dank derer der Organismus auf bestimmte Schlüsselreize (cue) antwortet. Eine derartige Disposition oder ein derartiges Konstrukt wird dann Motiv oder Trieb genannt. Beispiele solcher Dispositionen bzw. solcher Konstrukte sind Hunger, Durst, Sexus, Angst, Geselligkeitsstreben, Leistungsstreben usf. Von jeder dieser Motivationseinheiten wird festgestellt, daß sie aus dem objektiv beobachteten Verhalten abgeleitet, nicht etwa introspektiv gewonnen sei.« [183]

Ferner ist festzustellen, daß Motivationsforschung häufig zur Motivforschung reduziert wird »in dem innerhalb der psychologischen Marktforschung verstandenen Sinne: sie scheint danach nicht mehr die Aufgaben zu haben, die Gesamtheit jener psychischen und physischen Vorgänge zu erfassen, welche ein Verhalten einleiten und lenken, sondern nur, die Bedingungen zu studieren, unter denen bestimmte, inhaltlich umschriebene Motive auftauchen, und festzustellen, welche Wirkungen diesen Motiven zuzuschreiben sind« [184].

Die Aufgliederung des Motivationskomplexes nach Einzelmotiven wurde in polythematischen und monothematischen Ansätzen unternommen. Neben der überwiegenden Einteilung auf introspektiver Basis gibt es auch gelegentliche Versuche, eine »Gesamtschau menschlicher Existenz in ihren Bezügen zu den verschiedensten Seinsbereichen des Lebens, des Selbstes und der Wertwelt vorzunehmen« [185].

Aus den hier angerissenen Beispielen unterschiedlicher Ansätze verschiedener psychologischer Richtungen im Bereich der Motivationsforschung wird deutlich, daß hier kein fertiger Begriffsapparat zur Verfügung steht, den man übernehmen könnte.

Es scheint uns aber darüber hinaus ein allgemeiner schwerwiegender Mangel in nahezu allen psychologischen Ansätzen zu liegen, deren Begriffsapparate für unsere Zwecke kaum geeignet zu sein scheinen: es fehlt bei den hier skizzierten individualpsychologischen Ansätzen ein soziologisch interpretierbarer Bezugsrahmen zur Gesellschaft.

Das Aufgabengebiet der Psychologie ist im wesentlichen der Erforschung des individuellen Handelns gewidmet. Dieses hat für unsere Untersuchung aber nur Relevanz als Teil eines sozialen Prozesses, in dessen Rahmen es in Erscheinung tritt als gruppentypische, -wirksame und -determinierte Aktion. Damit soll keineswegs die Bedeutung des individuellen Sozialisationsprozesses, wie er von der Psychologie erforscht wird, für das Zustandekommen von Motivation negiert werden, jedoch kann ein diesen Bereich einschließender Motivationskomplex nicht mit bekannten Mitteln empirischer Sozialforschung erfaßt und analysiert werden, sondern am ehesten mit tiefenpsychologischen Methoden.

Unser Verständnis von Motiven und Motivation bleibt gewissermaßen an der Oberfläche des Individuums und will statt dessen Gruppeneinstellungen und -verhalten bezeichnen. So erklärt es sich auch, daß das unten noch näher zu beschreibende Meßinstrument für die Stärke der Motivation (Motivationsindex) nicht die Stärke individueller Motive mißt, sondern die von Gruppen. Dabei sind wir uns der Schwierigkeit bewußt, daß es sich hier gewissermaßen nur um quantifizierte Minimal-Informationen über Motivation handelt. Die Argumentation der Befragten muß uns weitgehend als Indikator für ihre Motivation dienen. Daraus folgt, daß nur erfaßt wird, was bewußt und artikulierbar ist; der Kodex der Interpretation sprachlicher Mitteilungen ist zudem nur bedingt intersubjektiv übertragbar.

4.3. Der gesellschaftliche Bezugsrahmen der Motivation

Es erscheint uns sinnvoll, hier noch einmal eine oben bereits zitierte Definition aufzunehmen, die unserem Verständnis von Motivation am nächsten kommt: Motivation ist »das System der das individuelle soziale Handeln subjektiv veranlassenden bewußten Antriebe, die unmittelbar Inhalt und Richtung menschlicher Tätigkeit bestimmen« [186]. Wir haben versucht zu verdeutlichen, daß es uns bei dem Bezug auf eine solche Definition nicht darauf ankommt, ob diese dem aktuellen Stand individualpsychologischer Forschung entspricht, sondern darauf, ob eine solche Definition auch das – gesellschaftsbezogene – Handeln von Gruppen zu erklären bzw. abzudecken vermag. Gerade dieser Aspekt wird von der genannten Begriffsbestimmung betont, individuelles Handeln wird als soziales Handeln gesehen, d. h. als gesellschaftsbezogenes.

Ein weiterer Punkt läßt uns diese Definition im Rahmen der hier zu behandelnden Problematik der KDV-Motivation geeignet erscheinen: sie grenzt sich ab von der in der traditionellen Motivforschung oft vertretenen Meinung, daß die Motivation bzw. die Motive letztlich außerhalb des menschlichen Erfahrungsbereichs anzusiedeln seien. Dort wird im Extremfall eine Trennung zwischen »Motivation« und »Normation« gemacht und somit eine Transzendenz der Normen, ihre Objektivität und weitgehende Unabhängigkeit vom psychologischen Mechanismus einerseits und der sozialen Umwelt andererseits behauptet. Das in diesem Zusammenhang berührte Problem des Gewissens gilt als ein irreduzibler Sachverhalt [187].

Motivation und Normen stehen jedoch in Zusammenhang, da Normen als (notwendige) gesellschaftliche Erscheinungen und Instrumente des gesellschaftlichen Zusammenlebens und -wirkens, aus den gesellschaftlichen Bedürfnissen hervorgehend, auch Motive des individuellen menschlichen Handelns sein können bzw. des Verhaltens von Gruppen dieser Gesellschaft [188]. Begreift man Normen als motivierend, so ist dabei allerdings zu berücksichtigen, daß ein in einer Gesellschaft akzeptierter Normenkatalog wesentlich von den Herrschaftsstrukturen dieser Gesellschaft bestimmt wird; inwieweit Gruppen Normen oder allgemeiner Regeln für andere Gruppen aufstellen können, hängt von ihrer politischen Macht ab. Damit soll nicht abgestritten bzw. unterbewertet werden, daß die meisten gesellschaftlichen Normen als Überbauphänomene auch eine gewisse

Eigengesetzlichkeit gewonnen haben, oder, um es mit den Worten Friedrich Engels zu sagen: »Die ökonomische Lage ist die Basis, aber die verschiedenen Momente des Überbaus – politische Formen des Klassenkampfs und seine Resultate – Verfassungen, nach gewonnener Schlacht durch die siegende Klasse festgestellt usw. – Rechtsformen, und nun gar die Reflexe aller dieser wirklichen Kämpfe im Gehirn der Beteiligten, politische, juristische, philosophische Theorien, religiöse Anschauungen und deren Weiterentwicklung zu Dogmensystemen, üben auch ihre Einwirkung auf den Verlauf der geschichtlichen Kämpfe aus und bestimmen in vielen Fällen deren *Form*.« [189]

Aus dem bisher Gesagten läßt sich schließen, daß einerseits Herrschaftsverhältnisse bzw. allgemeiner die spezifischen Gesellschaftsstrukturen und der jeweilige Standort in der Gesellschaft, andererseits der jeweilige Bewußtseinsstand darauf Einfluß haben, ob individuelles bzw. Gruppenhandeln sich an Normen oder sozialen Regeln – die Situationen und angemessene Verhaltensweisen definieren – orientiert oder davon abweicht.

»Abweichendes Verhalten« läßt sich mit Cohen [190] definieren als ein Verhalten, das institutionalisierte Erwartungen verletzt, d. h. Erwartungen, die innerhalb eines sozialen Systems geteilt und als legitim verstanden werden. Dabei läßt sich keine Alternative eindeutig definieren zwischen normenkonformem und nichtkonformem Verhalten, da nach C. Homans [191] immer das Phänomen einer ständigen Verletzung von Normen auftritt, so daß sinnvollerweise nur von verschiedenen Graden der Abweichung gesprochen werden kann.

Im Sinne der Verallgemeinerung, die dieser Ansatz Homans für den Begriff des »abweichenden Verhaltens« bringt, benutzen wir diesen Terminus, der sonst überwiegend zur Erklärung von Erscheinungen wie Kriminalität, Jugenddelinquenz, Rauschgiftsucht, Alkoholismus o. ä. dient, also sehr viel enger interpretiert wird.

Uns scheint jedoch, daß die im folgenden in Ansätzen erläuterten Erklärungsschemata der Theorien »Abweichenden Verhaltens« auch für solche Formen nichtkonformen Handelns und Verhaltens zur sozialwissenschaftlichen Systematisierung dienen können, die von dem ursprünglich engen Begriffsgebrauch nicht abgedeckt werden.

Die durch den gesellschaftlichen Standort und die Bewußtseinslage bestimmte Motivation zur KDV – als abweichendes Verhalten verstanden – läßt sich im wesentlichen in folgende Erklärungsschemata einordnen:

a) Es liegen Rollenkonflikte vor, d. h. verschiedene Erwartungen werden an eine Rolle gestellt.

b) Bewußte Opposition gegen bestehende Regeln oder Autoritäten liegt vor, d. h. die Autorität – z. B. des Staates – wird in Zweifel gestellt, auf der der Gültigkeitsanspruch einer Gesamtheit von Regeln besteht.

c) Die Motivation ergibt sich aus der Identifikation mit den Interessen und Werten der Gruppe, die sozialer Bezugsrahmen des Handelnden ist.

Die Zuordnung zu diesen drei Typen läßt sich nur mit Überschneidungen und auch nicht erschöpfend vornehmen.

Der »klassische« Fall des KDVers, wie er nach den Vorstellungen der meisten Verfahrens-Vorsitzenden und -Beisitzer wohl beschaffen sein sollte, ist der mit dem Typ a) umschriebene: hier kann etwa ein »Gewissens«-konflikt vorliegen zwischen der Norm/Erwartung: »Das Vaterland muß verteidigt werden« und der Norm/Erwartung: »Du sollst nicht töten.« Die Lösung dieses Konflikts kann – je nach den unterschiedlichen Rahmenbedingungen der Sozialisation usw. – zur KDV führen [192].

Eher dem Typ b) zuzuordnen wäre dagegen eine KDV, wenn sie aus der Ablehnung der Norm hervorgeht: »Verteidigung nur mit militärischen Mitteln, Risiko unendlich vieler Toter«, wie sie in unserem System organisierter »Friedlosigkeit« mit Hilfe künstlicher Freund-Feind-Schemata als unverzichtbar behauptet wird – nicht zuletzt im Interesse einer mächtigen, an der Rüstung profitierenden Wirtschaft [193].

Gegenüber der beim Typ a) geschilderten eher individualistischen und eventuell »Ohne-mich«-Haltung ist die Motivation zum nichtkonformen Verhalten beim b-Typ zumindest eingebettet in den umgebenden Orientierungsrahmen von gesellschaftlichen Bezugsgruppen. Allerdings können auch hier durchaus individuelle Fixierungen auf Grund prestigesuggestiver Mechanismen vorliegen.

Der c-Typ als eine spezielle Form des b-Typs liegt vor, wenn KDV das Ergebnis der Zugehörigkeit zu Formen der Subkultur ist: Edwin M. Lemert [194] unterscheidet primäre und sekundäre Abweichung. Primär heißt hier nur gelegentlich sich abweichend verhaltend (d. h. wie im a-Typ) und in der oben geschilderten Ausprägung des b-Typs, im übrigen normenorientiertes Verhalten). Zur sekundären Abweichung wird das Verhalten, wenn es sich zum eigenständigen Rollenspiel stabilisiert, in welchem man sich der gesellschaftlichen Stigmatisierung unterwirft und sich ihr anzupassen sucht. Bei einer dauerhaften Orientierung an Bezugsgruppen oder -personen, deren Rollenverhalten als illegitim gilt, kann man dann von einer abweichenden sozialen Rolle sprechen, das Verhalten ist nicht mehr nur sporadisch abweichend, sondern eingebettet in ein Rollengefüge, das selbst von abweichenden Normen beherrscht wird und daher eine Subkultur bildet. Es läßt sich aus der – allerdings nicht allzu umfangreichen Literatur – belegen, daß bei vielen Formen der Subkultur eine pazifistisch-antimilitaristische Normorientierung vorliegt, so z. B. bei »Hippies«.

Aus dem uns für die empirische Untersuchung zur Verfügung stehenden Material ließ sich der hier angesprochene c-Typ nicht erschließen. Auch die beiden anderen Typen lassen sich durch die inhaltsanalytische Auswertung nur bedingt erfassen. Sie können eher Konturen annehmen, wenn etwa durch Interview-Auskünfte folgendermaßen der a-Typ dem b-Typ gegenübergestellt wird:

»Ich will versuchen, das in einer Karikatur darzustellen. Früher war es häufig ein Volks- oder Mittelschüler, der etwas introvertiert war, der mit der Bergpredigt argumentierte, vielleicht auch mit der Ehrfurcht vor dem Leben und sich dabei auf Albert Schweitzer berief. Er war der Auffassung, daß er selbst nicht töten darf, seine Handlung aber ohne gesellschaftliche Wirkung sein wird.

Und der Kriegsdienstverweigerer heute ist also typischerweise ein Oberschüler oder ein Student, der den Krieg für sinnlos hält, einfach auf Grund der Waffentechnik, der häufig außerdem sich gegen den Kapitalismus stellen will mit seiner Entscheidung. Während er – das ist nun gefährlich zu sagen – einen revolutionären Krieg für Südamerika oder Vietnam bejahen würde.« [195]

Zur Einordnung der in diesem Abschnitt gemachten theoretischen Ausführungen ist zu bemerken, daß die hier vorgestellte Typologie einen Versuch darstellt, die gängige Aufteilung von KDV-Motivation in religiös-humanitär-ethisch, politisch – wie sie ja auch dieser Arbeit zugrunde lag – inhaltlich zu kritisieren. Denn hinter diesen Begriffen verbirgt sich in der Regel eine bloße Aufsummierung von Motiv-Typen zur KDV, die nicht dazu angetan ist, etwa Erklärungen für soziale Rollenkonflikte zu geben. Diese Konflikte werden allenfalls noch in dem individuellen Bezugsrahmen der Antragsteller selbst angesprochen, nicht aber auf gesellschaftlicher Ebene. Das Unvermögen, zu hinterfragen, was nun eigentlich der Beweggrund zur Antragstellung war, dokumentiert sich dann auch in der unhaltbaren Gegenüberstellung von individueller und kollektiver Verweigerung, wie sie etwa der Wehrbeauftragte Hoogen in seinem Jahresbericht 1969 vornimmt (vgl. Anm. 152). Hier wird übersehen, daß auch die »individuelle Entscheidung« ein langwieriger Prozeß ist, der aus den Bedingungen der sozialen Umwelt und Bezugsgruppen heraus entsteht bzw. vermittelt wird. Es ist dabei dann völlig unerheblich, ob die konkrete Situation der Antragstellung oberflächlich zu beschreiben ist durch das Ausfüllen »vorgedruckter Antragsformulare« oder die Benutzung »ausgefeilter Anleitungen« etc., da dies nichts mehr mit dem ursächlichen Zustandekommen der KDV zu tun hat. Kriegsdienstverweigerung ist selbst dann noch nur als Ergebnis eines gesellschaftlichen und darin eingebettet auch kollektiven Lernprozesses und der praktischen Auseinandersetzung mit der Umwelt zu sehen, wenn die Verbalisierung dieses Prozesses sich im individualistisch anmutenden Rollenkonflikt »ich darf nicht töten – ich muß mein Vaterland verteidigen« ausdrückt; d. h. wenn der Antragsteller selbst nicht in der Lage ist, seine Situation in einem Geflecht sozialer Beziehungen verstehend zu interpretieren.

Wenngleich diese Studie sich an die herkömmliche Typologie anlehnt, war das insofern legitim, als die vorgefundene Materialbasis nicht dazu geeignet war, Bereiche konkret zu beschreiben, wie sie im nächsten Schritt der Untersuchung als integrale Variable an einigen Beispielen dargestellt werden. Es wird jedoch versucht, durch die gewählte Fragestellung und Problematisierung den engen Rahmen der vorgefundenen Begriffe zu überwinden.

4.4. Motivation und Gewissen

Die Normenkontrolle erfolgt nach gängiger Meinung durch das Gewissen. Der Begriff des Gewissens ist jedoch außerordentlich problematisch und wissenschaftlich keineswegs eindeutig definitiv zu fassen; auf die individualpsychologischen Erklärungs- und Abgrenzungsmöglichkeiten des Gewissens soll aus den oben genannten Gründen hier nicht weiter eingegangen werden. Wir begnügen uns damit, festzustellen, daß in der neueren wissenschaftlichen Literatur Einigkeit darüber bestehen dürfte, daß das Gewissen wandelbar und Umwelteinflüssen in maßgeblicher Weise unterworfen ist, und daß diese entscheidend die Ausrichtung dieser »prospektiven Instanz« beeinflussen [196].

So schreibt etwa Hinzmann in seiner Untersuchung der Gewissensentscheidung des Kriegsdienstverweigerers: »Normalerweise hat die einzelne Gewissensentscheidung eine Kombination mehrerer oder aller Motive zur Grundlage, abgesehen davon, daß diese Gewissensgründe darüber hinaus mit wirtschaftlichen, politischen, familiären und anderen Erwägungen verwoben sind und mit diesen zusammen die Grundlage für den Gewissensentscheid und die KDV bilden.« [197]

Das Bundesverwaltungsgericht hat in seinem Urteil vom 3. Oktober 1958 ausgeführt, daß die Anregungen, die das Gewissen von außen erhalten kann, auch in weltanschaulichen Grundsätzen oder politischen Überzeugungen wurzeln können. In einem Urteil vom 26. Mai 1960 hat das gleiche Gericht dann grundsätzlich ausgeführt: »Wer nur seinen Verstand betätigt, erlangt dadurch allerdings noch keine innere Beziehung zu dem gewonnenen Ergebnis. Es ist aber nicht ausgeschlossen, daß das als richtig und vernünftig Erkannte zu einem inneren Widerhall führt, das innere Bewußtsein weckt oder aufrührt und sich damit als ein inneres Wissen, als ›Gewissen‹ im Menschen festsetzt.« [198]

Zum überwiegenden Teil wird auch in der wissenschaftlichen Literatur, die vorwiegend Ende der fünfziger Anfang der sechziger Jahre in großem

Umfang erschien [199], das Problem der Gewissensentscheidung als letztlich injudiziabel beurteilt. So sagt Leder: »Das Gewissen als inhaltlicher Bestandteil einer Verfassungsnorm ist ein überflüssiges und gefährliches Nullum, wenn es nicht zum materialen Bezugspunkt für die Interpretation des entsprechenden Verfassungsrechtssatzes gemacht wird.« [200] Gerade als materialer Bezugspunkt jedoch ist das Gewissen wohl kaum geeignet, denn »mit Sicherheit kann das Gewissen als das Höchstpersönliche nur vom Individuum selbst erfaßt werden« [201].

Um eine für den Rahmen unserer Untersuchung brauchbare Abgrenzung des Begriffes »Gewissen« zu geben, zitieren wir thesenartig [202]:

»1. Das Gewissen ist manipulierbar. Durch ständige propagandistische Berieselung kann ihm jeder Inhalt gegeben werden.«

»2. Das Gewissen orientiert sich nicht an ›ewigen‹ oder ›höheren‹ Werten, die etwa von einem göttlichen Wesen für alle Zeiten und Völker verbindlich gesetzt wären, sondern an menschlichen Zielsetzungen, die dem Wandel unterworfen sind.«

»3. Das Gewissen kann, da sein Inhalt durch die Umwelt geprägt wird, auch gegen das eigene Lebensinteresse funktionieren.«

Der Inhalt der ersten beiden Thesen ist sinngemäß durch die Rechtsprechung des Bundesverwaltungsgerichtes bestätigt und abgesichert [203].

5. Der Einfluß integraler Variablen auf Motivation und Verhalten

Im folgenden sollen globale bzw. integrale Variable angesprochen werden, die die Motivation und das Verhalten potentieller Kriegsdienstverweigerer beeinflussen. Ob es aus der spezifischen Umwelt- und Bewußtseinssituation heraus zu Kriegsdienstverweigerung – verstanden als abweichendes Verhalten – kommt, hängt ab,
1. von der bis zu diesem Zeitpunkt entwickelten Persönlichkeitsstruktur,
2. von der augenblicklichen Situation, die erst auslösend wirkt – auslösend wirken z. B. Frustrationsprozesse – bzw. bestimmtes Verhalten erst ermöglicht.
Entscheidend ist nicht die objektive Situation, sondern die Art und Weise, wie das handelnde Individuum diese Situation definiert. Die Interpretation der jeweiligen Situation wird durch eine Reihe von Prämissen beeinflußt, über deren Auswirkungen sich allenfalls hypothetische Aussagen machen lassen. Wir wollen hier versuchen, einige solcher Mechanismen darzustellen, die methodisch nicht über die Inhaltsanalyse von Verfahrensunterlagen erfaßt werden können, sondern durch Auswertung von Interviews und einschlägiger Literatur beschrieben werden sollen.

5.1. Abschreckungsstrategie: das Verfahren

In der Reihe globaler, bedingender Variablen soll zunächst der Einfluß des Verfahrens selbst erörtert und untersucht werden, inwieweit dieses selbst das Verhalten der KDVer beeinflußt [204].

Ein erfahrener Berater bezeichnet die Prozedur, sich als Kriegsdienstverweigerer anerkennen zu lassen, folgendermaßen: »Das Verfahren ist schlechthin nicht fair und entspricht ganz bestimmt nicht rechtsstaatlichen Grundsätzen. Es ist ein echtes Inquisitionsverfahren, weil es hineinfragt in den Betroffenen, der eine Darlegungspflicht hat. Es gilt also für ihn nicht, was für jeden Angeklagten gilt: wenn jemand etwas zu Protokoll gibt, dann ist das hinzunehmen. Im Zweifelsfall für ihn, solange ihm nicht das Gegenteil bewiesen werden kann; hier ist die Beweislast umgekehrt: das Verfahren ist der letzte Rest von Inquisition im 20. Jahrhundert, den wir haben.« [205]

Diese Tatsache ist den meisten Wehrpflichtigen mehr oder weniger bekannt und wirkt in hohem Grade abschreckend. »Die detaillierte Beschreibung von den Schwierigkeiten, anerkannt zu werden, führte bei einer großen Zahl potentieller Kriegsdienstverweigerer zu Resignation, ehe sie überhaupt mit den Unterdrückungsinstanzen konfrontiert wurden.« [206]

Der Darstellung des Wehrbeauftragten Hoogen in seinem Jahresbericht 1969 ist daher zu widersprechen, wenn er ohne Einschränkung die Arbeit der Prüfungsgremien lobt: »Angesichts der hohen Zahlen stattgegebener Anträge stellt sich die Frage, ob die überaus große Aussicht, als Kriegsdienstverweigerer aus Gewissensgründen anerkannt zu werden, den Entschluß, von dem Grundrecht aus Artikel 4 Absatz 3 GG, Gebrauch zu machen, nicht zumindest erleichtert.« [207]

Was den Wehrpflichtigen überwiegend wohl bis Mitte der sechziger Jahre nicht bekannt war, ist die Tatsache, daß die Anerkennungsquote mit den Instanzen steigt (vgl. Tab. 14) und auch die Art der Durchführung des Prüfungsverfahrens vergleichsweise »liberaler« wird [208]. Ebenso mangelhaft in Qualität und Quantität dürften die Informationen darüber gewesen sein, was eine zulässige und von der Rechtsprechung des Bundesverwaltungs- und Bundesverfassungsgerichts anerkannte Motivation oder Argumentation ist, die auf einen »Gewissenskonflikt« hindeutet und somit zur Anerkennung führt. Nach Meinung unserer Interviewpartner waren Wehrpflichtige offensichtlich in früheren Jahren häufig der Meinung – und sind es wohl heute noch teilweise –, KDV sei nur aus religiösen Motiven zulässig, allenfalls aus humanitären und ethischen, nicht aber aus rationalpolitischen. Diese Annahmen haben einen spürbaren Einfluß auf die Argumentation der KDVer vor den Prüfungsgremien. Häufig glauben sie, religiöse Gründe zusätzlich angeben oder die humanitären und ethischen Argumente über Gebühr betonen zu müssen [209]. In vielen Fällen führt jedoch gerade dieses Verhalten, Argumente vorzutragen, die zumindest nicht ganz der eigenen Motivation entsprechen, zur Ablehnung: Die Beisitzer orientieren sich meist mehr emotional an dem Gesamteindruck eines »guten ehrlichen Kerls«, wie Beisitzer R. Settele formulierte [210].

Die uns in allen Gesprächen bestätigte scharfe Ablehnungspraxis besonders der Prüfungsausschüsse und die verletzende Form der Verfahrensführung haben neben dem Effekt der »präventiven« Abschreckung (ein Teil der potentiellen KDVer resigniert von vornherein und stellt keinen Antrag) noch eine weitere, gewissermaßen nachträglich abschreckende Wirkung. Das »Anspruchsniveau« [211], hier zu verstehen als möglichst erfolgreiches Sichdurchsetzenwollen mit seinen Argumenten gegenüber diesem oder künftigen Prüfungsgremien, ist in der Regel auf Grund des als wahrscheinlich kalkulierten Mißerfolges so niedrig angesetzt, daß der tatsächliche Mißerfolg dann oft zur Anspruchsaufgabe führt. Das Ziel der Prüfungsausschüsse: Die Ablehnung ohne Widerspruch wird mit Hilfe des Instanzenweges erreicht auf Grund einer Rechtsprechung, die oft genug von den Verwaltungsgerichten als unzulässig gerügt wird.

Es paßt in dieses Bild, daß bei vielen KDV-Beratern der Eindruck vorherrscht, daß von den Prüfungsausschüssen im Zweifelsfall eher abgelehnt wird. »Dabei scheinen die Vorsitzenden folgende Überlegung anzustellen: Allein durch die Tatsache, daß der abgelehnte Antragsteller Widerspruch einlegt, beweist sich die Ernsthaftigkeit seiner Gewissensentscheidung. Oder der Vorsitzende will den Antragsteller durch seine Verhandlungsführung zur Resignation zwingen, das bedeutet, daß der Verweigerer sein Verfahren faktisch einstellt, indem er keinen Widerspruch einlegt. Resigniert er nicht, dürfte er eine große Chance haben, anerkannt zu werden. Wenn diese Tatsache bei den Antragstellern bekannter wäre, würde sich die bisherige Art des Anerkennungsverfahrens nicht mehr lange aufrechterhalten lassen.« [212] – Aber auch wenn der Antragsteller Widerspruch einlegt, hat er – bis das nächste Verfahren entschieden ist – als Soldat häufig schon einen erheblichen Teil seiner Dienstzeit abgeleistet.

5.2. Abschreckungsstrategie: der zivile Ersatzdienst

Wir haben oben auf die Momente aufmerksam gemacht, die bereits in der ersten Hälfte der fünfziger Jahre darauf hinausliefen, einen Ersatzdienst für anerkannte Kriegsdienstverweigerer als »Arbeitsdienst« zu konzipieren; dieser selbst muß daher eine objektiv abschreckende Wirkung haben (vgl. oben S. 22).

Nachdem sich von den ab 1957 zum Wehrdienst Herangezogenen nur ein sehr kleiner Teil zur Kriegsdienstverweigerung bekannt hatte, bestand für die Bundesregierung angesichts dieser geringen Zahl zunächst kein akuter Zwang, eine gesetzliche Grundlage für den Ersatzdienst zu schaffen. Erst 1960 trat das Gesetz über den zivilen Ersatzdienst in Kraft, und ein Jahr später wurden die ersten Verweigerer zum Ersatzdienst herangezogen [213]. Der seit dieser Zeit praktizierte Ersatzdienst wird in der Regel nicht als Friedensdienst, sondern eher als Strafdienst für die Verweigerung angesehen und entsprechend durchgeführt. Die Tatsache, daß es bis vor einigen Jahren meistens gelungen war, die einzelnen Ersatzdienstleistenden voneinander zu isolieren, und daß sie häufig mit psychisch und physisch schwersten Arbeiten belastet wurden (wie dem Dienst in Nervenheilanstalten), hat sicherlich die Überlegungen und die Entscheidung manches potentiellen Kriegsdienstverweigerers nachhaltig beeinflußt.

Im Laufe der letzten Jahre – etwa seit der Regierung der Großen Koalition – haben sich einige neue Problemkreise im Zusammenhang mit dem zivilen Ersatzdienst entwickelt. Sie dürften ursächlich mit dem sprunghaften Anstieg der Verweigererzahlen zusammenhängen.

Im Rahmen der Diskussion um die sogenannte Wehrgerechtigkeit [214] soll mit Informationen wie der, »daß von drei Kriegsdienstverweigerern nur einer seiner Ersatzdienstpflicht zu genügen brauchte« [215], suggeriert werden, daß anerkannte Kriegsdienstverweigerer in geringerem Maße zum Ersatzdienst eingezogen werden als Wehrpflichtige zur Bundeswehr. Tatsächlich wird mit derartigen Behauptungen auf einer neuen Ebene der These Vorschub geleistet, daß es sich bei den Kriegsdienstverweigerern mehrheitlich um Drückeberger handele. Hatte es sich früher bei diesem Vorwurf darum gehandelt, daß die »staatsbürgerliche Pflicht der Verteidigung« – so Scheuner – verweigert wurde, so wird jetzt unterstellt, daß sich Kriegsdienstverweigerer vor jeglicher Art von Dienst »davonschlängeln« wollten – so Helmut Schmidt. Diese Entwicklung dürfte nicht zufällig sein, sondern darauf zurückführen, daß die stigmatisierende Wirkung, die der Kriegsdienstverweigerung generell zugedacht wurde, durch die hohen Zuwachsquoten der Anträge in den letzten fünf Jahren in größerem Umfang an Intensität verloren hat. Mittels gezielter Informationspolitik versucht man nun für den Bereich des Ersatzdienstes diese These neu einzuführen, nachdem für den Bereich des Kriegsdienstes der Vorwurf der Drückebergerei obsolet zu werden scheint. Um diese These zu überprüfen und ihr zu begegnen, stellte die »Zentralstelle für Recht und Schutz der Kriegsdienstverweigerer« im Sommer 1971 eine Berechnung an, aus der sich ergibt, »daß über 55 % der bisher anerkannten Kriegsdienstverweigerer zum gesetzlichen Dienst herangezogen werden«. Zum Vergleich läßt sich nachweisen, »daß nach dem Bericht der Wehrstruktur-Kommission vom Musterungsjahrgang 1946 nur 50 % zum Grundwehrdienst herangezogen (wurden)« [216]. – Ende Januar 1972 veranstaltete der EKD-Beauftragte für Fragen der Kriegsdienstverweigerung, Joachim Beckmann, in Düsseldorf eine Konferenz, zu der auch der Regierungsbeauftragte für den zivilen Ersatzdienst erschien. Es stellte sich während der »teilweise sehr lebhaften Diskussion« dieser Veranstaltung heraus, »daß von den bisher erfaßten (anerkannten) Kriegsdienstverweigerern etwa 75 % den Ersatzdienst geleistet haben, oder auf Grund der gesetzlichen Bestimmungen vom Dienst befreit waren« [217].

Einer der ersten Kabinettsbeschlüsse der sozialliberalen Regierungskoalition unter Brandt und Scheel betraf im November 1969 die Benennung eines besonderen Beauftragten für den zivilen Ersatzdienst beim Bundesminister für Arbeit und Sozialordnung [218]. Aber bevor der mit diesem Amt betraute Hans Iven rund vier Monate später diese Aufgabe formal übernahm [219], kam es zu der ersten spektakulären Aktion seitens des Bundesverwaltungsamtes, das administrativ für anerkannte Kriegsdienstverweigerer zuständig ist. In Schwamstedt bei Hannover entstand das erste arbeitsdienstähnliche Lager für Ersatzdienstleistende, von Stacheldrahtverhauen umgeben und mit Hunden bewacht [220]. Als Reaktion auf diese Maßnahme streikten rund 600 Ersatzdienstleistende in der gesamten Bundesrepublik, und es kam schließlich zur Auflösung des Lagers. – Spätestens seit jener Zeit versteht ein Teil der Ersatzdienstleistenden eine notwendige Selbstorganisation in effektiver Weise zu praktizieren.

Auf starken Widerstand dieser sich selbst organisierenden Ersatzdienstleistenden, die zum Teil in der Düsseldorfer Bundeszentrale der Ersatzdienstleistenden zusammengefaßt sind, stoßen die Pläne des Bundesbeauftragten Hans Iven, anerkannte Kriegsdienstverweigerer bei der Bundesbahn und Bundespost, Feuerwehr etc. einzusetzen [221]. In diesen Bereichen würden Kriegsdienstverweigerer eindeutig als Streikbrecher bzw. Lohndrücker eingesetzt werden können [222]. Gegen derartige Vorhaben sprachen sich unter anderen daher auch die Gewerkschaften bei einer Sachverständigen-Anhörung zur Novellierung des Ersatzdienstpflichtgesetzes aus [223]. In einem Brief des DGB-Vorstandsmitgliedes Waldemar Reuter vom 24. November 1971 an den Bundesbeauftragten Iven heißt es, daß zum »Einsatz von EDL im technischen Bereich und öffentlichen Verwaltungen (besonders Bahn und Post) keine positive Stellungnahme des DGB vor(liegt)«, wie Iven behauptet hatte [224]. Trotz der zahlreichen Bedenken und Proteste sind diese Pläne immer noch von Bedeutung, denn: »Der Bundesbeauftragte für den Zivilen Ersatzdienst, Hans Iven, will auf den Einsatz von Kriegsdienstverweigerern im Bereich des Umweltschutzes sowie Bahn und Post verzichten, *sobald* genügend freie Plätze im sozialen Bereich geschaffen sind.« [225] Nach Expertenschätzungen besteht die Möglichkeit, rund

36 000 neue Einsatzplätze für Ersatzdienstleistende im Sozialbereich zu schaffen, sofern die Bundesregierung dazu erforderliche Mittel in größerem Umfang als bisher zur Verfügung stellt. Dieser Zahl ständen nach den bisherigen Berechnungen rund 15 000 Kriegsdienstverweigerer gegenüber, die jährlich zum Ersatzdienst einzuziehen sind [226].

Auch in anderen Bereichen halten die Versuche, Ersatzdienstleistende auf Stellen zu setzen, die in der ›Wohlstandsgesellschaft‹ der BRD sonst offenbleiben, weiterhin an. So meldet AP am 17. 4. 1971: »Der CSU-Abgeordnete Niegel hat Bundesarbeitsminister Arendt aufgefordert, die Voraussetzungen zu schaffen, daß künftig Wehrdienstverweigerer zum Einsatz in der Landwirtschaft herangezogen werden können.« [227] Generalmajor Oster – eben in sein neues Amt als Befehlshaber des Wehrbereichs IV eingeführt – meinte auf seiner ersten Pressekonferenz in dieser Position, daß Kriegsdienstverweigerer beispielsweise bei der Trockenlegung von Mooren eingesetzt werden sollten, oder zu anderen Arbeiten heranzuziehen seien, für die freie Unternehmer wenig Interesse zeigten [228].

Der Bundesbeauftragte für den Zivilen Ersatzdienst seinerseits startete im Sommer 1971 den ersten Versuch, Ersatzdienstleistende im Umweltschutz in Gummersbach einzusetzen [229]. Was sich hinter dem »Gummersbacher Modell« tatsächlich abspielte, erläuterte ein Vertreter der Bundeszentrale der Ersatzdienstleistenden im Dezember 1971 folgendermaßen: »Unter dem Deckmantel ›Umweltschutz‹ würden billige Arbeitskräfte eingesetzt. Den EDL biete man Arbeiten, die offenbar zur Abschreckung dienen sollten, um die Zahl der Kriegsdienstverweigerer zu senken. ... Nach eigenen Angaben haben die EDL bei den oberbergischen Gemeinden Gräben gezogen, Rasenflächen planiert, Blumenzwiebeln gepflanzt; sie haben Wege geteert, Unkraut gejätet, Sperrmüll abgefahren und auch geholfen, die Weihnachtsbeleuchtung aufzuhängen.« [230]

Dieser kurze Überblick soll verdeutlichen, daß die Aufgabenstellung für den Ersatzdienst ständig die Tendenz erkennen ließ, diesen unattraktiv und abschreckend zu gestalten. Neben der Funktion der Abschreckung muß vor allem eine weitere gesehen werden, die durch die aktuellen Ereignisse und Stellungnahmen in das Gesichtsfeld gerückt werden: Ersatzdienstleistende sollen in Bereichen untergebracht werden, die von privatkapitalistischen Unternehmen wegen mangelnder Profitaussichten nicht wahrgenommen werden.

5.3. Der Einfluß von Beratern

An dritter Stelle wäre in der Reihe der beeinflussenden, aber von uns nicht oder nur bedingt meßbaren Variablen, die Beratertätigkeit von

Rechtsanwälten und Rechtsbeiständen zu nennen, ferner die Beratertätigkeit durch die beiden großen Kriegsdienstverweigerer-Verbände VK und DFG-IdK sowie durch die kirchlichen Beratungsorganisationen [231].

Art und Ausmaß der Einflußnahme sind unterschiedlich. Mitglieder von VK und DFG-IdK nennen vergleichsweise häufig in ihrem Verfahren eine Reihe von Argumenten (vgl. Tab. 11). Dieser Einfluß ist jedoch generell nicht eindeutig auf bestimmte Organisationen zurückzuführen, wie es von den Prüfungsgremien oft angenommen wird [232], sondern man muß wohl gerade bei einer Anzahl gesellschaftskritischer Argumente vermuten, daß diese zwar in den Informationsschriften [233] der Verbände besonders betont und herausgestellt werden, ohne daß man sagen könnte, diese Argumente seien hier erstmalig und einzig aufgetreten.

Die Nennung solcher Argumente kann bei den einzelnen Antragstellern zufällig sein, durch den »Multiplikatoreffekt« [234] bedingt oder auch auf unmittelbare Kontakte mit Verbänden zurückzuführen sein.

Läßt sich der Einfluß der großen Verbände – wenn auch mit den genannten Einschränkungen – somit noch verfolgen und ungefähr einschätzen [235], so wird es schwierig bei dem Einfluß einzelner Rechtsanwälte und Rechtsbeistände. Sie üben zwar auch über ihre Beratertätigkeit einen – unterschiedlich starken – Einfluß auf die Argumentation des Verweigerers aus [236], aber es kommt noch etwas anderes hinzu, was u. a. RA Hannover im Gespräch mit uns betonte [237]: Allein die Anwesenheit eines Rechtsbeistandes bei Prüfungsausschuß und Prüfungskammer scheint die Vorsitzenden zu veranlassen, auf eine allzu rigorose Verfahrensführung zu verzichten. Das kann sich natürlich so auswirken, daß der Verweigerer es eher für richtig hält, zu sagen, was ihn tatsächlich bewegt, während er sonst u. U. bestimmte Einstellungen stärker betont, als sie bei ihm tatsächlich vorhanden sind [238].

Will man eine Kategorisierung der Beratungsarten vornehmen, so lassen sich zwei Grundtypen unterscheiden:
die »gewerkschaftliche« Beratung und die »politische« Beratung.

Gewerkschaftliche Beratung sieht H. Kopp so: »Das ist eine Beratungsform, die sich zunächst auf die rechtlichen Fragen der KDV bezieht und in die Verfahrenstechnik der Prüfungsinstanzen Einblick geben will. Das schließt ein die Funktionsbestimmung des Prüfungsausschusses und die Vermittlung von höchstrichterlichen Urteilen. Da von den ersten beiden Instanzen die Öffentlichkeit ausgeschlossen ist, geht es auch in der Verhandlung nicht darum, etwa den Ausschuß oder die Kammer von der generellen Richtigkeit der KDV zu überzeugen. Sondern es geht in diesem Verfahren einzig darum, die Anerkennung des Antragstellers zu erreichen. Das ist also, wenn man so will, eine gewisse opportunistische Haltung.« [239] Die Aufgabe einer politischen Beratung beschreibt Klaus Wellhardt folgendermaßen: »Nach meiner Auffassung und Erfahrung kann man sogenannte gewerkschaftliche und politische Beratung nicht trennen. Ich beginne nicht mit Ausführungen über Art und Gang des Verfahrensablaufes, sondern ich unterhalte mich gründlich mit dem Antragsteller über die gesellschaftlichen Zusammenhänge und besonders natürlich über den Stellenwert des Militärs in unserer Gesellschaft. Es ist häufig festzustellen, daß das mehr oder minder starke Unbehagen an unserer Gesellschaft erst einmal ausdiskutiert werden muß, bevor es zu einer fundierten Haltung kommt. Wenn die politische Notwendigkeit der Kriegsdienstverweigerung erkannt ist, verliert der Antragsteller die Scheu vor dem Ablauf des Prüfungsverfahrens.« [240]

Diese beiden Haupttypen der Beratung gehen natürlich teilweise ineinander über. – Im Rahmen unserer Untersuchung ließ sich jedoch in der Regel nicht feststellen, ob die Unterlagen, die von uns ausgewertet wurden, von KDVern stammten, die überhaupt beraten waren bzw. wenn, unter welchem Aspekt [241].

5.4. Dem Verfahren vorgelagerte Filtermechanismen

Im Vorfeld des empirisch untersuchten Gegenstandes soll abschließend erörtert werden, was sich im Bereich vor dem Anerkennungsverfahren abspielt. Dazu muß der Begriff ›Kriegsdienstverweigerer‹ kritisch daraufhin überprüft werden, ob damit der gesamte Personenkreis abgedeckt ist, der nicht bereit ist, zur Bundeswehr zu gehen. Es läßt sich zeigen, daß es einen erheblich größeren Personenkreis gibt, der im weitesten Sinne dem Begriff ›Kriegsdienstverweigerer‹ zuzuordnen ist. Daß jedoch diese Zuordnung nicht ohne weiteres möglich ist, liegt einerseits an der individuellen Haltung eines Teils dieser Gruppe, zum anderen wird hier direkt manipulativ von seiten der Behörden eingegriffen.

Wie wir oben [242] bereits dargestellt haben, rechnete vor der Verabschiedung des Wehrpflichtgesetzes die damalige Bundesregierung für die ersten Musterungsjahrgänge mit rund 25 bis 30 Prozent an Kriegsdienstverweigerern. Diese Befürchtung ließ sich mit der damals betriebenen Politik der Remilitarisierung über eine allgemeine Wehrpflicht nicht in Einklang bringen. Unter diesem Vorzeichen muß gesehen werden, daß die wehrpolitischen Vorstellungen der damals CDU-geführten Bundesregierung dementsprechend darauf hinausliefen, über das sogenannte Freiwilligengesetz zunächst ein Kaderheer aufzustellen [243].

Bereits 1957, zum Zeitpunkt der erstmaligen Anwendung des Wehrpflichtgesetzes, war der Regierung daran gelegen, die Zahl der Kriegsdienstverweigerer möglichst gering zu halten. Das wird durch die im Jahre 1956 gestellte Frage des heutigen Verteidigungsministers Helmut Schmidt verdeutlicht: Er erkundigte sich indirekt danach, ob die Regierung nicht nur eine Vergrößerung der Zahl der KDVer befürchte, wenn sie in ihrem Vorschlag für das Wehrpflichtgesetz daran festhalte, Geistliche von der Wehrpflicht auszunehmen [244]. Daß es sich hierbei keineswegs um irreale Vorstellungen handelte, läßt sich an Hand der tatsächlichen Entwicklung aufzeigen.

Zu Beginn des Jahres 1957 wurde im Bundesgebiet die erste Musterung durchgeführt. Rund 100 000 Wehrpflichtige des Geburtenjahrgangs 1937 wurden dazu aufgerufen. Von ihnen stellten nur ein paar Hundert einen Antrag auf Kriegsdienstverweigerung [245]. Tatsächlich gab es aber bei diesem ersten aufgerufenen Jahrgang rund 4000 Wehrpflichtige, die sich für die Kriegsdienstverweigerung ausgesprochen hatten, wie der damalige Präsident des Bundeswehrersatzamtes, Weidemann, vor den versammelten Vorsitzenden der Prüfungsausschüsse bekannte [246].

Die amtlichen statistischen Angaben orientierten sich allerdings nur an den registrierten Fällen. »Erst allmählich kam man dahinter, daß es außer den beiden Möglichkeiten – Wehrdienst oder Ersatzdienst – noch eine dritte gab: die Freistellung. Bei fast 90 Prozent der Wehrdienstverweigerer fand nämlich die Musterungsbehörde im Rahmen der gesetzlichen Bestimmungen Möglichkeiten, die jungen Leute aus beruflichen oder gesundheitlichen Gründen zunächst ein Jahr vom Wehrdienst zu befreien.« [247]

Das Bestreben der militärischen Administration, die Zahlen von Antragstellern möglichst gering zu halten, dokumentierte sich 1957 nicht als einmaliger Fall. – Exemplarisch läßt sich nachweisen, daß dieses Bestreben bis in die jüngste Zeit anhält.

In dem Mitte der 60er Jahre erschienenen Band »Kriegsdienstverweigerung oder gilt noch das Grundgesetz?« dokumentiert Heinz Liepmann die Unterredung eines Prüfungsausschuß-Vorsitzenden mit einem Antragsteller [248]. In dem dort wiedergegebenen Wortprotokoll wird der Versuch des Vorsitzenden deutlich, den antragstellenden Studenten dazu zu überreden, seinen Antrag zurückzuziehen. Der Vorsitzende weist darauf hin, daß beispielsweise durch eine Nachmusterung für ihn die Einziehung zur Bundeswehr eventuell nicht mehr in Betracht käme. Mit teilweise falschen Auskünften versucht der Vorsitzende die Überzeugung zu suggerieren, daß es in diesem speziellen Fall nicht nötig sei, »auf eine beschwerliche Weise seine Rechtsposition zu wahren, wenn das Gesetz auch leichtere Wege ermöglicht« [249].

Anfang der 70er Jahre wird dann von zwei Beamten in dem Buch »Ich verweigere den Wehrdienst« angehenden Medizinern folgender Rat erteilt: »An Waffen werden die Ärzte nicht ausgebildet. In diesem Umstand wird auch eine praktische Möglichkeit gesehen, waffenlosen Dienst in den

Streitkräften zu leisten, ohne das Anerkennungsverfahren als Wehrdienstverweigerer durchlaufen zu müssen« [250].

An diesen Beispielen läßt sich zeigen, daß vor der Ebene der oben beschriebenen »Abschreckungsstrategien« des zivilen Ersatzdienstes und des Verfahrens selbst ein weiterer Filtermechanismus wirksam wird, dessen Aufgabe gleichfalls darin besteht, es nach Möglichkeit gar nicht erst zur Antragstellung kommen zu lassen.

Kehren wir zurück zur gesellschaftlich vermittelten Rollenerwartung, den
Wehrdienst zu leisten. Neben den Alternativen des – gegenüber dieser
Erwartung – konformen oder nichtkonformen Handelns besteht die Möglichkeit, eine Mittelposition zu beziehen, in der zwar einerseits der Wehrdienst nicht geleistet wird, andererseits aber auch der konsequente Schritt
zur Verweigerung nicht vollzogen wird. Eine solche Haltung wird von der
IdK Berlin als versuchte oder praktizierte »Wehrunwilligkeit« verstanden [251].

Der beschriebene Filtermechanismus hat somit die folgenden Funktionen.
Zum einen auf der gesellschaftspolitischen Ebene den kurzfristigen Effekt,
das zahlenmäßige Ansteigen der Kriegsdienstverweigerer-Anträge zu verhindern. Zum anderen wird hier tendenziell antimilitaristisches Potential
durch die Sozialisationsfunktion der Bundeswehr absorbiert. Dieser letzte
Aspekt scheint uns in der Diskussion um Kriegsdienstverweigerung allzu-
leicht in Vergessenheit zu geraten. Der Kreis der »potentiellen Verweigerer« kann auf Grund des spezifischen Ansatzes in unseren empirischen
Untersuchungsbereich nicht einbezogen werden.

Teil C

6. Zur Inhaltsanalyse von Bescheiden und Urteilen

Die bisher gemachten Aussagen über die Motivation zur KDV stützten sich überwiegend auf die von uns mit Experten geführten Gespräche, teilweise auch auf die vorhandene Literatur propagandistischer, feuilletonistischer und wissenschaftlicher Art, wobei die letztere den Bereich der Motivation nur am Rande berührt und sich nicht auf empirisches Material stützt, sondern sich an abstrakten Rechtsnormen orientiert.

Mit der von uns im folgenden eingeschlagene Methode einer quantitativen Inhaltsanalyse von Bescheiden und Urteilen aus Prüfungsgremien, in denen die Gewissensentscheidung und damit auch die zugrunde liegenden Motive der KDVer überprüft werden sollen, eröffnete sich für uns eine Möglichkeit, in den durch die Methode und die spezielle Art der Dokumente gesetzten Grenzen, empirisch-statistisch überprüfbare und vergleichbare Aussagen über die Motivation zur KDV zu machen.

Wir haben in Abschnitt 5 verdeutlicht, daß eine Reihe von Faktoren auf die Motivation zur KDV einwirken, die vom methodischen Ansatz einer Inhaltsanalyse der Bescheide und Urteile aus den Prüfungsgremien her nicht zu erfassen sind. Für die Bewertung der Ergebnisse aus der Inhaltsanalyse ist daher zu berücksichtigen, daß hier, insbesondere bei den Bescheiden von Prüfungsausschüssen zunächst die Argumentation der KDVer erfaßt wird. Berücksichtigt man jedoch die Tatsache, daß es nach Meinung der von uns befragten Anwälte und Berater sehr schwer ist, durchgängig eine andere Meinung bzw. Argumentation zu vertreten, als der tatsächlichen Motivation entspricht, so gewinnt die gewählte Methode an Zuverlässigkeit.

Der Nachteil einer Inhaltsanalyse ist im wesentlichen darin zu sehen, daß die Fragestellung sich an den Inhalten der ausgewerteten Dokumente orientieren muß und daher unter Umständen bestimmte Fragestellungen fallengelassen werden müssen. Der große Vorteil der Inhaltsanalyse liegt in der Tatsache, daß mit dieser Methode auch lange Zeit zurückliegende Daten ermittelt werden können, die für andere Verfahren der Datenermittlung nicht mehr oder nur mit starken Einschränkungen erfaßbar sind. Dieser Vorteil war für uns ausschlaggebend, mit Hilfe der Inhaltsanalyse den Wandel der Motivation zu untersuchen.

Der Anspruch der Inhaltsanalyse, aus sprachlichen Konfigurationen auf nicht-sprachliche Variablen zu schließen, setzt zunächst voraus, daß Produzent und Empfänger sprachlicher Zeichen, vermittelt durch Schriftzeichen, jeweils den gleichen Vorstellungsinhalt mit dem Zeichen verbinden. In der hier vorliegenden Arbeit ist diese Voraussetzung insofern schwierig zu erfüllen, als ja nicht unmittelbar auf den Textproduzenten geschlossen werden kann, sondern die Einstellungen eines Sprachproduzenten erfaßt werden mußten, dessen Sprache sich vermittelt durch Reflexion des Textproduzenten in dem zu analysierenden Text niedergeschlagen hat.

Das Problem bei der Vorbereitung der Untersuchung war demnach, solche Indikatoren für die zu erforschenden Einstellungen der Sprachproduzenten zu finden, die nicht oder nur möglichst wenig durch selektive Sprachbarrieren einerseits zwischen Sprachproduzent und Textproduzent und Analytiker und Textproduzent andererseits verzerrt werden. Erschwerend kam hinzu, daß die untersuchten Materialien einem gesellschaftlichen Subsystem – der Gerichts-Behörde – entstammen mit andersartigem Sprachverständnis bzw. -gehalt, erleichternd war andererseits die schematische Gliederung nach formalen Kriterien.

Es wurde daher – in begrenztem Umfang – eine empirisch semantische Analyse durchgeführt, um die Bedeutungsinhalte der Spracheinheiten, soweit sie dem Subsystem Gerichts-Behörde eigen sind, eindeutig festzulegen und richtig zu verstehen.

In gleicher Weise war es wichtig, den situativen Kontext der Textentstehung zu berücksichtigen und sich mit der KDV-Problematik gründlich vertraut zu machen.

Sowohl die empirisch semantische Vorarbeit als auch die Erschließung des situativen Kontextes geschah durch Literaturbearbeitung und mit Hilfe von Intensivinterviews mit Experten. Die Ergebnisse dieser Arbeit sind weitgehend in die Untersuchung aufgenommen.

Die Überprüfung unseres methodischen Ansatzes und der Arbeitsweise erfolgte nach den Kriterien der face-Validity bzw. known-groups-Validity.

Die Zuverlässigkeit der gewählten Methode wurde auf Wiederholbarkeit und Intersubjektivität geprüft: mehrere Texte wurden von den Verfassern an verschiedenen Tagen nochmals analysiert bzw. ausgetauscht zur Analyse. Um eine größtmögliche Gleichmäßigkeit der Analyse zu gewährleisten, wurden alle Dokumente von einem der Verfasser ausgewertet und durch 3 Stichproben kontrolliert. Die Überprüfung mittels Indexberechnung ergab eine maximale Abweichung von 0,07 Einheiten bei jeweils 10 willkürlich aus dem insgesamt ausgewerteten Material gezogenen Stichproben [252].

6.1. Fragestellungen

Auf Grund der von uns oben teilweise zitierten Pressemeldungen und Äußerungen von Politikern stellte sich die Frage, ob das sprunghafte Ansteigen der Zahl der Kriegsdienstverweigerer (vgl. Tab. 1) auf eine Politisierung zurückzuführen ist und die Motive der Kriegsdienstverweigerer, die sie zu ihrer Gewissensentscheidung führen, in den letzten Jahren wesentlich andere sind, als es noch etwa Ende der 50er Jahre der Fall war. Unsere Hypothese war, daß die KDV sich aus ihrem gesellschaftlichen »Schattendasein« gelöst hat und zu einer tendenziell politischen Bewegung geworden ist bzw. wird – eine Entwicklung, die, wie wir im ersten Teil unserer Arbeit gezeigt haben, im Grundgesetz durchaus angelegt, zumindest aber nicht ausgeschlossen ist.

Tabelle 1 : Gestellte Anträge auf Anerkennung als KDVer

Jahr	Antrag vor der Bundeswehr-Dienstzeit	Quelle	Antrag während der Bundeswehr-Dienstzeit	Quelle
1957/58	2 447	b)	–	
1959	3 257	b)	–	
1960	5 439	b)	68	a)
1961	3 804	b)	90	a)
1962	4 489	b)	162	a)
1963	3 311	b)	217	a)
1964	2 777	b)	205	a)
1965	3 437	b)	272	a)
1966	4 431	b)	418	a)
1967	5 963	b)	871	a)
1968	11 952	b)	3 495	b)
1969	14 420	b)	2 507	d)
1970	19 363	c)	3 184	d)
1971	28 300	e)	?	
Gesamt	113 390			

Quellen:
a) »Publik«, Wochenzeitung, Frankfurt, 17. 1. 1969.
b) Statistische Kurzinformationen des Bundesministeriums für Verteidigung, Heft 6, 1970, S. 3.
c) Wehrgerechtigkeit in der Bundesrepublik, a.a.O., S. 18.
d) Jahresbericht 1970 des Wehrbeauftragten des Deutschen Bundestages, vorgelegt am 1. 3. 1971. Herausgegeben vom Presse- und Informationszentrum des Deutschen Bundestages, Bonn 1971, S. 19.
e) Konkret, Hamburg, 2/1972.

In diesem Zusammenhang stellte sich dann auch die Frage, was an der oft zu hörenden Vermutung real ist, daß es sich bei einem Großteil der Verweigerer um »Drückeberger«, »Asoziale«, kurz: Elemente, die die Kriegsdienstverweigerung »zu ganz anderen Zwecken« (Brandt) ausnutzen und sich vor dem Dienst »davonschlängeln« (Schmidt) [253] handele.

Orientiert man sich an den spärlich veröffentlichten Statistiken, so ist ferner festzustellen, daß die soziale Schichtung der KDVer sich gegenüber früheren Jahren erheblich verändert hat. Der Anteil der Oberschüler und Studenten ist offensichtlich sehr viel höher seit einigen Jahren. Das könnte auf einen schichtspezifischen bzw. ausbildungsspezifischen Motivationswandel hinweisen, der auf die Studentenunruhen zurückführbar sein könnte.

Bemerkenswert ist auch seit 1967/68 der hohe Anteil der KDVer, die erst während der Dienstzeit verweigern (vgl. Tab. 1). Das könnte ebenfalls schichtspezifische Einstellungsänderungen zur Grundlage haben und/oder eine Veränderung des Status der Bundeswehr (seit der Notstandsgesetzgebung) bzw. Änderung des Bundeswehrdienstes selbst.

Neben diesen hier genannten Annahmen ergab sich eine Reihe von Fragen erst im Lauf der Untersuchung bzw. der Auswertung, wir werden darauf in den folgenden Abschnitten eingehen.

6.2. *Erfassung der Merkmalsdimensionen und -ausprägungen*

Um den o. a. Fragestellungen nachzugehen, konnten den untersuchten Dokumenten Angaben zu folgenden Merkmalen entnommen werden:
1. Allgemeine Angaben über das Verfahren:
   Verhandlungsinstanz – Verhandlungstermin – Verhandlungsort
2. Persönliche Angaben:
   Alter – Konfession – besondere familiäre Situation – die Zugehörigkeit und Betätigung in Vereinen oder Organisationen verschiedener Art – Schulbildung und Berufsausbildung – den Zeitpunkt des Verweigerungsantrages
3. Argumentation/Motivation:
   Angaben über persönliche Einstellungen zu grundsätzlichen Problemen – Nennung und Bewertung politischer Ereignisse und/oder Gegebenheiten

6.3. *Inhaltliche Bestimmung gesellschaftsbezogener Argumente*

Während die Erfassung der allgemeinen Angaben zum Verfahren und der Angaben zur Person keiner weiteren Erklärung an dieser Stelle bedarf, müssen wir die Erfassung und Quantifizierung der Motivation/Argumentation näher erläutern.

Die Motive, auf denen die Entscheidung zur KDV beruht, müssen von den KDVern während der Verhandlung rationalisiert und verbalisiert werden [254]. Teilweise geschieht das dadurch, daß die Antragsteller vortragen, was sie zu ihrem Entschluß veranlaßt hat, teilweise werden sie von den Vorsitzenden und Beisitzern befragt. Nach den Ergebnissen einer Voruntersuchung haben wir elf gesellschaftsbezogene, zumindest tendenziell auf politische Motivation hindeutende Argumente zusammengestellt, die im folgenden genannt werden. (Die Zahlen in Klammern hinter den Kurzbezeichnungen der Kategorien geben die jeweilige Codenummer im Tabellenkopf an.)

Vietnam (2)

Häufig erwähnen die Antragsteller den Vietnam-Krieg, um die Auswirkungen der heutigen Kriegsführung – besonders gegenüber der Zivilbevölkerung – zu demonstrieren. Eine derartige Darstellung verweist in der Regel ausschließlich auf das Leidensmoment als einer notwendigen Begleiterscheinung von Kriegen.

Imperialismus (1)

Teilweise vertiefen die Verweigerer in den Verfahren auch das Vietnam-Argument und verweisen auf die imperialistische Politik vor allem der USA. Etwa wie es ein Antragsteller formulierte: »So zerstörten die Amerikaner in Vietnam das Land, das sie vor dem Kommunismus schützen wollten.« [255] Daneben treten auch Auffassungen, daß die USA in Vietnam nicht die Demokratie verteidigen, sondern eigene Interessen mit ihrer Militärpolitik in Südostasien verfolgen.

NS-Vergangenheit – »Rechtskartell« (3)

Einige Antragsteller machen während ihres Verfahrens auf die nationalsozialistische Vergangenheit hoher Bundeswehr-Offiziere aufmerksam und erkennen in dieser Personalisierung eine gewisse antidemokratische Kontinuität in der Führung der Streitkräfte. Auch Argumente, die auf neonazistische Tendenzen bzw. die NPD-Affinität bei vielen Offizieren eingehen, sind hier erfaßt worden [256].

Militär als Sozialisationsfaktor (4)

Hierbei wird die Bundeswehr nicht nur als außenpolitischer Machtfaktor mit seinen negativen Konsequenzen gesehen, sondern auch als innenpolitisches Herrschaftsinstrument; die »Totale Institution«[257] Bundeswehr wird als Sozialisationsfaktor angegriffen. Dazu ein Antragsteller aus der Bundeswehr: »Zu Beginn war das Hauptausbildungsziel die Zerstörung alles Individuellen, der Ausbau eines ›Masse-Gefühls‹: Der Einzelne ist nichts, der Zug (Gruppe, Batterie usw.) ist alles. . . . Ein weiterer Ausbildungsabschnitt wird vom systematischen Abbau der natürlichen Ehrfurcht vor dem Leben und zur Mystifizierung und Glorifizierung des Krieges« bestimmt. Schießübungen werden durch »Sicherheitsmeldungen und Korrekturen zu einem formalen Vorgang umfunktioniert, so daß dem Soldaten das Abgeben des Schusses als Einzelhandlung, als Mord, gar nicht zu Bewußtsein kommt.«[258]

Notstandsgesetze (5)

Von den innenpolitischen Ereignissen hat vor allem die Notstandsgesetzgebung einen deutlichen – wenn auch zeitlich begrenzten – Einfluß auf die KDV gehabt. Sie wirkte teilweise initiierend für die Antragstellung und führte unter dem Aspekt des Einsatzes der Bundeswehr im Inneren bei einem Antragsteller zu der Befürchtung, »daß er als Soldat notfalls auf Bekannte und Verwandte schießen müßte«[259]. Darüber hinaus betonen Antragsteller, die dieses Argument anführen, daß sie nicht bereit sind, Aufgaben einer Bürgerkriegsarmee im möglichen inneren Einsatz in der BRD wahrzunehmen.

Wirtschaftliches Interesse an Rüstung (6)

Die Erkentnis des ursächlichen Zusammenhangs von wirtschaftlichen Interessen und Kriegen stellt ebenfalls ein Element der politischen Motivation dar. Ein Antragsteller führte dazu in der Verwaltungsgerichtsinstanz aus, daß ihm in Gesprächen bewußt wurde, »wie wirtschaftliche Interessen – insbesondere solche der Rüstungsindustrie – zu Kriegen führten«[260].

Kritisches Bewußtsein gegenüber dem Herrschaftssystem (7)

Hierunter wurden Äußerungen zusammengefaßt, die eine kritische Position gegenüber dem bürgerlich-parlamentarischen Regierungssystem bezogen. Sie ist meistens vermittelt mit der Einsicht, daß es sich in der Bundesrepublik lediglich um ein formaldemokratisches Herrschaftssystem handele. Als Alternative dazu führte ein Antragsteller vor einem Kölner Prüfungsausschuß aus: Ich stelle mir ein System vor, in dem das Volk die Möglichkeit hat, seine Vertreter zu kontrollieren, z. B. jederzeit abzuwählen.«[261]

Manipulation (8)

Einen breiten Einzugsbereich hat das Argument, daß Angriffs- und Verteidigungskrieg durch die manipulative Verbreitung von Freund-Feind-Schemata beispielsweise in Massenkommunikationsmitteln nicht mehr zu unterscheiden sind. In diese Rubrik sind Äußerungen eingegangen wie die, daß der Ostblock die Bundesrepublik nicht militärisch unterdrücken wolle, oder, daß ein Antragsteller es sich nicht vorstellen kann, »daß die Menschen im Osten anders seien« [262]. Darüber hinaus wurden diesem Punkt auch Erklärungen zugerechnet, die erkannten, »Wehrdienst sei seinem Wesen nach Dienst für den Krieg, im Frieden eine Vorbereitung zum Krieg« [263]. Mit derartigen Erklärungen setzten sich die Antragsteller deutlich von den offiziellen Verlautbarungen über den Wehrdienst ab, welche im Wehrdienst den Dienst am Frieden sehen.

UN-Weltpolizei (9)

Es sei schließlich noch ein seltener [264] vorkommendes Argument der politischen Motivation genannt. Als Ausgangspunkt ist hierbei die Charta der Vereinten Nationen von 1945 anzusehen, in deren Artikel 1 sich die beigetretenen Staaten verpflichtet haben, »den internationalen Frieden und die internationale Sicherheit aufrechtzuerhalten.« – Der Gedanke der UN-Weltpolizei sieht für den Fall zwischenstaatlicher kriegerischer Auseinandersetzungen das Eingreifen von UN-Truppen vor, sofern »sich wirtschaftliche Maßnahmen als unwirksam erwiesen haben« [265]. Der Vorteil einer solchen Lösung liegt nach Ansicht ihrer Verfechter vor allem in der Tatsache, daß »die UNO-Weltpolizei (im Gegensatz zur Haager Landkriegsordnung von 1907) kein Recht (hat), das Land des besiegten Gegners zu okkupieren, sondern sie hat nur die Aufgabe, einen Waffenstillstand zu errichten« [266].

Stabiles bipolares Weltsystem (10)

Hierunter sind Argumente zusammengefaßt worden, die im Kern ihrer Aussage davon ausgehen, daß unter den Bedingungen der heute fest abgegrenzten Militärpakte zumindest für die nordwestliche Hemisphäre eine kriegerische Auseinandersetzung unwahrscheinlich ist. Von daher sei auch die Bundeswehr überflüssig, sinnvoll sei einzig die Abrüstung.

Auch wenn der einzelne Antragsteller auf die Möglichkeiten und Aufgaben der bisher noch nicht eingerichteten Europäischen Sicherheitskonferenz hingewiesen hat, wurde ein solches Argument dieser Kategorie zugeordnet.

Unter diesem Stichwort sind Äußerungen verstanden worden wie die eines Antragstellers vor dem Verwaltungsgericht in Bremen: »Man müsse einmal anders anfangen, sonst ginge es immer so weiter wie bisher, es möge große Opfer kosten können, anders komme man aber aus der Schraube ohne Ende – damit meine er das gegenseitige Wettrüsten – nicht heraus, das führe eines Tages wieder zum Krieg.« [267] Auch das folgende Zitat ist zu diesem Argumentationskomplex zu rechnen: »Bei der heutigen Aufrüstung berge jede bewaffnete Auseinandersetzung von zwei Staaten die unmittelbare Gefahr des Untergangs der Menschheit in sich.« [268]

6.4. Alternativen zur militärischen Verteidigung

Zusätzlich haben wir die Unterlagen daraufhin überprüft, ob von den Antragstellern Alternativen zur militärischen Verteidigung erwähnt wurden. – Dabei ordneten wir die Argumente folgenden Alternativen zu.

Die erste Kategorie »nichts tun« umfaßt Angaben von Antragstellern, die ihrerseits keine besonderen Vorstellungen entwickelt hatten für den Fall eines militärischen Angriffs auf die Bundesrepublik. In der Regel ist eine derartige Antwort nur auf die Befragung seitens der Prüfungsgremien gegeben worden.

Unter dem Begriff »passiver Widerstand« haben wir Äußerungen zusammengefaßt, nach denen bei militärischen Interventionen durch vorwiegend passive Widerstandsaktionen Menschenleben gerettet werden sollen.

Sofern Äußerungen vorlagen, die darauf abzielten, Interventions- oder Putschversuchen durch gewaltfreie zivile Widerstandsmaßnahmen entgegenzuwirken, wurden sie der dritten Kategorie zugeordnet. Der Unterschied zur zweiten Kategorie (passiver Widerstand) liegt vor allem darin, daß bei gewaltfreien zivilen Widerstandsaktionen nicht nur Menschenleben vor der physischen Liquidation bewahrt werden sollen, sondern darüber hinaus auch das gesellschaftliche System geschützt und funktionsfähig erhalten bleiben soll. Vorstellungen dieser Art kommen der Konzeption der Sozialen Verteidigung (SV) sehr nahe; im folgenden verwenden wir zur Vereinfachung diesen Begriff [269].

6.5.1. Abgrenzung der Motivationsfelder

Neben der Erfassung der einzelnen Argumente haben wir die Gesamtaussage [270] der Verweigerer 3 großen Motivationsfeldern zugeordnet. Diese Zuordnung erfolgte unabhängig davon, ob die Äußerungen der

KDVer über ihre Motive im Sinne der Rechtsprechung zu einer Anerkennung führen konnten oder nicht. Es kam uns nicht darauf an, die Motive nur der Verweigerer zu erfassen, die in einer der Instanzen anerkannt wurden, sondern die Motive aller derjenigen, die sich zu dem Schritt der KDV entschlossen hatten.

Religiöse Motivation: Eine religiöse Motivation liegt dann vor, wenn sich der Verweigerer in seiner Entscheidung von der Norm des Tötungsverbotes leiten läßt, wie es im 5. Gebot verankert ist. In der Regel stellen Verweigerer hierbei den Glauben an einen persönlichen Gott in den Vordergrund [271]. Religiöse Motivation liegt jedoch nach unserem Verständnis auch dann vor, wenn sich die entsprechende Begründung nicht auf Lehren der christlichen Kirchen beschränken, sondern von der Existenz eines höheren Wesens ausgehen. In beiden Fällen steht die Erkenntnis im Vordergrund, daß – im biblischen Sinn – der Nächste als Bruder anzusehen ist, dessen Leben unantastbar ist.

Humanitär-ethische Motivation: Ähnlich wie bei religiösen Motiven beruft sich der Verweigerer aus humanitär-ethischen Gründen auf eine Norm des Nicht-Töten-Dürfens. Diese Norm stammt jedoch in diesem Fall nicht aus dem religiösen Bereich, sondern orientiert sich an positivem oder Naturrecht. Diese Haltung kann sowohl durch rationale Argumente untermauert werden als auch einer gefühlsmäßigen Entscheidung entstammen [272]. Gerade die oft anzutreffende Berufung auf das persönliche Gewissen, das das Töten eines Menschen verbietet, ist diesem Motivationsfeld zuzuordnen. Der Gedanke an den Menschen als das höchste Lebewesen, die Verpflichtung zur Erhaltung dieses Lebens und das Mitleid sind Ausdruck dieser Einstellung.

Politische Motivation: Die Argumente des politischen Bereichs sind bereits in den oben (6.4.) beschriebenen Kategoriengruppen erfaßt worden. Ein Argument wurde diesem Motivationsfeld nur dann zugeordnet, wenn erkennbar war, daß eine kritisch reflektierte Haltung dahinter stand. Die kritische Position schloß dabei in der Regel die Erkenntnis ein, daß das Individuum von der gesellschaftlichen Entwicklung nicht losgelöst betrachtet werden kann, und daß andererseits Kriege nur aus bestimmten gesellschaftlichen Zusammenhängen erklärt werden können.

6.5.2. Skala und Index zur Quantifizierung der Motivationsfelder

Für die Quantifizierung der Motivationsfelder wurde eine Skala verwendet, die folgende Einteilung enthielt:
keine Angabe:
Das entsprechende Motivationsfeld, bzw. Argumente daraus, werden bei der Begründung der Gewissensentscheidung nicht erwähnt.

schwach:
Argumente aus diesem Motivationsfeld kommen zwar vor, spielen aber eine nur untergeordnete Rolle.

mittel:
Dieses Motivationsfeld, bzw. Argumente daraus, hat einen spürbaren, deutlichen Einfluß auf den Gewissensentscheid.

stark:
Dieses Motivationsfeld hat auf die Entscheidung ausschlaggebend eingewirkt.

Da keins der Motivationsfelder allein auftrat – mit Ausnahme einer nur humanitär-ethischen Motivation –, konnte eine Vielzahl von Kombinationen von 2 oder 3 Feldern vorkommen, die eine hinreichende Genauigkeit der Wiedergabe der Motivationen ermöglichte. Eine stärker gegliederte Skala wäre für unsere Zwecke nicht sinnvoll gewesen, da die für die Zuverlässigkeit der Untersuchung notwendige Kontinuität, Wiederholbarkeit und Intersubjektivität der Auswertung sonst nicht gegeben gewesen wäre.

Um die individuellen Zuordnungen zu Motivfeldern zu Gruppenwerten zusammenzufassen und vergleichbar zu machen, wurde folgender Index berechnet:

$$M = \frac{n_2 + 2n_3 + 3n_4}{n}$$

$n = n_0 + n_2 + n_3 + n_4 =$ Gruppenumfang

$n_0 =$ Häufigkeit der Kategorie »keine Angabe; spielt keine Rolle«

$n_2 =$ Häufigkeit der Kategorie »schwach«

$n_3 =$ Häufigkeit der Kategorie »mittel«

$n_4 =$ Häufigkeit der Kategorie »stark«

$0 \leq M \leq 3$ für alle $n_2, n_3, n_4, > 0$

Mit dem Index M wird die durchschnittliche Bedeutung des jeweiligen Motivationsfeldes unter Berücksichtigung des Anteils von Personen einer Gruppe bestimmt, für die das Motivationsfeld keine Bedeutung hat. Die Berücksichtigung dieser Relation ist für die Motivationsfelder »politisch« und »religiös« von Bedeutung, da sich der Anteil der Verweigerer, für die diese Motivationsfelder eine Rolle spielen, erheblich u. a. im Laufe der Jahre ändert.

Grundsätzlich erscheint es allerdings problematisch, zwei Größen (Stärke der Motivation und die Relation »Betroffene – nicht Betroffene«) in einer Maßzahl zu vereinigen.

Die Benutzung in der Statistik gebräuchlicherer Maßzahlen (Mittelwerte, Streuungsmaße) erwies sich jedoch u. a. auf Grund der teilweise sehr kleinen Gruppen als problematisch und ergab keine brauchbaren Werte.

Auf Grund des kleinen Stichprobenumfanges und weil das Meßniveau nur als ordinal angenommen werden kann, erwies es sich [273] auch als schwierig, geeignete Testverfahren zu finden; in den meisten Fällen wurde daher auf Tests verzichtet.

7. Übersicht über das Material

Das Sample, mit dessen Hilfe die Motivation zur KDV bzw. deren Wandel ermittelt wurde, umfaßt Dokumentpakete aus 230 Verfahren. Es gliedert sich folgendermaßen [274]:

Tabelle 2 : Materialgliederung nach Erhebungsort und -art

	Anzahl der Dokumentpakete	Erhebungsort/-art
Gruppe 1:	120	Auf Anfrage zugeschickt
Gruppe 2:	32	Zufallsstichprobe bei RA Hannover in Bremen
Gruppe 3:	44	Gesamtzahl der 1969 von RA Hannover betreuten Verwaltungs-Gerichts-Fälle
Gruppe 4:	24	Zufallsstichprobe bei Dr. Frauenfeld in Moers
Gruppe 5:	10	Zufallsstichprobe bei RA Dr. vom Hagen in Stuttgart aus den Jahren 1969–1971
Gesamt:	230	

Bei der Materialsammlung war es für uns vor allem auch wichtig, einen hinreichend großen Stichprobenumfang für die Jahre 1967 bis 1971 zu erhalten, da bei vieldimensionalen Aufgliederungen die Anzahl der Elemente anderenfalls zu klein wird, um signifikante Aussagen zu ermöglichen.

Weiterhin war es auf Grund der Ergebnisse des Pretests erforderlich, unsere Untersuchung für den Zeitraum 1969 bis 1971 vornehmlich auf die Auswertung von Verwaltungsgerichts-Urteilen zu stützen, da – regional unterschiedlich – die Bescheide von Ausschüssen oft nur noch im Fall der Ablehnung begründet werden [275].

Das Material verteilt sich folgendermaßen auf die drei Instanzen des Anerkennungsverfahrens:

Tabelle 3 : Materialgliederung nach Verhandlungsinstanzen in drei Jahresklassen

| Instanzen | Verhandlungsjahr | | | Gesamt |
	von 1957–62	von 1963–66	seit 1967–71	
PA	13	12	51	76
PK	8	8	36	52
Verwaltungsgerichte	5	14	83	102
Gesamt	26	34	170	230

Die regionale Streuung umfaßt den gesamten Bereich der Bundesrepublik Deutschland.

Tabelle 4 : Regionale Gliederung des Materials

Länder	absolut	in %
Schleswig Holstein, Niedersachsen, Hamburg, Bremen	68	29,5
Nordrhein-Westfalen	67	29,0
Hessen, Rheinland-Pfalz, Baden-Württemberg, Bayern	92	40,0
Keine Angabe[276]	3	1,5
Gesamt	230	100,0

8. Die zeitliche Entwicklung

Wir wollen zunächst der zeitlichen Entwicklung der 11 gesellschaftsbezogenen Argumente nachgehen. Tabelle 5 zeigt sie eingeteilt in drei große Jahresklassen.

Tabelle 5 : Gesellschaftsbezogene Argumente in drei Jahresklassen – Häufigkeit der Nennungen in Prozent (Mehrfachnennungen)

| | Code-nummer | von 1957–62 | von 1963–66 | von 1967 bis Frühjahr 1971 |
	(n)	(26)	(34)	(170)
Imperialismus	(1)	–	–	5
Vietnam	(2)	–	3	17
NS-Vergangenheit	(3)	4	–	4
Sozialisationsfaktor	(4)	–	–	10
Notstandsgesetze	(5)	–	5	7
Wirtschaftliche Interessen	(6)	–	–	3
Kritisches Bewußtsein	(7)	–	13	25
Manipulation	(8)	9	16	24
UN-Weltpolizei	(9)	–	25	4
Bipolares System	(10)	5	5	4
Wettrüsten	(11)	7	32	28

Auf den ersten Blick wird schon deutlich, daß nur ein knappes Drittel der gesellschaftsbezogenen Argumente in der ersten Jahresklasse, also bis 1962, angeführt wird. Ein weiteres Drittel kommt in der Zeit von 1963 bis 1966 hinzu, aber erst in den nachfolgenden Jahren – seit 1967 – nennen die Verweigerer alle elf Argumente in den Verfahren.

Bis einschließlich 1962 werden insgesamt vier Argumente von den Antragstellern in den Verfahren vorgebracht. Sie führen im einzelnen an: Die NS-Vergangenheit hoher Bundeswehr-Offiziere (3); das Wettrüsten und die damit verbundene Gefahr des Zufallskrieges (11); das stabile bipolare Weltsystem (10) und schließlich die als Manipulation empfundene Verbreitung von Freund-Feind-Schemata (8). Alle vier Argumente werden jedoch zunächst relativ selten angeführt.

In den Jahren 1963 bis 1966 erwähnen die Verweigerer jetzt erstmals den Vietnamkrieg (2). Außer gegen Notstandsgesetze (5) argumentiert man mit kritischem Bewußtsein gegen das Herrschaftssystem der Bundesrepublik (7). Ebenfalls erstmalig wird das Argument der UN-Weltpolizei (9) angeführt. Von den insgesamt sieben genannten Argumenten liegen in der Zeit von 1963 bis 1966 nur drei unter 10 Prozent, die anderen vier liegen alle, zum Teil erheblich, über dieser Grenze. Besonders deutlich ist die Zunahme des »Zufallskriegs«-Argumentes (11).

In der dritten Jahresklasse werden nunmehr alle elf Argumente angeführt. Die belastende, antidemokratische Vergangenheit hoher Offiziere (3) hat durchgängig nur schwache Bedeutung gehabt und taucht vorübergehend, in der zweiten Jahresklasse, überhaupt nicht auf. Neu hinzu kommen in der Zeit von 1967 bis zum Frühjahr 1971 drei gesellschaftsbezogene Argumente, die auf die imperialistischen Interessen an Kriegen (1) verweisen, die sich gegen den autoritären Anpassungsdruck durch das Militär (4) wenden und schließlich die Zusammenhänge von wirtschaftlichen Interessen an Rüstung und Krieg (6) zeigen.

Betrachten wir nun die prozentuale Häufigkeit der meistgenannten Argumente in den drei Jahresklassen. Die drei am häufigsten angeführten Kategorien sind:
– Wettrüsten (11),
– Manipulation (8)
  sowie
– kritisches Bewußtsein (7).

Wobei das letzte Argument erst nach 1962 genannt wird. – Diese Argumente können als *Standardargumente* bezeichnet werden; wobei wir festhalten können, daß diese durchgängig eine relativ bedeutende Rolle bei den Antragstellern spielen.

Tabelle 5 zeigt deutlich, daß im Verlauf der Jahre eine ständig größere Anzahl von tendenziell politischen Argumenten immer häufiger in den

Verhandlungen genannt wird. Diese Bewegung macht sich durch überwiegend höhere Prozentwerte der Nennungen bemerkbar. – Eine Ausnahme bildet hier lediglich das Argument der UN-Weltpolizei (9). Der Grund hierfür dürfte eindeutig in dem oben angesprochenen Einfluß von Beratern zu suchen sein (vgl. Anmerkung 266). Deutlicher wird dieser Trend einer Motivation, die zusehends gesellschaftsbezogener verstanden werden muß, bei der Betrachtung von Abbildung 1.

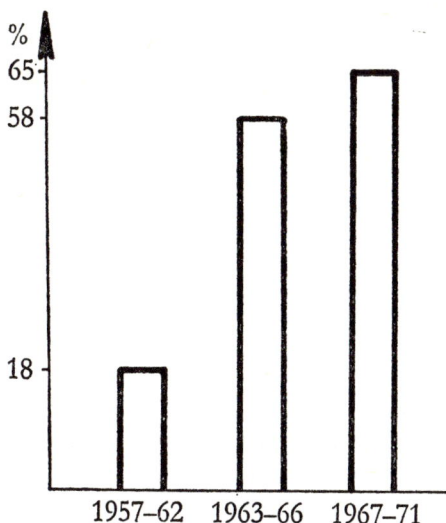

Abbildung 1 : Anteil der KDVer, die gesellschaftsbezogene Argumente anführen in drei Jahresklassen – Angaben in Prozent

Bis 1962 fanden sich noch nicht einmal bei einem Fünftel der Antragsteller Argumente, die auf eine tendenziell politische Motivation hindeuten. Bereits in den Jahren von 1963 bis 1966 stieg dann der Anteil der Verweigerer, die gesellschaftsbezogene Argumente während ihres Verfahrens anführten, auf mehr als das Dreifache an. Erst in der letzten Phase werden alle Argumente genannt. Dabei ist auffällig, daß die in der letzten Jahresklasse neu genannten Argumente ihre größte Verbreitung und Publizität innerhalb der linken Studentenbewegung gehabt haben. Es bleibt also zu prüfen, ob diese Argumente von einem bestimmten Personenkreis bildungsspezifisch vorgetragen wurden, oder ob hier bereits eine Ausweitung auf andere Gruppen zu registrieren ist.
Wurde schon bei der Betrachtung der gesellschaftsbezogenen Argumente eine tendenzielle Politisierung erkennbar, so wird diese noch klarer, wenn zur Verdeutlichung die Maßzahlen der Motivationsfelder herangezogen werden.

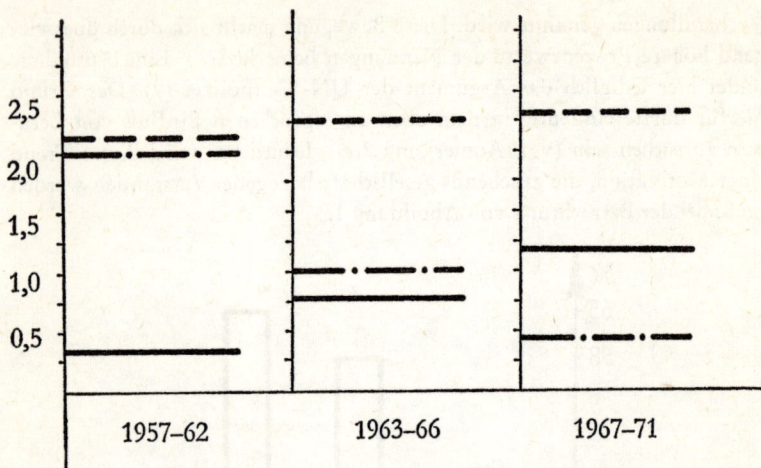

Abbildung 2 : Motivationsindex in drei Jahresklassen in den Grenzen von 0 bis 3

humanitär-ethisch: — — — —

politisch: ——————

religiös: —·——·——

Der religiöse Index fällt kontinuierlich im Verlauf der drei Jahresklassen. Auf der anderen Seite steigt gleichzeitig die Maßzahl für die politische Motivation, während der humanitär-ethische Motivationsindex sich in allen drei Jahresklassen nur schwach verändert und seit 1963 deutlich über den beiden anderen Indices liegt.

Ein Wandel der Motivation zur Kriegsdienstverweigerung ist also deutlich erkennbar. Er zeichnet sich allgemein dadurch aus, daß die religiöse Motivation ständig zurückgeht. In dieser Richtung äußerten sich auch alle darauf befragten Interviewpartner. So sprach Pfarrer Finckh davon, daß »nur ein kleiner Anteil mit einer rein religiösen Motivation hervortritt« [277]. Klaus Wellhardt führte hierzu aus: »Die rein religiöse Motivation ist ständig zurückgegangen; heute ist kaum noch ein Antragsteller zu finden, der diese Motivation anführt.« [278] Insgesamt gesehen steht sie heute »eindeutig im Hintergrund« (RA Dr. vom Hagen) [279]. – Das humanitär-ethische Moment bleibt ein ständig dominierender Faktor, neben den eine zunehmende Politisierung in der Motivation tritt. Offensichtlich bleibt in der gesamten Zeit das humanitär-ethische Motivationsfeld von religiöser und politischer Motivation unbeeinflußt.

9. Die Bedeutung spezieller Faktoren aus dem Sozialisationsbereich: Familie und Schulbildung

9.1. Familienverhältnisse

Die Umwandlung sozialer Normen zu verinnerlichten, subjektiven Verhaltensweisen geschieht im Sozialisationsprozeß wesentlich durch den Einfluß der familiären und schulischen Erziehung. Die Einstellung von Jugendlichen zum Wehrdienst dürfte also hier entscheidend geprägt werden. Der Versuch, die bestimmenden Faktoren aus dem Sozialisationsbereich in unsere Motivationsanalyse einzubeziehen, mußte sich jedoch an dem orientieren, was in den ausgewerteten Bescheiden zur Sprache kommt. Dabei stellte sich heraus, daß der familiäre Bereich nur eine untergeordnete Rolle bei den Verhandlungen spielt.

Hauptsächlich kommen solche familiären Umstände zur Sprache, die auf einen unmittelbaren Zusammenhang mit der Verweigerung hindeuten, etwa die Tatsache, daß der Vater oder nahe Verwandte im Krieg gefallen sind, ferner Fluchterlebnisse und auch der unmittelbare Einfluß einer durch Kriegs- und Nachkriegserlebnisse geprägten elterlichen Erziehung. Solche Fälle erwähnte u. a. Verwaltungsgerichtsdirektor Trapp im Gespräch: »Soweit maßgebliche Impulse aus dem Elternhaus kamen, beriefen sich Kriegsdienstverweigerer mitunter darauf, daß der Vater sich in sowjetischer Kriegsgefangenschaft verpflichtet habe, nie wieder Soldat zu werden, bzw. daß der Vater wegen seines Engagements für ein Regime, das den 2. Weltkrieg heraufbeschwor, in der Entnazifizierung entsprechend behandelt worden sei.«[280]

Bei den jüngeren Jahrgängen – etwa ab 1947 – spielen naturgemäß solche Faktoren nur noch eine untergeordnete Rolle bzw. kommen gar nicht mehr zum Tragen. Überhaupt spielt der 2. Weltkrieg eine nur sehr geringe Rolle in der Argumentation der jungen Verweigerer. Sehr viel gegenwärtiger als dieser Krieg, der jetzt ein Vierteljahrhundert vorbei ist, ist heute offensichtlich die Gefahr eines Atomkrieges, was sich ja auch deutlich in der Argumentation niederschlägt.

Wenn in Verhandlungen der letzten Zeit Angaben über die Familie des Antragstellers zur Sprache kommen, dann sind es neben gelegentlicher Erwähnung der Geschwisterzahl oder des väterlichen Berufs vor allem solche, die auf eine gespannte Situation innerhalb der Familie hindeuten. So kann es in der Verhandlung durchaus eine Rolle spielen, ob die Eltern für oder gegen die Verweigerung ihres Sohnes sind, ob das Verhältnis zwischen Sohn und Eltern auf ein generell »renitentes« Verhalten des KDVers schließen läßt und ihn somit »unglaubwürdig« macht, oder auch

Tabelle 6 : Zur familiären Situation

Vater kriegsverletzt/gefallen	13
Sonstige Verwandte kriegsverletzt	1
Flüchtlinge/Vertriebene	2
Auseinandersetzungen im Elternhaus	2
Eltern geschieden	8
Selbst verheiratet/eigene Kinder	11
Keine Angaben	193
Gesamt	230

ob die elterliche Ehe »in Ordnung« ist. Letzteres kann nämlich sonst auf eine »gestörte Entwicklung« des KDVers hindeuten und das macht ihn eben auch u. U. »unglaubwürdig« [281], ohne daß in der Regel die tatsächliche Bedeutung solcher Faktoren zur Sprache bzw. zum Tragen kommt. Die in Tabelle 6 zusammengestellten Angaben aus den Bescheiden sind so spärlich, daß sie eine schlüssige Interpretation nicht zulassen. Auch diese Tatsache spricht für sich und bestätigt unsere Hypothese, daß in den Verfahren versucht wird, die Entscheidung der Kriegsdienstverweigerer auf einen losgelöst-individuellen Konflikt zu reduzieren.

9.2. Schulbildung

Im Gegensatz zu den familiären Daten findet sich vergleichsweise ausführlich in den Bescheiden und Urteilen eine Beschreibung des schulisch-beruflichen Werdegangs der KDVer. Für die Verhandlungsführung hat die Schulbildung deshalb in der Regel einige Bedeutung, weil sich das Frageniveau des Prüfungsgremiums an der zu erwartenden Artikulations- und Rationalisierungsfähigkeit der Verweigerer laut Bundesverwaltungsgerichtsurteil orientieren soll.

In der Verfahrenspraxis der Ausschüsse wird diese Forderung jedoch nicht durchgängig beachtet. So gibt es die beiden Möglichkeiten, daß ein Antragsteller mit der Begründung zurückgewiesen wird, seine Begründung sei zu rational, oder, wenn der KDVer nicht im gewünschten Maß in der Lage ist, seine Vorstellungen zu verbalisieren, die ja, wie RA Hannover betont, oft »gefühlsmäßiger« Natur sind, wird er mit der Begründung abgelehnt, er habe sich offensichtlich mit der ganzen Problematik der Staatsverteidigung noch nicht hinreichend beschäftigt [282]. Solche Bescheide werden in aller Regel dann von der nächsthöheren Instanz revidiert. Allerdings ist zu vermuten, daß viele Antragsteller durch dieses erste Verfahren bereits so entmutigt werden, daß sie vor einem Widerspruchsverfahren zurückscheuen (vgl. oben 5.1.).

Es stellt sich in diesem Zusammenhang die Frage, ob auf Grund dieser

Verfahrensführung Abiturienten etwa Volksschülern gegenüber im Vorteil sind. Dazu sagte uns Pfarrer Finckh:

»Diese Aussage ist nur bedingt richtig, denn die meisten Schwierigkeiten treten bei Abiturienten einfacher sozialer Herkunft auf, die zum Abitur über einen Anpassungsprozeß gelangt sind. Die haben dann Schwierigkeiten, sich diesem Prozeß in einer derartigen Situation zu entziehen, oder den blöden Fragen auszuweichen, es liegen auch Verbalisierungsschwierigkeiten vor. Am besten überstehen Antragsteller das Verfahren, die Abitur haben und aus bürgerlichen Familien stammen und solche, die die Mittlere Reife und die Lehre hinter sich gebracht haben; denn durch die Lehre hat der Antragsteller gelernt, direkt praktisch zu antworten.« [283]

Diese These von Pfarrer Finckh weist darauf hin, daß gerade bei der Überprüfung eines Zusammenhanges von Ausbildung und Motivation zur KDV auf Grund der Äußerungen der Antragsteller in den Verfahren zu bedenken ist, daß je nach individueller Beredsamkeit und Wendigkeit leichte Verzerrungen gegenüber der tatsächlichen Motivation nicht auszuschließen sind. Gleichwohl gilt auch hier, daß es nach übereinstimmender Aussage der von uns befragten Experten außerordentlich schwierig ist, eine grundsätzlich andere oder auch nur wesentlich andere Darstellung der Entscheidung zu geben, als es den Überzeugungen der KDVer entspricht.

Die Tätigkeit in einem Beruf nach Abschluß der Ausbildung bildete in unserem Sample die Ausnahme. In der Regel werden Wehrpflichtige während der Ausbildungszeit gemustert und unmittelbar nach Ausbildungsschluß eingezogen. Lediglich Volksschüler könnten bereits einen Beruf ausüben, bevor sie eingezogen werden.

Die Merkmalsdimension »Ausbildung« wurde von uns nach den Ausprägungen Volksschule – Mittelschule – Oberschule erfaßt und zusätzlich nach »begonnene Ausbildung« – »abgeschlossene Ausbildung« aufgeteilt. Eine erste Überprüfung des aufbereiteten Materials ergab jedoch, daß die so gewonnenen Werte kaum erklärbar waren, weil die Gruppen bei mehrdimensionaler Tabellierung unzulässig klein wurden. In der Auswertung faßten wir also entsprechend zusammen und beschränkten uns darauf, diejenigen Volks- und Mittelschüler getrennt zu bewerten, die über den Zweiten Bildungsweg eine höhere Qualifikation anstrebten.

9.3. Zweiter Bildungsweg

Zweiter Bildungsweg wurde nach der Minimaldefinition von Dahrendorf verstanden. Danach entscheiden sich »Menschen mit Volksschul- oder Mittelschulabschluß nach einer Zeit der praktischen Berufstätigkeit in Form schulischer oder hochschulischer Weiterbildung zu Berufen, die ein höheres Qualifikationsniveau voraussetzen« [284]. Da der Zweite Bildungsweg eine langdauernde zusätzliche Belastung darstellt, war zu erwarten, daß sich Volks- und Mittelschüler des Zweiten Bildungsweges von ihren »Stammgruppen« unterscheiden.

Der Anteil der Verweigerer, die diese Weiterbildungschance nutzten, schien uns innerhalb unseres Samples verhältnismäßig hoch zu sein, nämlich etwa jeweils die Hälfte der Volks- und Mittelschüler.

Da uns keine entsprechend aufgeschlüsselten Erhebungen [285] über die Ausbildungsgänge von Kriegsdienstverweigerern bekannt sind, kann dieser Vermutung hier nicht weiter nachgegangen werden.

Tabelle 7 : Aufgliederung des Samples nach Schulbildung

	Ohne	Mit	Gesamt
	2. Bildungsweg		
Volksschüler	44	23	67
Mittelschüler	39	17	56
Oberschüler/Studenten	95	–	95
Keine Angaben	–	–	12
	178	40	230

9.4. Exkurs: Studienfächer

Im Zusammenhang mit den Ergebnissen der Studie von R. Mayntz [286] u. a. »Soziologen im Studium, Untersuchung von fachspezifischen Einstellungen bei Studenten« dürfte auch die Aufteilung der Studienfächer bei den studierenden Verweigerern von Interesse sein.

Tabelle 8 : Studienrichtung (Mehrfachnennungen) – Gesamtzahl der Studenten : 46

Sozialwissenschaften	11
VWL/BWL	2
Jura	–
Medizin	5
Mathematik/Naturwissenschaften	18
Theologie	4
Philologie	14
Nennungen gesamt	54

Auffallendes Ergebnis dieser Auswertung war, daß sich in unserer Population kein Jurist findet. Berücksichtigt man jedoch die Tatsache, daß Juristen in der Regel einer sozial privilegierten Mittel- bzw. Oberschicht entstammen aus vergleichsweise konservativen Elternhäusern, so dürfte das eine mögliche Erklärung sein. Auch die Tatsache, daß Juristen nach den Ergebnissen der Mayntz-Studie seltener als Soziologen Hauptfachinteresse als Studienmotiv nennen, sondern eher das Interesse an einem gut bezahlten und angesehenen Beruf dominiert, ferner, daß sie einen höheren Dogmatismus-, aber niedrigeren Toleranz-Skalenwert haben als die Vergleichsgruppe der Soziologen, ist ein Hinweis dafür, daß Juristen weniger als Soziologen dazu neigen, gegen gesellschaftliche Normen – insbesondere die schichtimmanenten – zu verstoßen. Kriegsdienstverweigerung wirkte und wirkt jedoch häufig stigmatisch, Kriegsdienstverweigerer sind immer noch eine gesellschaftliche Randgruppe, auch wenn sie sich derzeit aus dieser Rolle zu lösen scheinen.

Interessant dürfte es ferner sein, daß der Anteil der Mathematik/Naturwissenschaften Studierenden deutlich am größten ist. Er ist wesentlich auf einen vergleichsweise hohen Anteil von Studenten zurückzuführen, die dieses Studienfach gekoppelt mit Philologie studieren, um Lehrer zu werden!

Berufs- bzw. ausbildungsbezogene Argumente werden nur selten genannt, außer von Soziologen, deren Argumente sich im wesentlichen mit den von uns untersuchten gesellschaftsbezogenen Argumenten deckten. Gelegentlich ist für Mediziner ihr Beruf, Menschenleben zu erhalten, nicht zu zerstören, mitbestimmend für die Verweigerung. Von einem Theologen wurde angeführt, er wolle auf Grund seines Studiums keine besonderen Vorteile haben (vgl. 3.1.).

9.5. Motivation – Argumentation im Vergleich

In der Abbildung 3 vergleichen wir zunächst den jeweiligen Anteil der KDVer aus den einzelnen Bildungsklassen, die in ihrer Verhandlung gesellschaftsbezogene Argumente erwähnen. In der ersten Jahresklasse – 1957 bis 1966 – zeigt sich ein signifikanter Unterschied zwischen den KDVern unterschiedlicher Ausbildung. Jeder 2. Oberschüler bzw. Student äußert sich kritisch, aber nur jeder 5. Mittelschüler. Der Anteil der Volksschüler liegt etwa zwischen diesen beiden Gruppen. Auffallend ist der sehr hohe Anteil der Volks- und Mittelschüler, mit Zweitem Bildungsweg, die in ihren Überlegungen sich nicht nur auf ihr individuelles Gewissen beziehen, sondern Gesellschaft und Umwelt mit einbeziehen. Antragsteller mit Zweitem Bildungsweg erscheinen ähnlich aufgeschlossen für gesellschaftliche Anteilnahme wie Oberschüler.

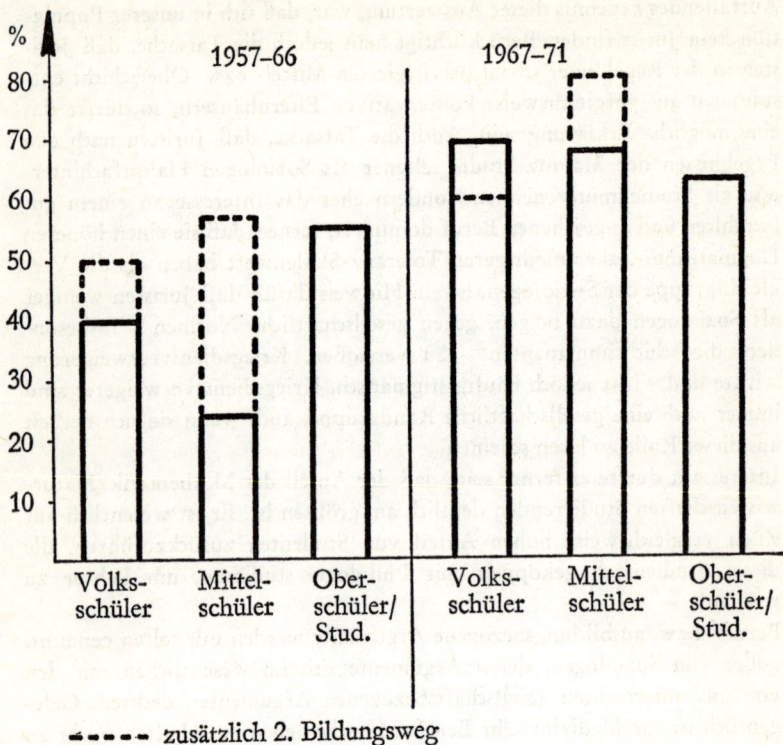

Abbildung 3: *Relative Häufigkeit der Nennung gesellschaftsbezogener Argumente nach Schulbildung in zwei Jahresklassen*

In der Zeit seit 1967 hat sich der Anteil der gesellschaftsbezogen Argumentierenden aus den einzelnen Bildungsgruppen völlig verändert. Ober-, Mittel- und Volksschüler sowie die Volksschüler mit Zweitem Bildungsweg bringen zu etwa gleichen Anteilen gesellschaftspolitische Argumente, alle stellen einen wesentlich höheren Anteil. Deutlich an der Spitze liegen die Mittelschüler mit Zweitem Bildungsweg [287], die Oberschüler/Studenten liegen jetzt sogar hinter den Volks- und Mittelschülern.

Hier deutet sich bereits ein Ergebnis unserer Untersuchung an: das Nachdenken und die kritische Haltung gegenüber Staat und Gesellschaft sind seit 1967 bei KDVern nicht mehr im wesentlichen beschränkt auf die Gruppe der Studenten und Oberschüler, sondern in etwa gleicher Weise allen KDVern eigen. Allerdings ist die Zielrichtung der Kritik unterschiedlich.

Der Anteil der Verweigerer, die gesellschaftsbezogene Argumente, tendenziell politische, als Begründung für ihren Entschluß zur KDV angeben, ist deshalb allein noch nicht allzu aussagekräftig. Im folgenden vergleichen wir daher, welche Argumente von den Gruppen besonders häufig betont werden. (Vgl. *Tabelle 9* auf der folgenden Seite.)

Ganz offensichtlich spielen die einzelnen Argumente für die verschiedenen Gruppen unterschiedliche Rollen. In beiden Jahresklassen zeigen sich starke Unterschiede in der Häufigkeit der Nennungen. Der Schwerpunkt liegt außer bei Oberschülern bei allen Gruppen auf den sogenannten Standardargumenten, die wir unter den Stichworten »Kritisches Bewußtsein« – »Manipulation« – »Wettrüsten« zusammengefaßt haben. Bei Volks- und Mittelschülern mit Zweitem Bildungsweg wird zusätzlich die mögliche Bedeutung der UNO-Charta erwähnt [288] und das stabile bipolare System. Nur von Oberschülern werden weitere Argumente genannt – Vietnam – NS-Vergangenheit der Generalität – Notstandsgesetze. Die Erwähnung von Vietnam und den NS-Gesetzen zu diesem relativ frühen Zeitpunkt darf wohl als bildungsspezifisch gelten; die öffentliche Diskussion darüber setzte ja erst nach 1967 ein.

In der Zeit seit 1967 kommen bei allen Gruppen eine Reihe weiterer Argumente hinzu, nur von Oberschülern/Studenten werden alle elf genannt. Neben der unterschiedlichen Häufigkeit der Nennungen einzelner Argumente ist es bemerkenswert, daß die Mittelschüler mit Zweitem Bildungsweg sich auf vier Argumente beschränken und diese auch annähernd gleichmäßig oft nennen. Zusätzlich zu den Standardargumenten nennen sie nur »bipolares System«. – Die Erwähnung der klassischen Argumente der linken Bewegung – Imperialismus und Wirtschaftsinteressen – scheint nur bedingt an den Bildungsstand gebunden zu sein. Auch die Bedeutung der Bundeswehr als Sozialisationsfaktor, als totale Institution, wird unabhängig von der Ausbildung genannt.

Bei einer ganzen Reihe von Argumenten zeigen sich deutliche, teilweise signifikante Unterschiede zwischen den Gruppen, die Erklärung dieser Unterschiede bzw. eines eventuell gegebenen Zusammenhangs zwischen Bildungsstand und Argumentation bleibt jedoch einer vertieften Untersuchung vorbehalten. Es ist aber zu vermuten, daß die Schulbildung bei den meisten Argumenten entweder nicht bedingende Variable oder nur eine von mehreren ist, die im Rahmen dieser Untersuchung nicht erfaßt werden konnten. Als weiteres Kriterium für einen Vergleich des Einflusses der Schulbildung sollen abschließend die Indizes der Motivationsfelder herangezogen werden.

Die Schaubilder in Abbildung 4 zeigen, daß in beiden Jahresklassen zwar deutliche Unterschiede zwischen den Gruppen bestehen. Zusammenfassend läßt sich aber sagen, daß in der ersten Jahresklasse deutlich die religiöse Motivation ein bestimmender Faktor ist. Der politische Motivationsindex liegt nur bei den Oberschülern über dem Wert des Index für religiöse

Tabelle 9: *Argumente in zwei Jahresklassen nach Bildungsstand – Angaben in Prozent (Mehrfachnennungen)*

Jahresklassen	Volksschüler mit 2. B.weg bis 1966	Volksschüler mit 2. B.weg seit 1967	Volksschüler bis 1966	Volksschüler seit 1967	Mittelschüler mit 2. B.weg bis 1966	Mittelschüler mit 2. B.weg seit 1967	Mittelschüler bis 1966	Mittelschüler seit 1967	Oberschüler Studenten bis 1966	Oberschüler Studenten seit 1967	Signifikanz-Niveau bis 1966	Signifikanz-Niveau seit 1967
(n)	(15)	(8)	(29)	(15)	(17)	(7)	(22)	(10)	(11)	(84)		
Imperialismus	–	–	–	–	–	–	9	–	–	10	–	+
Vietnam	–	–	28	13	–	14	14	–	9	26	–	(+)
NS-Vergangenheit	–	–	3	7	–	–	5	–	9	6	–	–
Sozialisationsfaktor	–	–	10	7	–	–	5	–	–	13	–	–
Notstandsgesetze	–	–	7	–	–	–	14	–	9	8	–	–
Wirtschaftliche Interessen	–	–	–	–	–	–	14	–	–	6	+	–
Kritisches Bewußtsein	7	–	10	7	–	14	41	20	9	19	–	+
Manipulation	13	25	17	–	12	29	15	30	9	25	+	–
UN-Weltpolizei	13	13	10	–	29	–	15	–	9	5	+	+
Bipolares System	–	13	3	–	6	14	9	30	9	5	+	–
Wettrüsten	20	25	14	27	18	29	23	30	36	24	+	–

Das Signifikanz-Niveau bezieht sich auf einen Vergleich Volksschüler–Mittelschüler–Oberschüler *ohne* 2. Bildungsweg.

p < 0,05 (+)
p < 0,025 +

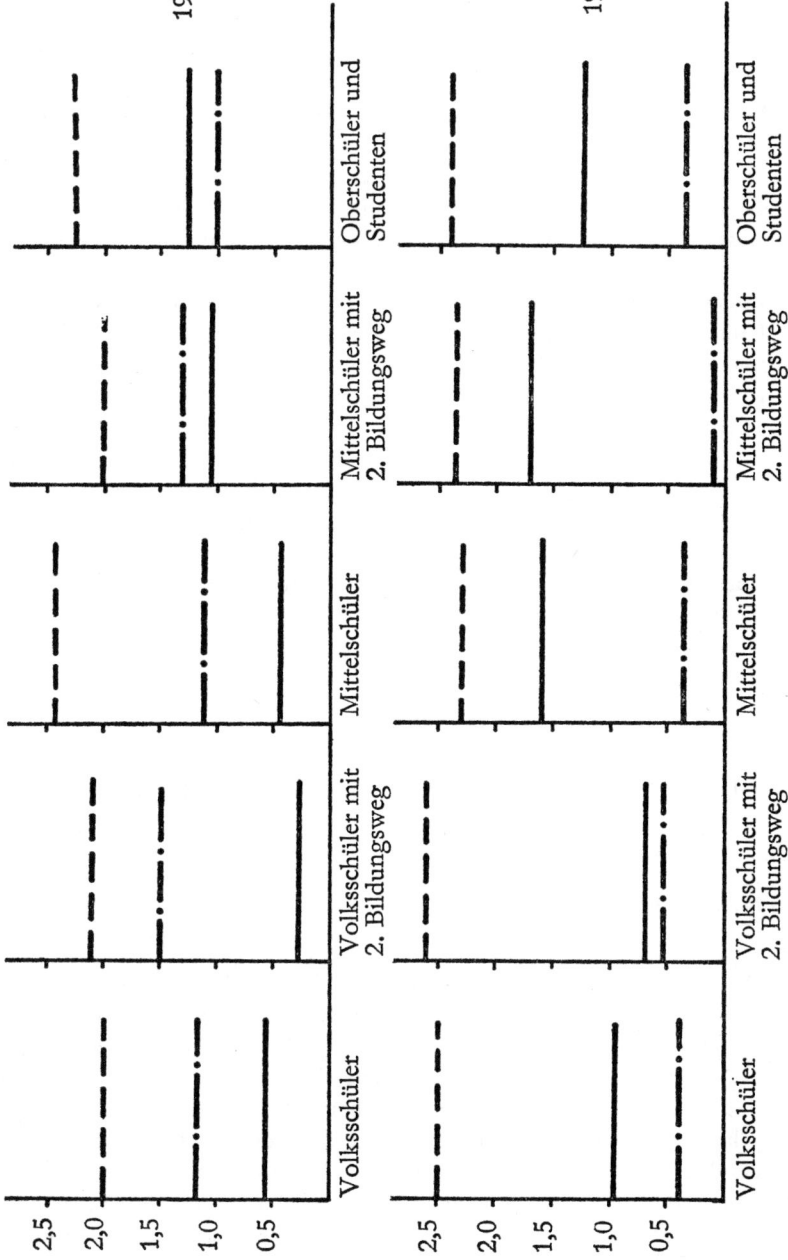

Abbildung 4 : Vergleich der Motivations-Indizes nach Schulbildung

Motivation. Bei den Mittelschülern mit Zweitem Bildungsweg erreicht er zwar fast den gleichen Wert wie bei den Oberschülern und liegt somit deutlich über dem Wert der Volksschüler und der Mittelschüler ohne Weiterbildung, liegt jedoch noch etwas unter ihrem vergleichsweise hohen Wert des Index für religiöse Motivation.

In der zweiten Jahresklasse zeigt sich, daß die Maßzahl der politischen Motivation bei allen Gruppen gestiegen, nur bei den Oberschülern gleichgeblieben ist. Die Mittelschüler liegen jetzt deutlich vor Ober- und Volksschülern. In noch stärkerem Maß gefallen ist dagegen der Index der religiösen Motivation, und zwar bei allen Gruppen um annähernd den gleichen Wert.

Zusammenfassend läßt sich zu unseren Ergebnissen sagen: Der Grad der Politisierung hängt nur bedingt von der Schulbildung ab. Offensichtlich spielen auch andere Variable, die hier nicht erfaßt werden, eine wichtige Rolle. Gleichzeitig schlägt sich in den letzten Jahren eine allgemeine Politisierung in Argumentation und Motivation nieder. Dabei muß berücksichtigt werden, daß der Begriff »politische Motivation« von uns bewußt sehr eng gefaßt wurde, das heißt, nicht alle gesellschaftsbezogenen Argumente wurden von uns als Indikator für politische Motivation gewertet. Bezieht man ein, was z. B. K. Wellhardt im Interview betonte, daß auch eine Kritik des Vietnamkrieges, bei der das humanitäre Mitleid im Vordergrund steht, als politische Äußerung zu werten ist, die es noch vor wenigen Jahren nicht gegeben hätte, kann die tatsächliche Tendenz zu einer gesellschaftskritischen Einstellung noch höher eingeschätzt werden.

10. Motivations- und Argumentationsvergleich: VK-DFG/IdK

10.1. Vorbemerkung

Die folgende Tabelle zeigt eine Übersicht über die Verbandszugehörigkeit der Antragsteller in unserem Sample, soweit sie in den Bescheiden und Urteilen erfaßt ist. Die tatsächliche Zahl der Mitgliedschaften dürfte jedoch nur für die Verweigererverbände richtig angegeben sein [289]. Zwar sind die Vorsitzenden gehalten im Rahmen ihrer Ermittlungen alle Angaben zusammenzustellen, die Auskunft über »die gesamte Persönlichkeit des Wehrpflichtigen und sein sittliches Verhalten im Allgemeinen« [290] geben können, aber »der Umfang der Ermittlungen wird ... von Amts wegen bestimmt: er ist unabhängig von den Angaben oder gar Wünschen des Antragstellers«. Angaben über Vereinszugehörigkeit oder die aktive Teilnahme dort können entsprechend als »nicht zweckdienlich« erscheinen [291] und werden oft vernachlässigt.

Tabelle 10: Verbandszugehörigkeit der Antragsteller

Sportverein[292]	7
Religiöse/kirchliche Organisationen	16
Politische Organisation/Partei	14
Berufsbezogen – Schüler-/Studenten-Organisation	13
Berufsbezogen – Gewerkschaften	8
VK	22
DFG/IdK	24
Karitative Verbände	4
Keine Angaben	122
Gesamt	230

10.2. Gesellschaftsbezogene Argumente im Vergleich

Im Rahmen unserer Arbeit war es von Interesse, festzustellen, ob und in welchem Umfang sich die Motivation/Argumentation der Mitglieder von Verweigererverbänden unterscheidet.

Tabelle 11: Gesellschaftsbezogene Argumente in zwei Jahresklassen nach Mitgliedschaft in Kriegsdienstverweigerer-Verbänden – Angaben in Prozent (Mehrfachnennungen)

		DFG/IdK bis 1966	seit 1967	VK bis 1966	seit 1967
	(n)	(17)	(7)	(10)	(12)
Imperialismus		–	–	–	8
Vietnam		–	43	–	33
NS-Vergangenheit		–	14	10	17
Sozialisationsfaktor		–	–	–	8
Notstandsgesetze		6	–	–	8
Wirtschaftliche Interessen		–	–	–	8
Kritisches Bewußtsein		–	14	10	17
Manipulation		24	57	10	8
UN-Weltpolizei		12	14	–	8
Bipolares System		6	–	10	–
Wettrüsten		12	29	20	17

Der Vergleich der Häufigkeit von Nennungen gesellschaftsbezogener Argumente in der Zeit von 1957 bis 1966 zeigt insofern keinen wesentlichen Unterschied zur Gesamtentwicklung (vgl. oben, Tab. 5), als auch hier der Schwerpunkt auf den »Standardargumenten« liegt. Vom Argument »UNO-Weltpolizei« abgesehen [293], werden »Notstandsgesetze« und »Manipulation« nur bzw. überwiegend von DFG/IdK-Mitgliedern genannt; die von uns unter »kritisches Bewußtsein« zusammengefaßten Argumente sowie »NS-Vergangenheit der Generalität« und »Wettrüsten« werden ausschließlich oder häufiger von VK-Mitgliedern erwähnt.

Deutlicher wird der Unterschied nach 1967. Mit einer Ausnahme werden jetzt von VK-Mitgliedern alle Argumente genannt, Schwerpunkt ist dabei der Vietnamkrieg. Auch bei DFG/IdK-Mitgliedern wird der Vietnamkrieg besonders oft erwähnt; die Argumente, die vor allem innerhalb der linken Bewegung der letzten Jahre eine wichtige Rolle gespielt haben, fehlen jedoch. »Imperialismus« und »Interesse an Rüstungsprofiten« nennen in den von uns analysierten Dokumenten nur VK-Mitglieder.

10.3. Motivationsindizes im Vergleich

Tabelle 12 : In Kriegsdienstverweigerer-Verbänden organisierte Antragsteller – Motibationsindex in den Grenzen von 0 bis 3

	Religiös bis 1966	seit 1967	Humanitär bis 1966	seit 1967	Politisch bis 1966	seit 1967
DFG/IdK	1,41	–	2,00	2,29	0,53	2,00
VK	0,4	0,75	2,80	2,33	0,6	1,33

Vergleicht man jeweils die Indexwerte der religiösen und politischen Motivationsfelder in den Jahresklassen miteinander, so zeigt sich eine Überkreuzung. Zwar ist, wie es dem generellen Trend entspricht, der Index der religiösen Motivation gefallen, der Index der politischen Motivation bei beiden Organisationen gestiegen, aber der höhere Wert für religiöse Motivation hat von der DFG/IdK vor 1967 jetzt zum VK gewechselt, umgekehrt ist es bei dem Index der politischen Motivation.

Es würde naheliegen, diese Ergebnisse im Sinne der unterschiedlichen Mitgliedschaft und politischen Spannweite bzw. Orientierung zu interpretieren, doch kann die dafür erforderliche Analyse hier nicht geleistet werden. Zudem kann eine solche Interpretation nur mit gewissen Einschränkungen geschehen.

Tabelle 14a zeigt, daß seit 1967 in allen Instanzen in stärkerem Maße abgelehnt wird. Allerdings haben wir bei der Materialaufbereitung feststellen können, daß seit dem zweiten De-Maizière-Erlaß im Mai 1968 [297] die Verfahren von Soldaten ungewöhnlich lange hingezogen werden, sie also oft praktisch den vollen Wehrdienst ableisten müssen, bis sie eventuell beim Verwaltungsgericht anerkannt werden.

Tabelle 14a : Veränderung der Anerkennungs- und Ablehnungsquoten in den drei Verhandlungsinstanzen bezogen auf den Termin der Antragstellung in zwei Jahresklassen – Angaben in Prozent

| | | Termin der Antragstellung | | | | |
| | | 1957–1966 | | 1967–1971 | | |
		vor BW	während und nach BW	vor BW	während und nach BW	Gesamt (n)
Prüfungs-ausschuß	(n)	(21)	(4)	(20)	(25)	(70)
	keine Angabe	6	50	2	18	
	anerkannt	79	50	23	24	
	abgelehnt	31	–	75	58	
	Gesamt	100	100	100	100	
Prüfungs-kammer	(n)	(12)	(3)	(19)	(13)	(47)
	keine Angabe	–	–	2	–	
	anerkannt	100	67	88	55	
	abgelehnt	–	33	10	45	
	Gesamt	100	100	100	100	
Verwaltungs-gericht	(n)	(14)	(5)	(23)	(60)	(102)
	keine Angabe	–	–	–	4	
	anerkannt	85	100	82	69	
	abgelehnt	15	–	18	27	
	Gesamt	100	100	100	100	(219)
	keine Angabe über Termin der Antragstellung					(11)
	Gesamt					(230)

11.1. Politische Motivation und Verfahrensausgang

Wir haben aufgezeigt, daß die Ablehnungsquoten in den letzten Jahren erheblich angestiegen sind. Nach der Meinung von befragten Rechtsanwälten und Beratern dürfte der Grund hierfür auch darin liegen, daß seitens der Administration in der hohen Verweigererzahl eine Gefahr gesehen wird [298]. Deutlich wurde dies durch den zweiten de-Maizière-Erlaß, mit dem die Kriegsdienstverweigerung wenigstens in der Truppe gestoppt werden sollte. Gesamtgesellschaftlich manifestiert sich die Furcht der im militärischen Denken befangenen Kreise vor wachsenden Verweigererzahlen in dem Verlangen, im Gemeinschaftskundeunterricht an Oberschulen auf die Funktion der Bundeswehr als Friedensfaktor und -garant hinzuweisen [299].

Diese beiden Momente und die stärker werdende politische Motivation der Verweigerer lassen KDV in letzter Zeit wieder objektiv zu einem greifbaren Politikum werden, dem per Sanktionierung entgegengetreten werden soll. Sanktionierung bedeutet in diesem Zusammenhang zunächst Ablehnung. Die formale Absicherung dieser Sanktionierung erfolgt bevorzugt durch die Ablehnung gerade politisch motivierter Antragsteller.

Tabelle 15 : Verfahrensausgang[300] in den Verhandlungsjahren 1967 bis Frühjahr 1971 unter Berücksichtigung des Index für politische Motivation nach Verhandlungsinstanzen – Index in den Grenzen von 0 bis 3

	(n)	Zahl der Ablehnung in %	Index für polit. Motiv.	Zahl der Anerkennungen in %	Index für polit. Motiv.
Prüfungsausschuß	(44)	79	1,49	21	0,90
Prüfungskammer	(34)	35	0,92	68	1,18
Verwaltungsgericht	(82)	11	0,89	89	1,19

Tabelle 15 zeigt zunächst noch einmal die höchste Ablehnungsquote im Prüfungsausschuß. Gleichzeitig haben diese in der ersten Prüfungsinstanz abgelehnten Antragsteller eine Maßzahl für politische Motivation, die weit über dem Durchschnittsindex (von 1,19) der Jahre von 1967 bis 1971 liegt. – Sowohl in der Prüfungskammer als auch im Verwaltungsgerichtsverfahren erfolgt die Ablehnung bei einer Maßzahl für politische Motivation, die unter dem Mittelwert der betreffenden Jahresklasse liegt.

Anerkannt werden KDVer vor dem Prüfungsausschuß bei einem unter dem Durchschnitt liegenden Wert für politische Motivation, während dieser im Prüfungskammer- und Verwaltungsgerichts-Verfahren dem Mittelwert der Jahresklasse entspricht.

Hieraus lassen sich zwei Schlußfolgerungen ziehen. Eine starke politische Motivation führt im Prüfungsausschuß zur Ablehnung des Antrages auf KDV, eine Anerkennung erreicht nur eine unpolitische Minderheit. In den Verfahren vor der Prüfungskammer und dem Verwaltungsgericht spielt die politische Motivation des Antragstellers offensichtlich keine dominierende Rolle, zumal auch in diesen Instanzen die Maßzahl für politische Motivation bei den anerkannten KDVern über der in den abgelehnten Fällen liegt.

Der Instanzenweg funktioniert also als Selektionsmechanismus; in die Gruppe der anerkannten Verweigerer sollen nur Antragsteller gelangen, die nicht stark politisiert sind [301]. Die einzelnen Etappen des Anerkennungsverfahrens wirken somit in gewisser Weise entpolitisierend.

Abschließend wollen wir hier noch auf den Verfahrensausgang unter Berücksichtigung des Bildungsgrades und des Index der politischen Motivation eingehen.

Tabelle 16 : Verfahrensausgang in den Verhandlungsjahren 1967 bis Frühjahr 1971 unter Berücksichtigung des Index für politische Motivation und des Bildungsstandes

	(n)	Zahl der Ablehnungen in %	Index für polit. Motiv.	Zahl der Anerkennungen in %	Index für polit. Motiv.
Volksschüler	(28)	25	0,78	75	0,91
Mittelschüler	(22)	27	1,00	73	1,87
Oberschüler/ Studenten	(79)	36	1,42	64	1,21

Relativ viele Oberschüler und Studenten, die nicht als KDVer anerkannt werden, weisen für die politische Motivation eine Maßzahl auf, die erheblich über dem betreffenden Durchschnittswert in der letzten Jahresklasse liegt. Gerade Oberschüler und Studenten bilden aber in den letzten Jahren das größte [302] und weiterhin wachsende [303] Rekrutierungspotential der Antragsteller. – Die in Tabelle 16 vorliegenden Werte sprechen also nicht für die Äußerung des derzeitigen Bundesverteidigungsministers, wenn er meint, daß KDVer »sich von jedem Dienst davonschlängeln« [304]. Denn Oberschüler und Studenten wären wohl durchaus in der Lage, aus Opportunitätsgründen im Verfahren die eigentliche politische Motivation zugunsten einer akzentuierteren humanitär-ethischen in den Hintergrund treten zu lassen [305]. Daß sie es nicht tun, bestätigt die Aussage der befragten Interviewpartner, die erkennen lassen, daß die Verweigerer in den letzten Jahren aus ernstzunehmenden – oftmals gesellschaftsbezogenen – Beweggründen für ihre Entscheidung gegen den Kriegsdienst motiviert sind.

12. Alternativen zur militärischen Verteidigung

12.1. Individuelle und Staatsnotwehr

Eine wichtige und in wohl jeder Verhandlung dem Antragsteller vorgelegte Frage der Vorsitzenden betrifft die sogenannte Staatsnotwehr.
»Gemeinsamer Ausgangspunkt aller die Verteidigung des Staates betreffenden Fragen ist die Annahme, daß eine ›Verteidigung‹ möglich sei und daß der Fragesteller das hierfür gültige Rezept besitze. Der Kriegsdienstverweigerer hingegen ist in den Augen des Fragestellers ein Mann, der eine an sich mögliche Verteidigung von Staat, Freiheit, Frauen und Kindern verwirft und damit im Grunde einen unmoralischen Standpunkt einnimmt.« [306]
In der Verfahrenspraxis wird dabei, um den Antragsteller zu Äußerungen zu verleiten, die keine durchgängige Gewissensentscheidung erkennen lassen, häufig zu »Fangfragen« gegriffen, oder – wie es in der Ausdrucksweise der Prüfungsgremien heißt – zu »Hilfsfragen«, die weitgehend standardisiert sind. Bekanntes Beispiel ist der »Bomberfall«, der sogar in dieser Kurzform in Urteilen zitiert wird. – Der Antragsteller wird in der Regel mit einer konstruierten individuellen Notwehrsituation konfrontiert: »Wenn Sie plötzlich im Wald von einem Räuber überfallen würden, würden Sie sich da nicht wehren?« – »Würden Sie untätig zuschauen, wenn jemand Ihre Mutter oder Ihre Schwester vergewaltigen wollte?« Bekennt sich der Antragsteller zu der möglichen individuellen Notwehr, so wird eine Parallelität zur Staatsnotwehr konstruiert: »Sie selbst halten sich also für berechtigt, Notwehr zu üben, aber dem Staat wollen Sie dieses Recht nicht zubilligen?«
In der Folge wird der Antragsteller dann mit einigen »Staatsnotwehrsituationen« konfrontiert. Vermutlich, weil die deutsche Geschichte nicht so reich an Notwehrbeispielen und Verteidigungskriegen ist, werden oft zeitlich und örtlich weit entfernte Kriegsbeispiele »abgefragt«. So kommt oft die Frage nach der Situation Israels – die ja noch vergleichsweise aktuell ist. Aber auch Fragen nach hinterindischen Grenzkonflikten oder mongolischem und tibetanischem Notwehrrecht tauchen auf, oder, wie bei

einer Stuttgarter Verwaltungsgerichtsverhandlung, die Frage nach der »Situation des Jahres 1689 in Württemberg, speziell im Remstal« [307]. In der Regel bleibt dem Verweigerer hier nichts weiter zu sagen, als daß »diese Situation für ihn nicht nachvollziehbar« sei [308].

12.2. Konstruktive Alternativen

Ein in den letzten Jahren immer höher werdender Prozentsatz der Verweigerer entwickelt bei dieser Gelegenheit aber auch Alternativvorstellungen zur militärischen Verteidigung. Neben der Möglichkeit des bloß abwartenden »Nichts tun«, wenn der Staat angegriffen wird, werden auch konstruktive Alternativen gesehen.

Tabelle 17: Verteidigungsalternativen in drei Jahresklassen – Angaben in Prozent

	Keine Angabe	»Nichts tun«	Passiver Widerstand	Soziale Verteidigung	gesamt
bis 1962	87	2	2	9	100
von 1963–1966	77	8	–	15	100
seit 1967	62	9	12	17	100

Dabei lassen sich im wesentlichen die von uns oben dargestellten Alternativen (vgl. oben, 6.4): »Passiver Widerstand« und »Soziale Verteidigung« unterscheiden. Auch bei der Erörterung dieser Alternativen war es jedoch für die Antragsteller stets schwierig, historische Beispiele anzuführen, in denen diese Verteidigungsalternativen wirksam zur Anwendung gekommen waren. Beispiele etwa aus der skandinavischen oder niederländischen Widerstandstätigkeit gegen die deutsche Besetzung im 2. Weltkrieg scheinen nur wenig bekannt zu sein, sie werden nur außerordentlich selten erwähnt. Fragen des gewaltfreien Widerstandes wurden in der Regel am Beispiel Gandhis, gelegentlich auch am Beispiel Martin Luther Kings erörtert.

12.3. Exkurs: die Bedeutung der CSSR-Invasion

Seit der CSSR-Invasion im Sommer 1968 durch Warschauer-Pakt-Staaten spielt das Beispiel des dort in Ansätzen praktizierten zivilen Widerstandes in den Verhandlungen eine ausschlaggebende Rolle. Die Interpretation der Augustereignisse in der CSSR tritt allerdings in zwei Versionen auf:

von seiten des Prüfungsgremiums wird oft an Hand der CSSR-Invasion versucht, nachzuweisen, wie notwendig eine kampfkräftige Armee sei; die Antragsteller sehen den Truppeneinmarsch als Präzedenzfall dafür, daß auch eine einsatzbereite Armee gegenüber einem hoch überlegenen Angreifer ohnmächtig ist. Im einzelnen sagen sie: durch das besonnene Verhalten habe viel Blutvergießen erspart werden können, das solidarische Verhalten der tschechoslowakischen Bevölkerung untereinander und gegenüber den Führungsgremien verdeutliche, daß es auch eine Form gesamtgesellschaftlichen gewaltfreien Widerstandes gebe, die langfristig gesehen zum Erfolg führe und viel effektiver sei. Die Armee und die Rüstung führten sich ad absurdum.

Die Bedeutung der CSSR-Invasion für die Diskussion wird auch von allen befragten Rechtsanwälten und Beratern unterstrichen. Von uns mit einer gezielten Fragebogenaktion angeschriebene Rechtsanwälte betonten ebenfalls sämtlich die wichtige Rolle der CSSR-Invasion in den Verhandlungen seit Herbst 1968.

RA Hannover sagte im Interview, daß die von großen Teilen der Bevölkerung getragenen Widerstandsaktionen in der CSSR »an die Stelle des früheren Beispiels von Gandhi« getreten sind. Reinhold Settele betont das ebenfalls, sagt aber einschränkend, »Gandhi hat nie diese Rolle gespielt«.

Wir wollen im folgenden überprüfen, ob bzw. in welchem Zusammenhang die Kenntnis und die Überzeugung von der Bedeutung nichtmilitärischer Verteidigung mit Motivation und Verhalten sowie der Ausbildung steht.

12.4. Motivation und Alternativnennungen

Die von uns formulierte Hypothese, daß die Kenntnis und Überzeugung von der Effektivität gewaltfreier Verteidigungsalternativen dazu führen könnte, daß die KDVer bereits vor der Bundeswehrdienstzeit ihren Antrag auf Anerkennung stellen, wird aus unserem Material nicht bestätigt. Die Tabelle 18 zeigt, daß die Verteilung: Antragstellung vor der Bundeswehrdienstzeit – Alternativen nahezu gleichmäßig ist.

Tabelle 18 : Alternativen zur militärischen Verteidigung und Termin der Antragstellung

Termin der Antragstellung	Keine Angabe	»Nichts tun«	Passiver Widerstand	Soziale Verteidigung	gesamt
vor BW	65	8	4	23	100
während und nach BW	60	6	14	20	100

Tabelle 13

Alternativen zur militärischen Verteidigung. Zeitraum 1967 bis 1971 (n = 170)

"NICHTS TUN" n = 12

Alternative	religiös				humanitär-ethisch					politisch		
Indexwert (0 - 3)	0,92				2,41					1,25		
	KA	1	2	3	4	5	6	7	8	9	10	11
gesellschaftsbez. Argumente in %	42	8	17	-	8	-	17	17	8	-	8	25

PASSIVER WIDERSTAND n = 25

Alternative	religiös				humanitär-ethisch					politisch		
Indexwert (0 - 3)	0,28				2,08					1,72		
	KA	1	2	3	4	5	6	7	8	9	10	11
gesellschaftsbez. Argumente in %	24	16	20	12	16	16	4	40	32	4	8	20

Schulbildung in %

Alternative	keine Angabe	Volks-schule	Mittel-schule	Ober-schule	2. Bildungsweg
"NICHTS TUN"	83	-	-	17	-
PASSIVER WIDERSTAND	4	20	28	48	28

Organisationszugehörigkeit in %

Alternative	VK-Mitglied	DFG/IdK-Mitglied
"NICHTS TUN"	8	-
PASSIVER WIDERSTAND	4	-

SOZIALE VERTEIDIGUNG n = 33 / KEINE ALTERNATIVE n = 100

Alternative	SOZIALE VERTEIDIGUNG n = 33			KEINE ALTERNATIVE n = 100		
	religiös	humanitär-ethisch	politisch	religiös	humanitär-ethisch	politisch
Indexwert (0 - 3)	0,21	2,27	1,91	0,43	2,48	1,02

gesellschafts-bez. Argumente in %

	KA	1	2	3	4	5	6	7	8	9	10	11
SOZIALE VERTEIDIGUNG	16	6	24	3	12	15	3	15	36	6	9	33
KEINE ALTERNATIVE	40	7	27	4	11	9	4	16	21	5	4	22

Schulbildung in %

	keine Angabe	Volks-schule	Mittel-schule	Ober-schule	2. Bildgs.weg
SOZIALE VERTEIDIGUNG	6	21	33	40	18
KEINE ALTERNATIVE	24	16	4	56	7

Organisations-zugehörigkeit in %

	VK-Mitglied	DFG/IdK-Mitglied
SOZIALE VERTEIDIGUNG	6	6
KEINE ALTERNATIVE	9	6

Auffällig ist zwar die Abweichung bei: Antragstellung vor der Bundeswehrdienstzeit – Passiver Widerstand, sie läßt sich jedoch aus unserem Material nicht schlüssig erklären.

Wenn die Hypothese auch nicht bestätigt wird, so kann sie dennoch nicht als falsifiziert gelten. Zu berücksichtigen wäre z. B., wann die KDVer Kenntnis von der Sozialen Verteidigung bekommen bzw. sich damit auseinandergesetzt haben. Diese Frage läßt sich aus unseren Unterlagen nicht beantworten.

Zwischen der Erwähnung von Verteidigungsalternativen und politischem Interesse bzw. Motivation/Argumentation besteht jedoch ein deutlicher Zusammenhang [309], wie die Tabelle 19 deutlich zeigt. Der Wert von 1,02 für politische Motivation bei denjenigen, die überhaupt keine Alternativen nennen und von 1,25 derer, die »nichts tun« anführen, liegt ganz deutlich unter den Indexwerten der Kriegsdienstverweigerer, die konstruktive Alternativvorstellungen zur Verteidigung entwickelt haben: 1,72 und 1,91 bei Sozialer Verteidigung. – Gemessen an den Durchschnittswerten unserer Untersuchung ist dieser Teil der Kriegsdienstverweigerer als »stark politisch« einzuschätzen.

Dieses Ergebnis entspricht den Überlegungen von Friedensforschern, daß eine gesamtgesellschaftliche gewaltfreie Verteidigung ein vergleichsweise hohes politisches Interesse und Niveau erfordert [310].

12.5. Der Einfluß der Schulbildung

Auffallend erscheint, daß je nach Schulbildung der Anteil der Nennungen an den Verteidigungsalternativen unterschiedlich ist.

Tabelle 20 : Alternativen zur militärischen Verteidigung nach Bildungsstand 1967 bis 1971 – Angaben in Prozent

		Volks-schüler	Mittel-schüler	Oberschüler Studenten
(n)		(28)	(22)	(84)
Keine Alternativvorstellung		57	18	67
»Nichts tun«		–	–	3
Passiver Widerstand		18	32	15
Soziale Verteidigung		25	50	15
Gesamt		100	100	100

Von 28 Volksschülern, die in unserem Sample in diesem Zeitraum erfaßt sind, nennen 13 eine Alternative, d. h. etwa 43 %. Jeder 4. Volksschüler nennt sogar die qualitativ höchste Form: Soziale Verteidigung. Noch stärker ist offensichtlich das Engagement der Mittelschüler: 82 % (18 von 22) haben Alternativvorstellungen, die Hälfte von ihnen nennt Soziale Verteidigung.

Demgegenüber fallen die Oberschüler/Studenten deutlich ab: nur ein Drittel (28 von 84) erwähnt während der Verhandlung Verteidigungsalternativen. Nur jeder 7. (15 % – 13 von 84) sieht in Sozialer Verteidigung eine Möglichkeit bzw. kennt sie.

Teil D

13. Motivationswandel im Instanzenzug? — die Fälle X, Y und Z

Wir haben bisher den Wandel der Motivation zur Kriegsdienstverweigerung in einer Zeitlängsschnitt-Betrachtung von den fünfziger bis zum Beginn der siebziger Jahre untersucht. Neben diesem Wandel ist noch ein weiterer zu beobachten; dieser vollzieht sich bei den einzelnen Antragstellern im Verlauf des Gesamtverfahrens. Es können hier zwar keine Aussagen darüber gemacht werden, wie groß der Anteil der Verweigerer insgesamt ist, die einen Wandlungsprozeß durchmachen, gleichwohl zeigt auch die von Wolfgang Hübner vorgenommene Befragung, daß es eine Reihe von Fällen dieser Art gibt [311].

Während wir oben [312] das Verfahren als Abschreckungsstrategie dargestellt haben, soll hier der Frage nachgegangen werden, ob bzw. inwieweit die Konfrontation des Antragstellers mit dem Verfahren – seinen Mechanismen und möglichen Zwängen – eine mögliche Einstellungsänderung bewirkt. – Die hier herangezogenen Fälle [313] sind keineswegs als typisch für den Kriegsdienstverweigerer schlechthin zu sehen, sie können nicht einmal als typisch für eine politische Kriegsdienstverweigerung gelten. Dennoch sind die hier behandelten untypischen Fälle gut geeignet, der Fragestellung eventuellen Motivationswandels bzw. -akzentuierung im Verlauf des Gesamtverfahrens nachzugeben. Sie sind gleichzeitig geeignet, in exemplarischer Weise die Mängel und Schwächen der Rechtsprechung in KDV-Angelegenheiten zu kennzeichnen.

13.1. Der Fall X

Der Antragsteller X ist achtes Kind einer gläubigen römisch-katholischen Familie aus dem Aachener Raum. Sein Vater, ein Landwirtschaftsrat, starb zu Beginn der fünfziger Jahre, als X vier Jahre alt war. Er beschäftigte sich während der Schulzeit besonders intensiv mit Lyrik und Musik, später dann – etwa seit dem 17. Lebensjahr – mit Philosophie, nicht aber mit irgendwelchen politischen Fragen. Unmittelbar vor dem Abitur trat X aus der katholischen Kirche aus, machte diesen Schritt aber wieder rückgängig, da seine Mutter deswegen einen Schock erlitten hatte und sie ihn bat, wieder Kirchenmitglied zu werden. Trotz seines Wiedereintritts in die Kirche verstand X sich als Atheist und verließ die Kirche im Herbst 1968 endgültig.

Wenngleich X bis zu seinem Schulabgang vollkommen unpolitisch dachte, war er doch von der Notwendigkeit der Bundeswehr überzeugt; er führte diese Einstellung auf den bestimmenden Einfluß des Antikommunismus zurück. Noch vor dem Abitur bewarb er sich daher bei der Bundeswehr als Soldat auf Zeit für die Dauer von zwei Jahren (Z 2). Zum Jahresbeginn 1967 wurde X einberufen und versah nach der Grundausbildung seinen Dienst in der Bataillonsbibliothek. Ein Jahr später wurde er zum Vertrauensmann gewählt und im Mai 1968 stellte er seinen Antrag auf Kriegsdienstverweigerung.

Seinem Anerkennungsantrag legte X einen zwölfseitigen Aufsatz bei, der seine Überlegungen verdeutlichen sollte; in ihm ging er auf folgende Themen ein:

I.   Die Unbrauchbarkeit des Krieges als ein Mittel der Politik
II. Die konjunkturpolitische Bedeutung des Militarismus im kapitalistischen Wirtschaftssystem
III. Die Gefährdung Deutschlands als weltpolitisches Spannungszentrum
IV. Die spannungsfördernde Nachkriegspolitik

Das auslösende Moment für seine Verweigerung beschrieb X im Prüfungsausschuß-Verfahren folgendermaßen: »Vor meinem Eintritt in die Bundeswehr hatte ich mich kaum mit Politik beschäftigt. Mir ging es materiell gut und ich hatte auch in der Schule keinerlei Schwierigkeiten. Ich habe mich zu dieser Zeit vor allem mit schöngeistigen Dingen beschäftigt. In der Schule wurden politische Themen kaum behandelt. Es war für mich ein heilsamer Schock, als diese meine Saturiertheit mit dem Eintritt in die Bundeswehr zerstört wurde. Dieser Schock wurde vor allem durch das dort herrschende Verhältnis von Befehl und Gehorsam ausgelöst. Auch die Drohung und die Gefahren, die ein Krieg mit sich bringt und die mir dort zum erstenmal bewußt wurden, haben mich schockiert. Vorher war ich im antikommunistischen Sinne erzogen worden und fühlte mich daher durch den angeblich expansiven Kommunismus bedroht.« [314]

Dem eben beschriebenen »Aha-Erlebnis« folgte noch nicht sofort der Schritt zur Verweigerung. Nachdem X zum Vertrauensmann gewählt wurde, versuchte er ab Januar 1968 einen politischen Arbeitskreis für Soldaten zu gründen. Aber dieses Vorhaben scheiterte an Schwierigkeiten durch Vorgesetzte, die beispielsweise die Benutzung der Räume des Soldatenheims untersagten. Erst als sich herausstellte, daß es nicht möglich war, »innerhalb der Truppe im Rahmen eines Arbeitskreises aufklärend zu wirken«, stellte X seinen Antrag auf Kriegsdienstverweigerung [315].

X verstand seine Verweigerung als einen »politischen Akt – durch und durch«, daher hob er im Ausschußverfahren zwei Momente hervor:

a) Die Bundeswehr dient »nicht nur Verteidigungszwecken. Ich bin vielmehr der Ansicht, daß sie auf Grund der amerikanischen ›roll-back-Politik‹ aufgebaut worden ist, weil die USA einen strategischen Vorposten für die Unterminierung der osteuropäischen kommunistischen Staaten benötigen ... Die Bundeswehr ist nicht nur ein Verteidigungsinstrument, sondern auch ein Angriffsinstrument, zumindest aber ein entspannungshinderndes Mittel.« [316]

b) Auf die in den Verfahren ständig wiederkehrende Frage nach der Gewalt meinte X, daß er nur dann Gewalt befürworten würde, wenn sie das einzige Mittel zur Zerstörung bestehender Gewalt ist. In der Fortführung dieses Gedankens sagte X: »Einen Staat, der meinen Vorstellungen einer freien menschenwürdigen Gesellschaft entspricht, würde ich notfalls auch als Soldat mit der Waffe in der Hand verteidigen und dabei möglicherweise auch andere Menschen töten, sofern das die einzige Möglichkeit ist, zur Verteidigung seiner Freiheit.« [317] Allgemein umschrieb X die Basis seiner Motivation als »Gründe der Vernunft, der Politik und der Moral, nach denen sich meine Gewissensentscheidung bildet. Religiöse Gründe habe ich keine« [318].

X blieb auch im PA-Verfahren – wie in allen folgenden Instanzen bis zum Bundesverwaltungsgericht – die Anerkennung versagt. Wie in sehr vielen ablehnenden Bescheiden findet sich auch hier der fast »klassische« Satz: »Nur auf dem Verstande, z. B. auf reiner Zweckmäßigkeit beruhende Erwägungen, politische Erkenntnisse und Entscheidungen sowie bloße Unlustgefühle stellen nicht solche Gründe dar, daß aus ihnen eine echte Gewissensentscheidung hergeleitet werden kann.« [319]

Es sei hier angemerkt, daß bei X in keiner Weise »reine Zweckmäßigkeit« oder »bloße Unlustgefühle« vorlagen und es ist daher zu fragen, welche Funktion derartige Phrasen in den Bescheiden haben, wenn sie sich auf einen Gewissenskonflikt beziehen, wie er im folgenden PA-Bescheid wiedergegeben wird: »Der Wehrpflichtige begründet seine Kriegsdienstverweigerung damit, es sei mit seinem Gewissen, das die Forderung nach Schutz allen menschlichen Lebens stelle, unvereinbar, sich einer Institution wie der Bundeswehr dienstbar zu machen, die lebensbedrohend sei, insoweit sie zur Stützung einer profitwirtschaftlichen Ordnung und einer zweifelhaften Politik diene, die unvorstellbare Gefahren der heutigen waffentechnischen Errungenschaften hervorbringe.« [320]

Auch die zweite Instanz konnte bei dem Antragsteller X keinerlei Gewissensgründe feststellen. In dem etwas zurückhaltender abgefaßten Ablehnungsbescheid heißt es: »Wenn es auch durchaus möglich sein kann, daß ein Wehrpflichtiger auf Grund von Erwägungen politischer oder sonstiger verstandesmäßiger Natur zu einer ihn innerlich verpflichtenden Überzeugung, den Krieg als sittlich verwerflich abzulehnen, gelangen kann, so hat die Prüfungskammer unter Berücksichtigung der gesamten Persönlichkeit des Wehrpflichtigen und seiner Darlegung in der mündlichen Verhandlung nicht die Überzeugung gewonnen, daß die politischen Ansichten des Wehrpflichtigen zu einem Gewissenszwang geführt haben ... Vielmehr ist der Wehrpflichtige nach Ansicht der Prüfungskammer in politischen Überlegungen steckengeblieben.« [321] Wie bereits schon der Prüfungsausschuß, so hebt die Prüfungskammer in ihrer ablehnenden Argumentation die sogenannte Situationsgebundenheit des Antrages hervor. [322]

Bevor wir auf das Verfahren vor dem Verwaltungsgericht eingehen, muß hier noch die politische Aktivität des Antragstellers X angeschnitten werden. – In konsequenter Fortführung seines Verständnisses von Kriegsdienstverweigerung als politischen Akt versuchte X, nachdem die Gründung eines politischen Arbeitskreises in der Truppe verhindert worden war, politisch aufklärend von außen zu wirken. Unter anderem verteilte er mehrmals Flugblätter des Verbandes der Kriegsdienstverweigerer (VK). Am 21. August 1968 veranstalteten Soldaten und der VK eine öffentliche Diskussion, die vor der Kaserne stattfand, damit möglichst viele vorbeigehende Soldaten an ihr teilnehmen sollten. – Für diese Veranstaltung war X als Referent vorgesehen und nahm zunächst auch daran teil, da Paragraph 15 des Soldatengesetzes die Betätigung von Soldaten außerhalb der Kaserne und in Zivilkleidung ausdrücklich billigt. Dennoch wurde er auf Befehl des Kommandeurs von Feldjägern aufgefordert, der Veranstaltung fernzubleiben. X befolgte diesen Befehl zwar, stellte aber später Strafanzeige gegen den Kommandeur. Für diese Aktivitäten handelte sich X insgesamt 31 Tage Arrest ein; er wurde schließlich nach 18 Monaten Dienstzeit vorzeitig aus seiner Z2-Verpflichtung entlassen, da er »Ansehen und militärische Ordnung« der Bundeswehr gefährdete [323].

Als Zivilist ging X nun in die dritte Instanz seines Anerkennungsverfahrens. In seiner schriftlichen »Begründung der politischen Kriegsdienstverweigerung« knüpfte er an den ablehnenden Formulierungen der Vorverfahren an und führte aus, daß in »der Ablehnungsbegründung der Prüfungskammer eine Trennung von politischer Vernunft und Gewissen, von politischem Handeln und gewissenhaftem Handeln vollzogen (wird). Politischer Vernunft wird eine geringere Moralität zugesprochen, erst durch moralische Überhöhung kann sie zu Gewissen als primärer Instanz des Moralischen werden. – Aus dieser Trennung ist vielleicht die Moralität heutiger Politik ableitbar, nämlich ihre Gewissenslosigkeit, sie kann aber nicht als Kriterium meines Konzeptes von politischer Vernunft dienen. – In meinem Konzept geht es um die Wiederherstellung der ursprünglichen Einheit von Gewissen und politischer Vernunft; das Gewissen muß wieder deprivatisiert werden, wieder zu einem politischen Begriff werden. – Das Gewissen oder die Über-Ich-Funktion ist der Träger der Normen für das menschliche Handeln. Das Über-Ich stellt die Vermittlungsinstanz im Konflikt zwischen Individuum und Gesellschaft dar. Das verweist auf die Doppelseitigkeit von Gewissen und dem ihm folgenden Handeln: es hat eine private und eine öffentliche Seite; jede Gewissensentscheidung, jede darauf basierende Handlung hat neben privaten auch gesellschaftliche, d. h. politische Folgen. Die Moralität des Gewissens ist um so größer, je stärker die politische Komponente in die Gewissensentscheidung aufgenommen wird. Umgekehrt ist es eine Verkrüppelung des Gewissens, wenn es privatisiert wird, d. h. vom politischen Aspekt abgeschnitten wird; oder aber die politische Komponente wird zusehends zu einer Abstraktion, die die Verbindung zur Politik verliert und damit politisches Handeln dem Opportunismus, jener moralisch zweifelhaften ›Realpolitik‹ überläßt, die tendenziell gewissenslos ist. [324]

Während der Verhandlung vor dem Verwaltungsgericht erläuterte X noch einmal seinen Antrag inhaltlich: »Es ist mit meinem Gewissen unvereinbar, das die Forderung nach Schutz allen menschlichen Lebens stellt, sich einem Staat und seiner militärischen Institution dienstbar zu machen, die insofern lebenbedrohend ist, als sie zur Stützung eines widersprüchlichen Wirtschaftssystems und einer aggressiven militärischen Politik die ungeheuren Gefahren des heutigen Rüstungspotentials heraufbeschwört. Gewissen bedeutet für mich politische Vernunft ... Die Antwort auf die Frage nach dem Gewissenskonflikt bedeutet für mich die Vorwegnahme einer Situation, die ich noch nicht erlebt habe. Wie ich mich da verhalten sollte, das kann ich formulieren, wie ich mich tatsächlich verhalten werde, das kann ich nicht.« [325]

Zwar bescheinigte das Gericht X, daß er sich »seiner Gesamtpersönlichkeit nach (als) glaubwürdiger junger Mensch erwiesen (hat)« [326]. Aber dennoch könne er nicht den Art. 4 III GG für sich in Anspruch nehmen. Obwohl sich X für seine Person gegen eine zwischenstaatliche Waffenauseinandersetzung aussprach – und insofern selbst den einengenden Schutz des § 25 Wehrpflichtgesetz genießen müßte –, wurde ihm vom Gericht die Anerkennung verwehrt. Die Ablehnung wurde im wesentlichen damit begründet, daß X es sich vorstellen könne, notfalls »gegen die unterdrückerische Macht«, konkreter, gegen die »herrschenden gesellschaftlichen Kräfte der Bundesrepublik« waffenmäßig Widerstand zu leisten [327]. Gleichwohl hob X hervor, daß er in einer solchen Situation, mit der er konkret noch nicht konfrontiert sei, seine Gewissensentscheidung neu überdenken müsse. Über die Argumentation, ein derartiges Verhalten auch als Partisanentätigkeit zu bezeichnen, führte das Gericht indirekt wieder die zwischenstaatliche Ebene ein, und es meinte: »Entscheidend ist, daß er bereit ist, sich an bestimmten kriegerischen Auseinandersetzungen, in die die Bundesrepublik verwickelt werden könnte, notfalls mit Waffengewalt zu beteiligen, wenn auch *gegen* Bürger der Bundesrepublik.« [328]

Das Bundesverwaltungsgericht hat im Fall X im Dezember 1970 die Revision zurückgewiesen und gemeint, daß die Grundsätze der persönlichen Notwehr nicht für den Verweigerer gelten, der »über die sittliche Billigung der Abwehr rechtswidriger Angriffe hinaus seinerseits zum aktiven Handeln und zum Einsatz tödlicher Waffen gegen Menschen unter Verletzung des innerstaatlichen Friedenszustandes prinzipiell bereit ist« [329].

Erinnern wir uns der oben gestellten Frage, inwiefern das Verfahren selbst die Haltung des Antragstellers beeinflußt.

Auslösendes und zugleich stark politisierendes Moment war im Fall X der Dienst in der Bundeswehr. Er hat dort das Militär in seiner gesamtgesellschaftlichen Funktion innerhalb des kapitalistischen Systems kennengelernt und kam von dieser Position zu einer Einstellung, die sich durch die Erkenntnis charakterisieren läßt, daß in der westlichen Welt antimilitaristischer Kampf zugleich auch antikapitalistischer Kampf sein muß.

Die Argumentation und die dahinter stehende Motivation wird bei X innerhalb des Instanzenzuges immer differenzierter. Das beste Beispiel hierfür ist die Auseinandersetzung mit dem Gewissensbegriff. Er wird anfänglich so vorgetragen, daß X seine Gewissensentscheidung als umfassenden politischen Akt begreift. Dieses Verständnis bleibt beibehalten, wird aber auf allgemeiner Ebene im Verfahren vor dem Verwaltungsgericht dahingehend präzisiert, daß X den Doppelcharakter des Gewissens hervorhebt; dabei weigert er sich, nur auf die private Seite zurückzugreifen, sondern verlangt vielmehr eine Reaktivierung der öffentlichen, gesellschaftlichen Seite des Gewissens.

13.2. Der Fall Y

Im Gegensatz zu dem oben geschilderten Fall des Antragstellers X hat Y erst nach seiner Bundeswehrdienstzeit einen Antrag auf Anerkennung als Kriegsdienstverweigerer gestellt. Während der Oberschulzeit war Y gemustert und bis zum Abitur zurückgestellt worden. Noch vor der Reifeprüfung war Y 1964 den Jungsozialisten in der SPD (JuSos) beigetreten. Im April 1965 begann er einen zweijährigen Bundeswehrdienst, er schied im März 1967 als Leutnant der Reserve aus. Anschließend begann er sein Studium (Erziehungswissenschaft und Politologie), unterbrach es aber bald, um sich als Krankenpflegergehilfe ausbilden zu lassen. Im Herbst 1967 nahm er maßgeblichen Einfluß auf die Reaktivierung der JuSo-Abteilung seiner Heimatstadt und wurde im folgenden Jahr zum Kreisvorsitzenden gewählt. Am 11. April 1968 – ein gutes Jahr nach der Entlassung aus der Bundeswehr – stellte Y seinen Antrag auf Anerkennung als Kriegsdienstverweigerer; auslösendes Moment war das eben begangene Attentat auf Rudi Dutschke.

Unter dem Hinweis, daß es sich – aus seinem Lebenslauf ersichtlich – bei ihm in keiner Hinsicht um einen Fall von »Drückeberger« handele, begründete Y seinen Antrag vor allem mit zwei Gedankengängen, aus denen sich jeweils Handlungsalternativen ableiten ließen.

a) Für Y selbst war es nicht leicht, sich zur Antragstellung durchzuringen: »Aus einer Haltung des vorwärtsbringenden Zweifelns heraus, aus intellektueller Redlichkeit lehne ich perfekte Lösungen ab – ich weiß, daß es keine geben kann.«[330] Von dieser Position versteht Y, »daß der Friedensdienst mit der Waffe noch sein muß, daß der Friedensdienst ohne Waffen vorläufig nur in diesem Schutz geschehen kann, unter dem Schutz des politischen Gleichgewichts, welches erreicht wird etwa durch das Gleichgewicht der Kernwaffen, durch abschreckende Waffengewalt also«[331].

b) Auf der anderen Seite sah Y die »entsetzlichen Feinde«, gegen die Waffen machtlos sind: Hunger, Bevölkerungsexplosion und wirtschaftliche Unterentwicklung. Für den Kampf gegen derartige Mißstände wollte Y sich mit einem waffenlosen Friedensdienst entscheiden. Sein Engagement sieht er vielschichtig. So hatte er beispielsweise freiwillig sein Studium unterbrochen und arbeitete zum Zeitpunkt der Antragstellung ein knappes Jahr als Hilfspfleger. Es ist somit für Y eine konsequente Haltung, den Dienst mit der Waffe zu verweigern. Er beschließt seinen Antrag mit den Worten: »Sie werden anerkennen müssen, daß die gründliche und viel Zeit beanspruchende Prüfung der verschiedenen Möglichkeiten, zu einem Urteil zu kommen, Maßstab für die um so sicherere Entscheidung ist.«[332]

Eine der von Y benannten Auskunftspersonen schrieb – nachdem sie vom Prüfungsausschuß um persönliche Eindrücke über den Antragsteller gebeten wurde –, daß sie »Herrn Y für einen ehrlichen und gewissenhaften Menschen (halte), der sich mit ganzer Überzeugung für unsere demokratische Staatsform einsetzt. Die von ihm z. Z. ausgeübte Tätigkeit als Pfleger ... nimmt er sehr ernst«[333]. Darüber hinaus berichtete dieser Zeuge, daß Y ihm einmal gesagt habe, »er sei zu der Überzeugung gekommen, die Bundeswehr würde durch die Notstandsgesetze mißbraucht. Er könne dies nicht gutheißen und habe sich daher zu diesem Entschluß (der Verweigerung, d. Verf.) durchgerungen«[334].

Der Prüfungsausschuß bewertete Y's Haltung folgendermaßen: »Der Antragsteller beruft sich zur Begründung im wesentlichen auf politische und weltanschauliche Gründe ... Der Prüfungsausschuß mußte daraus den

Schluß ziehen, daß rein politische, soziale und fiskalische Gesichtspunkte für das Verweigerungsbegehren des Antragstellers entscheidend sind, ohne daß dabei sein Gewissen in eine Konfliktsituation gebracht worden wäre.«[335] Vorrangig zwei Punkte werden in dem ablehnenden erstinstanzlichen Bescheid von Y deutlich. Einmal wird ihm implizit negativ angelastet, daß er überhaupt Zeitsoldat gewesen ist und darüber hinaus noch »ziemlich günstige Beurteilung erhalten« hat, was »von ihm auch eingeräumt wird«[336]. Hier wird danach gesucht, wie es dazu kommen konnte, daß ein gut beurteilter Leutnant der Reserve einen Antrag auf Kriegsdienstverweigerung stellt.

Deutlich wird das Unvermögen des Prüfungsausschusses, bei Y eine Gewissensentscheidung zu konstatieren, wenn zwar auf der einen Seite festgestellt wird, daß Y sich nicht »drücken« will – Bundeswehrdienst abgeschlossen und freiwilligen Krankendienst geleistet –, andererseits aber gegen ihn angeführt wird, Y »beruft sich zur Begründung im wesentlichen auf politische und weltanschauliche Gründe«[337]. Dieses Unvermögen äußert sich darin, daß man nicht sehen kann und auch nicht will, daß der freiwillige Krankendienst bereits ein Stück praktizierter Gewissensentscheidung darstellt. Diesen Umstand außer acht lassend, heißt es im Bescheid: »Er kritisiert die Notstandsgesetzgebung, insbesondere den unzureichend geregelten, möglichen Einsatz der Bundeswehr bei einem inneren Notstand; er zweifelt daran, daß die Bundeswehr tatsächlich nur im Verteidigungsfall eingesetzt wird ...«[338] »Abschließend sei noch darauf hingewiesen, daß der Antragsteller nach der Überzeugung des Prüfungsausschusses durch gewisse Einflüsse zu einer einseitigen, von ihm im Zusammenhang mit der Kriegsdienstverweigerung offensichtlich nicht richtig bewerteten Einstellung gegenüber unserem Staat veranlaßt worden ist. Darauf deuten seine verschiedenen Reisen in die DDR (der Ausdruck ›Ostzone‹ wurde von ihm gerügt) hin ...«[339] – Zum Verfahren vor dem Prüfungsausschuß sei abschließend noch vermerkt, daß zwischen dem Termin der Antragstellung und der ersten – für Y negativ verlaufenden – Verhandlung rund eineinhalb Jahre vergingen.

Weitere sechs Monate später fand die Verhandlung vor der Prüfungskammer statt. In der zweiten Instanz ergaben sich keine neuen Gesichtspunkte, dieses Gremium bemängelte wiederum bei Y, »daß ein tiefes Mißtrauen gegenüber unserer Staatsführung für die Stellung des Antrages auf Anerkennung als Kriegsdienstverweigerer durch den Wehrpflichtigen von Bedeutung gewesen ist. Das folgerte die Prüfungskammer aus der Ausführung des Wehrpflichtigen zur Notstandsgesetzgebung. Er kritisierte diese Gesetze, insbesondere den seiner Ansicht nach unzureichend geregelten möglichen Einsatz der Bundeswehr bei einem inneren Notstand«[340].

Vom Termin der Antragstellung aus gerechnet vergingen mehr als andert-

halb Jahre, bis Y zu seinem Verfahren vor dem Verwaltungsgericht kam. –
War seine politische Einstellung in den beiden vorangegangenen Instanzen
noch systemimmanent gewesen, hatte er versucht, politisch in der SPD zu
wirken, so hat er »sich seitdem auch politisch wieder verändert« [341]. Y ist
nun SDS-Mitglied, seine akzentuiertere politische Einstellung wird im
Urteil folgendermaßen beschrieben: »Er habe noch mehr Klarheit bekommen und sei in seiner Auffassung bestärkt worden, unter den heutigen
Verhältnissen in der Bundesrepublik nicht mehr Wehrdienst leisten zu
wollen. Er sei überzeugt, daß diese Armee nicht für das Wohl des Volkes
eingesetzt werde.« [342] Das Selbstverständnis des Gerichtes und dessen
Logik ließen eine Anerkennung von Y nicht zu, da der Antragsteller ein
»negatives Verhältnis zur Bundesrepublik und zu den heutigen politischen
Verhältnissen« [343] habe.
Bei Y lassen sich im Anerkennungsverfahren zwei Etappen ausmachen, an
denen ein gewisser Motivationswandel festzustellen ist, und mit dessen
Fortschreiten die politische Komponente stärker in den Vordergrund tritt.
Der Antrag – unmittelbar unter dem Eindruck des Dutschke-Attentats
geschrieben – ist von einer stark humanitär-ethischen Motivation geprägt,
der politische Aspekt ist zunächst gleichsam nur eine Begleiterscheinung.
Eine Verschiebung zwischen den beiden Motivationsfeldern ergibt sich
zugunsten des politischen bereits vor der ersten Verhandlung; deutlich
wird dies an der Stellung zu den Notstandsgesetzen. In gleicher Richtung
ändert sich die Motivation im Verwaltungsgerichtsverfahren. War vorher
die Qualität der politischen Motivation eindeutig systemimmanent und
war sie gekoppelt mit der politischen Arbeit in der SPD, so wird zum
Ende der Verhandlung deutlich, daß das gesamte bundesrepublikanische
Herrschaftssystem kritisch hinterfragt wird.

13.3. Der Fall Z

Die bisher geschilderten Fälle waren ein sogenannter »Soldatenantrag«
– also Antragstellung während der Bundeswehrdienstzeit – und ein Antrag, der nach abgeleisteter Wehrdienstzeit gestellt wurde. Abschließend
soll nun ein Fall betrachtet werden, wo der Antrag vor der Einberufung
zur Bundeswehr gestellt wurde.
Ursprünglich hatte Z sich bereits vor seinem Abitur im Sommer 1967
darum bemüht, sofort zur Bundeswehr einberufen zu werden, um sein
Studium später nicht unterbrechen zu müssen [344]. Dieses Vorhaben scheiterte aber daran, daß Z zum Zeitpunkt seiner Reifeprüfung noch nicht
gemustert war. Er begann daraufhin mit dem Studium der Naturwissen-
schaften; wechselte nach dem ersten Semester im Sommer 1968 Studienort

und -fach (Soziologie und Philosophie) und wurde Mitglied im SDS und VK. – Kurze Zeit nach seiner Musterung stellte Z zum Jahresbeginn 1968 seinen Antrag auf Anerkennung als Kriegsdienstverweigerer. Er begründete seinen Antrag schriftlich damit, daß »er von den moralischen Verpflichtungen des Pazifismus überzeugt sei. Die stärkste pazifistische Prägung verdanke er den Äußerungen Albert Einsteins. Eine aktive Teilnahme an der Lösung des Friedensproblems sei eine Gewissenssache für den seiner moralischen Verantwortung bewußten Menschen. Äußerer Zwang könne die Verantwortung eines Individuums nicht aufheben. Dabei sei er überzeugt, daß ein Töten im Kriege um nichts besser sei als gewöhnlicher Mord.« [345]

Gut ein halbes Jahr nach der Antragstellung wurde Z's Verfahren vor dem Prüfungsausschuß verhandelt. Während dieser ersten Verhandlung erklärte Z: »Die Gewissensfrage läuft darauf hinaus, die Abschaffung der Kriege als ethische Maxime zu setzen. Dies kann nur in der sozialistischen Produktionsgemeinschaft erreicht werden. In diesem Sinne läuft meine ethische Überzeugung darauf hinaus, den Wehrdienst in Armeen mit kapitalistischen Produktionsverhältnissen zu verweigern. Andererseits stellt sich mir daraus die ethische, d. h. rational begründete Notwendigkeit, mich für die Abschaffung dieser kapitalistischen Strukturen in revolutionären Phasen auch mit der Waffe in der Hand einzusetzen.« [346]

Diese grundsätzlich in sich konsequente Haltung stellt eine deutliche Akzentverschiebung im Vergleich zur schriftlichen Antragsbegründung dar, und zwar in eine ähnliche Richtung, wie sie schon bei dem ersten Fall des Antragstellers X deutlich wurde. Sie war gleichwohl nicht dazu geeignet, eine Anerkennung herbeizuführen. So heißt es in diesem Zusammenhang im ablehnenden Prüfungsausschußbescheid: »Diese Darstellung gibt eindeutig Aufschluß, als was der Wehrpflichtige seine Kriegsdienstverweigerung ansieht, nämlich als Protest gegen die kapitalistische Gesellschaftsform und gegen den Wehrdienst als einer mit dieser Gesellschaftsstruktur zusammenhängenden Pflicht.« [347]

Zur inhaltlichen Klärung ist aus dem privaten Schriftverkehr von Z zu entnehmen, daß er sich in seinen Ausführungen »auf *emanzipatorische* Führung eines Volksbefreiungskrieges und nicht etwa auf die sogenannten sozialistischen Bruderbefreiungskriege des Ostblocks« bezog [348].

Da Z zwar gegen den ablehnenden Bescheid des Prüfungsausschusses ein Rechtsmittel eingelegt hatte, aber nicht zu der Verhandlung vor der Prüfungskammer erschien, wurde nach der Aktenlage wiederum negativ gegen ihn entschieden.

Die Wartezeit zwischen der zweiten und der dritten Instanz dauerte ein Jahr, im April 1970 wurde dann endlich die Klage von Z vor dem Verwaltungsgericht verhandelt. Da in der Zweitinstanz nach der Aktenlage entschieden worden war, griff der Rechtsanwalt von Z in seiner Klage-begründung die Ausführungen des Prüfungsausschusses auf, in denen da-von gesprochen wurde, daß es Z »nur darum geht, nicht in kapitalistischen Staaten mit der Waffe zu dienen« [349]. An diese Formulierung anknüp-fend trug der Anwalt für Z vor: »Sollte der Prüfungsausschuß seine Auf-gabe dahin verstanden haben, prüfen zu müssen, ob der Kläger zur Ver-teidigung eines sozialistischen Staates in der Lage ist? Der Kläger hat sich wie jeder Kriegsdienstverweigerer in der für ihn nun einmal gegebenen Situation zu entscheiden, und das ist die Situation eines Bürgers, der durch die Wehrpflicht gezwungen wird, ein kapitalistisches System auf Befehl von Offizieren mit Waffengewalt zu verteidigen. Wer aus einer festen politischen Grundhaltung heraus einen solchen Verteidigungsauftrag nicht als rechtfertigende Norm für das befehlsmäßige Töten im Kriege akzep-tieren kann, wird, wenn er wie jeder normale Mensch das allgemeine Tötungsverbot des Gewissens als grundlegendes Sittengesetz betrachtet, nicht in der Lage sein, sich an einer bewaffneten Auseinandersetzung zwischen den Staaten ohne Gewissensnot zu beteiligen.« [350]

In der Verhandlung vor dem Verwaltungsgericht führte Z selbst aus: »Im Grundsatz hat sich meine Einstellung, den Kriegsdienst mit der Waffe zu verweigern, seit meiner Antragstellung nicht geändert. Die Begründung, die ich im Laufe des Gesamtverfahrens gegeben habe, hat sich allerdings in manchen Punkten geändert. Das beruht insbesondere darauf, daß ich im Verlauf der folgenden politischen Tätigkeit zu Selbständigkeit ge-langte, daß ich mir selbst ein eigenes politisches Bewußtsein formen konnte und nicht auf andere Personen, z. B. Einstein, zurückgreifen mußte.« [351] Die Formulierung, sich notfalls für die Abschaffung kapitalistischer Struk-turen mit der Waffe einzusetzen, versteht Z als »Äußerung allgemeiner theoretischer Art« [352]. Aber diese allgemeine theoretische Betrachtung wollte das Gericht nicht gelten lassen und fragte Z, wie er sich etwa als Vietcong verhalten würde. Z meinte dazu, weil ihm hierzu die Vorstel-lung fehle, könne er genausowenig eine Antwort geben, wie auf die Frage, »wie sich ein Schmetterling im Frühling fühle« [353].

Bei Z findet ein Wandel zwischen der Antragstellung und der ersten Ver-handlung statt. Seinen ursprünglichen Ausgangspunkt bezeichnete Z als eine Art »liberale Entwicklungsphase«; er hat selbst darauf hingewiesen, daß ausschlaggebend für seine später ausgeprägtere politische Motivation die durch die aktive politische Arbeit gewonnene Selbständigkeit gewe-sen ist.

13.4. Zusammenfassung

Mit der Untersuchung der drei oben dargestellten Fälle sollte der Fragestellung nachgegangen werden, ob und inwieweit das Verfahren bestimmte Motivationsfelder beeinflußt. Dabei ging es bei den hier herangezogenen Fällen in erster Linie um das politische Motivationsfeld. – Als
Ergebnis läßt sich festhalten, daß das Anerkennungsverfahren eine Reihe
von Momenten erkennen läßt, die eindeutig darauf hinauslaufen, den
einzelnen Antragsteller zur Resignation zu bringen. Insofern wird die in
Abschnitt 5.2. aufgestellte Hypothese von der Abschreckungsstrategie in
bezug auf das Verfahren bestätigt. Allerdings wirkt sich dieser Mechanismus bei den hier referierten Verweigererfällen nicht aus; überwiegend
wohl deshalb, weil sie politisches Selbstverständnis entwickelt haben, von
dem aus sie sich zur Kriegsdienstverweigerung entschlossen haben. Die
politische Einstellung ist in allen drei Verfahren bereits vor der Antragstellung zu registrieren. Eine Verschiebung innerhalb der Motivationsfelder – besser Akzentuierung – findet im Ablauf des Gesamtverfahrens
statt. Der Schwerpunkt der Motivation verläßt nirgendwo den politischen
und gesellschaftlichen Bezugsrahmen, vor allem dieses Motivationsfeld
wird verstärkt differenziert. Die Unterschiede in der Argumentation
von einer Instanz zur nächsten sind nur graduell, da sie sich im selben
Motivationsfeld bewegen. Bei den Antragstellern X und Z ist von Beginn
des Verfahrens an eine äußerst systemkritische Haltung festzustellen,
während bei Y die Qualität der politischen Einstellung zunächst systemimmanent verstanden werden muß. Betrachtet man die Haltung von Y
zu Ende seines Verfahrens, so ist kaum anzunehmen, daß er in dieser
Situation, mit diesem Bewußtsein, noch die These von der Gleichwertig-
keit der Friedensdienste mit und ohne Waffen als für sich verbindlich
erklären würde, wie er es noch in seiner Antragsbegründung tat.
Neben der verstärkten politischen Motivation läßt sich noch ein weiteres
Moment aus der Darstellung der Verfahren der drei Antragsteller ablesen. Allen ist gemein, daß sie neben der Verweigerung politisch aufklärend arbeiten. X unternahm während seiner Dienstzeit mehrere Versuche,
eine politische Arbeit unter den Soldaten zu beginnen und setzte sie später – nach seiner vorzeitigen Entlassung – im hochschulpolitischen Bereich
innerhalb des SDS fort. Z arbeitete bereits zu Beginn seines Verfahrens
im SDS und Y war zunächst – schon lange vor der Antragstellung – als
JuSo-Funktionär tätig und wurde später ebenfalls SDS-Mitglied. Wenn
wir also die Frage stellen, ob das Verfahren selbst als primär politisierendes Moment anzusehen ist, so muß an Hand der drei hier wiedergegebenen Fälle diese Frage eindeutig verneint werden. Die Politisierung und
ihre akzentuierte Ausprägung im Verfahrensablauf wird viel mehr von

außen durch politische Arbeit, die nicht in direktem Zusammenhang mit der Kriegsdienstverweigerung stehen muß, in das Verfahren hineingetragen.

Abschließend wollen wir noch auf einen Gesichtspunkt eingehen, der bei der Behandlung des § 25 Wehrpflichtgesetz vor dem Bundesverfassungsgericht bereits angedeutet wurde.

Das Verfassungsgericht hatte in seinem Urteil nicht nur den grundsätzlichen Pazifisten für anerkennungswürdig befunden, sondern auch die Antragsteller, die auf der Grundlage einer situationsbedingten Motivation ihre Gewissensentscheidung getroffen haben. Allerdings – so die Meinung des Gerichts – müsse diese Gewissensentscheidung dann praktisch für Ewigkeit Geltung besitzen. Der Widerspruch in diesem Punkt besteht nun darin, daß eine situationsbedingte Motivation anerkannt wird, diese dann aber irreversibel statisch verstanden wird. Besonders die Antragsteller X und Z verdeutlichen mit ihrer politischen Motivation, daß ein derartiges Verständnis unhaltbar ist. Man kann nicht auf der einen Seite gesellschaftliche Prozesse als Grundlage der Gewissensbildung anerkennen, um sie dann unter möglicherweise – wie beide Antragsteller hervorheben – grundlegend geänderten gesellschaftlichen Verhältnissen für die weitere Ausprägung des Gewissens nicht mehr gelten zu lassen. Besonders X hat diesen Widerspruch klar hervorgehoben und mit der Forderung der Entprivatisierung des Gewissens gleichzeitig einen dynamischen Gewissensbegriff formuliert, der gesellschaftlichen Bezügen Rechnung trägt, also auch weitergehende Prozesse der Umstrukturierung umfaßt. Dieser letzte Punkt ist – an den hier behandelten außergewöhnlichen drei Fällen verdeutlicht – für die Mehrzahl der untersuchten Fälle verallgemeinerbar, sofern sie eine stark ausgeprägte politische Motivation aufweisen.

14. Ergebnisse aus einer Fragebogenaktion und Experteninterviews

Zum Abschluß der empirischen Untersuchung wollen wir die wichtigsten Aussagen aus einer Fragebogenaktion und den Experteninterviews systematisieren und zusammenfassen, einige wichtige Aspekte haben wir ja bereits zur Ergänzung der Auswertung von Bescheiden und Urteilen in die vorherigen Teile der Arbeit aufgenommen.

Die *Fragebogenaktion* hatte den Charakter eines Pretestes, sie richtete sich an 35 Rechtsanwälte, die mit der Verfahrenspraxis der KDV zum Teil auf Grund mehr als 10jähriger Erfahrung vertraut sind. Von den zurückgeschickten Fragebögen waren 19 voll auswertbar, sie gaben uns wertvolle

Hinweise für die Brauchbarkeit unseres methodischen Ansatzes und unserer Hypothesen. Der Fragenbereich deckte sich im wesentlichen mit dem der *Experteninterviews,* allerdings waren letztere insgesamt erheblich umfangreicher. Der Charakter des freien Gesprächs, den diese Interviews überwiegend hatten, bewirkte, daß sich in den Gesprächen unterschiedliche Schwerpunkte ergaben. Die im folgenden aufgeführten Fragenkomplexe wurden allerdings – von wenigen Ausnahmen abgesehen – in allen Gesprächen berührt. Gesprächspartner waren nicht nur erfahrene Rechtsanwälte mit einer Praxis von mehr als 50 bis zu mehr als 2000 KDV-Verfahren, sondern auch Vertreter bzw. leitende Funktionäre der beiden großen Verweigerer-Verbände VK und DFG/IdK, ein Verwaltungsgerichtsdirektor und ein Beisitzer eines KDV-Prüfungsausschusses.

Mit einer Ausnahme wurden alle diese Gespräche auf Tonband mitgeschnitten, abgeschrieben, von den Gesprächspartnern durchgesehen und für die Auswertung autorisiert.

14.1. Beratung von KDVern durch Anwälte und Verbände

– Wie wird Beratung praktiziert?
– Gibt es unterschiedliche Formen der Beratung?
– Welchem primären Zweck dient Beratung?
– Welchen Einfluß hat Beratung?

Hier wurde die generelle Unterscheidung zwischen »gewerkschaftlicher« und »politischer« Beratung vorgenommen. Die einzelnen Antworten ließen erkennen, daß überwiegend die gewerkschaftliche Beratung im Vordergrund steht, also der Versuch, auf das Verfahren und die dort gestellten Fragen vorzubereiten, ohne eine Problematisierung dieser Fragen in Richtung allgemeiner Gesellschaftskritik o. ä. zu beabsichtigen. Diese Tendenz zu einer rein technischen Beratung kommt bei den Rechtsanwälten stärker zum Ausdruck als bei den Beratern aus Kreisen der KDV-Verbände. Einigkeit herrschte im großen ganzen darin, daß trotz des Engagements bei den Beratungen der Einfluß der Verbände auf die Motive zur KDV recht gering ist. Obwohl man sich in den Verbänden, vor allem in der DFG/IdK in den letzten Jahren in zunehmendem Maß um eine politische Beratung bemüht, ist die Inanspruchnahme der Verbände seitens der Verweigerer hauptsächlich auf Interesse an einer gewerkschaftlichen Beratung zurückzuführen.

Die kirchliche Beratungspraxis ist nicht so klar einzuordnen. Die Berater scheinen sich hier hauptsächlich daran zu orientieren, was ihnen an Motiven angelegt zu sein scheint. Das heißt, daß sie sich bei einem religiös motivierten Verweigerer mit ihm etwa über relevante Bibeltexte z. B. die

Bergpredigt, unterhalten. Sehr oft dürfte hier aber auch eine explizit gesellschaftskritische Haltung angetroffen werden – die möglicherweise nicht zuletzt auf eben die Beschäftigung mit dem Problembereich der KDV zurückzuführen ist.

14.2. Verweigerer-Verbände

– Welchen Einfluß haben die Verbände auf die steigenden Zahlen der KDVer?
– Haben die Verbände eine Rolle bei der Politisierung gespielt?
Diese Fragen sind teilweise im Komplex »Beratung« schon angesprochen worden. Sicher dürfte nach Einschätzung der Gesprächspartner sein, daß die Verbände allenfalls sporadisch – etwa der VK beim Zustandekommen des Kongresses zur Notstandsgesetzgebung in Frankfurt – eine Politisierung mit initiiert haben, im übrigen aber ihrerseits erst im Rahmen der Studenten-Schüler-Lehrlingsrevolte mit politisiert wurden. Die KDV wurde im wesentlichen dadurch politisiert, daß andere Gruppen außer den KDV-Verbänden die politische Bedeutung von KDV erkannten und in der Propagierung der KDV eine – wenn auch nie zentrale – Aufgabe in der politischen Auseinandersetzung sahen. Diese von außen kommenden Impulse waren ein wesentlicher Beitrag für den Versuch einer politischen Neubestimmung der Verbände.

14.3. Allgemeine Entwicklung der KDV

– Worauf sind steigende Zahlen der KDVer zurückzuführen?
– Warum verweigern in letzter Zeit besonders viele Soldaten?
– Welchen Einfluß haben bestimmte politische Ereignisse/Prozesse:
  CSSR, Vietnam, Osterunruhen, Studentenrevolte, Notstandsgesetze?
Neben dem Einfluß der oben schon angesprochenen »Studentenrevolte« gibt es vor allem einen Punkt, der hervorgehoben wird: das Nachlassen des Antikommunismus und in Verbindung damit die Abschwächung von Freund-Feind-Schemata vom »aggressiven kommunistischen Osten« einerseits und dem »demokratischen freien Westen« andererseits. Das wirkt sich in der Bundeswehr so aus, daß die oft massiv antikommunistischen, antidemokratischen Formen politischen Unterrichts nicht mehr widerspruchslos hingenommen werden.
Überwiegend wurde die Meinung vertreten, daß die steigende Zahl von verweigernden Soldaten sich parallel zur allgemeinen Verweigerung entwickele. Im übrigen wird die Verweigerung von Soldaten auf sogenannte

»Aha-Erlebnisse« zurückgeführt, etwa beim Schießen auf »Pappkameraden« oder bei der Nahkampfausbildung, wo die Soldaten in recht realistischer Form damit konfrontiert werden, daß sie dafür ausgebildet werden zu töten.

Der Einfluß politischer Ereignisse wird unterschiedlich bewertet. Einigkeit besteht darin, daß die Fernseh- und Presse-Berichterstattung über Vietnam für viele Verweigerer zumindest auslösendes Moment gewesen ist. Ähnliches gilt auch für Biafra und den Nahost-Konflikt. Einen zeitlich nur begrenzten Einfluß dürften die Diskussionen um die Notstandsgesetze gehabt haben; die Meinungen hierzu sind unterschiedlich. Das gilt auch für den Einfluß der Invasion der Warschauer-Pakt-Staaten in die CSSR auf die Motivation und Argumentation der KDVer. Die CSSR-Invasion ist aber insofern nach übereinstimmender Meinung für die Verfahren von Bedeutung, als die häufigen Fragen nach der Staatsnotwehr und Möglichkeiten gewaltloser Verteidigungsalternativen jetzt nicht mehr so stark an fiktiven Beispielen aus der Geschichte oder auch an der Person Gandhis oder Martin Luther Kings orientiert sind, sondern sich oft auf die CSSR beziehen. Die Kenntnis von alternativen Verteidigungskonzeptionen wirkt sich nach Meinung einiger Gesprächspartner positiv auf den Verhandlungsverlauf aus, da dann seitens des Prüfungsgremiums nicht mehr eine unreflektierte Ablehnung jeder Verteidigung angenommen werden kann.

14.4. Verfahrenspraxis und -ablauf

– Welche Rolle spielt der Vorsitzende im Verfahren?
– Orientieren sich die Prüfungsgremien – ggf. in den Instanzen unterschiedlich – an der höchstrichterlichen Rechtsprechung?
– Wirkt sich die Art der Verfahrensführung auf die Motivation und/oder Argumentation aus?
– Kann man von einer abschreckenden Wirkung des Verfahrens reden?
– Hat sich das Ansteigen der Verweigerer-Zahlen auf die Verfahrensführung ausgewirkt?
– Auf Grund welcher Motivation/Argumentation werden KDVer besonders oft anerkannt oder abgelehnt?

Wir sind auf die Rolle des Vorsitzenden und die Stellung der Beisitzer in Kapitel 3.2. dieser Arbeit bereits ausführlich eingegangen. Die dortigen Aussagen stützen sich wesentlich auf die Ergebnisse der Fragebogen- und Interviewauswertung. Allerdings muß festgehalten werden, daß hier keine Einstimmigkeit vorherrschte, je nach Erfahrungsbereich wurde den Vorsitzenden eine mehr oder weniger faire Verhandlungsführung bescheinigt und betont, daß man nicht unbedingt Böswilligkeit bei den Mitgliedern der Prüfungsgremien unterstellen könne. Gleichzeitig kam aber zum Ausdruck, daß die dominierende Stellung, die der Vorsitzende in den Verfahren hat, den Ablauf einer Verhandlung in zu hohem Maß von seiner Person abhängig macht. Ganz abgesehen von erheblichen Bedenken am Sinn der Verfahren überhaupt, bei allen Gesprächspartnern, wurden Zweifel geäußert, die sich auf formale Mängel in der Zusammensetzung der Gremien stützten, so daß rechtsstaatliche Prinzipien nach Meinung mehrerer Experten inhaltlich und formal verletzt werden. In diesem Zusammenhang bestand Einigkeit auch darin, daß die höchstrichterliche Rechtsprechung besonders bei den Prüfungsausschüssen offensichtlich nicht hinreichend zur Kenntnis genommen wird oder nachlässig gehandhabt wird. Ablehnende Bescheide kommen hier oft zustande, weil der Verweigerer auf diese Weise Gelegenheit bekommen soll, seine ernsthafte Absicht nachzuweisen; mit anderen Worten: Die Bereitwilligkeit, auch mehrere Verfahren auf sich zunehmen, wird offensichtlich als Indikator für die Ernsthaftigkeit der Gewissensentscheidung gewertet.

Die Rechtsprechung wird – je höher die Instanz – liberaler, oder, wie auch formuliert wurde, sie orientiert sich in zunehmendem Maße an der geltenden Rechtsprechung des Bundesverfassungs- und Bundesverwaltungsgerichts. Diese Tatsache beeinflußt offensichtlich die Argumentation der Verweigerer vor den verschiedenen Instanzen: Da die Verhandlungsatmosphäre vor einem Verwaltungsgericht in der Regel liberaler ist, äußert sich der Verweigerer hier wohl auch freier. Andererseits ist es für ihn in keiner Instanz einfach, seine tatsächliche Überzeugung hinter einer vorgeschobenen Argumentation zu verbergen, daher raten auch alle Anwälte und Berater davon ab, eine andere als die eigene Überzeugung vorzutragen. Teilweise sprechen sie lediglich die Empfehlung aus, vor allem in den unteren beiden Instanzen nicht allzu betont politisch zu argumentieren, besonders, wenn sich solche Argumentation mutmaßlich in Schlagworten erschöpfen würde.

Eine betont politische Motivation/Argumentation führt vor allem im Prüfungsausschuß häufig zur Ablehnung. Dabei muß berücksichtigt werden, daß die als »politisch« vorgetragenen Argumente oft auch nicht zu einer Anerkennung auf Grund der geltenden Rechtsprechung führen können, ebensowenig aber auch automatisch zur Ablehnung führen müssen. Entscheidend gewertet werden für eine Anerkennung Argumente aus dem »humanitär-ethischen« Bereich.

Die meisten von uns befragten Anwälte und Berater waren davon überzeugt, daß der Zwang, sich einem Anerkennungsverfahren unterziehen zu müssen, auf viele potentielle Verweigerer abschreckend wirkt; diese Tatsache läßt sich nach ihrer Meinung oft auch auf ungenügende Kenntnis der

Voraussetzungen für eine Anerkennung als Kriegsdienstverweigerer aus Gewissensgründen zurückführen. Dies gilt allerdings für die Zeit bis Mitte der sechziger Jahre in stärkerem Maß. Seitdem wird mit der anwachsenden Zahl der Verweigerer ein »Multiplikatoreffekt« wirksam, d. h. jeder anerkannte KDVer gibt einschlägige Informationen weiter und zieht so unter Umständen einen oder mehrere Verweigerer nach sich.

Das starke Ansteigen der Verweigerer-Zahlen führt seit einiger Zeit zu einer Überforderung der Kapazität der Prüfungsgremien, die Wartefristen bis zur ersten Verhandlung und die Pausen zwischen den Verhandlungen werden allein dadurch sehr groß. Es wurde aber auch die Vermutung geäußert, daß die Verfahren absichtlich verschleppt werden, zum Teil über mehrere Jahre. Einige der von uns Befragten hatten den Eindruck, daß eine solche Verzögerungstaktik besonders in solchen Fällen vorkommt, wo Soldaten einen Antrag stellen. Nicht selten passiert es nach ihrer Erfahrung, daß die reguläre Dienstzeit zu Ende geht, bevor über den KDV-Antrag endgültig entschieden ist. Dabei liegt eine Verzögerung nicht unbedingt seitens der Prüfungsgremien vor, sondern auch die Kreiswehrersatzämter schalten sich hier häufig ein. Anscheinend besteht oder bestand gelegentlich die Praxis, daß in den Fällen, wo Soldaten als Kriegsdienstverweigerer bereits in einer der beiden ersten Instanzen anerkannt werden, prinzipiell vom Beauftragten des Kreiswehrersatzamtes Widerspruch eingelegt wird. Das Auftreten eines prominenten Anwaltes als Vertreter des Antragstellers bewirkt dann gelegentlich schon die Rücknahme des Widerspruchs. Generell wurde von mehreren Anwälten betont, daß die Verfahrenspraxis wesentlich freundlicher und humaner wird, wenn ein Anwalt oder Rechtsberater die Belange des Verweigerers vertritt, dies gilt vor allem für die beiden ersten Instanzen.

Eine weitere Verschärfung der Verfahrenspraxis als Folge der ansteigenden Kriegsdienstverweigerer-Zahlen wurde nicht festgestellt oder zumindest nicht unmittelbar, sondern wenn, dann als Folge der geänderten Rechtsprechung beim Bundesverwaltungsgericht, wo die Kompetenz 1968 vom VII. auf den VIII. Senat übergegangen war.

14.5. Soziale Schicht-Zugehörigkeit der KDVer

– Aus welchen sozialen Schichten stammen KDVer überwiegend?
– Hat es hier eine zeitliche Verschiebung gegeben?
Die Antwort auf diese Fragen waren generell sehr pauschal. Sie hatten den Tenor, daß bis Mitte der sechziger Jahre die soziale Schichtung der KDVer eher repräsentativ für die Bevölkerungsstruktur war als heute. In den letzten Jahren sind dagegen die Schüler und Studenten unverhält-

nismäßig stark (bis zu 50 %) vertreten, etwa seit 1970 scheint sich – nach dem Eindruck einiger Interviewpartner – der Anteil der jungen Arbeiter, Lehrlinge, Angestellten usw. gegenüber dem der Abiturienten und Studenten wieder relativ zu vergrößern.

14.6. Gesellschaftspolitische Bedeutung von KDV

– Ist Kriegsdienstverweigerung eine Primär- oder Sekundär-Erscheinung?
– Werden KDV und ED als bewußte Alternative zur Bw empfunden und praktiziert im Sinne eines Friedensdienstes?
– Ist KDV – vor allem ggf. in den letzten Jahren – Ausdruck einer allgemeinen Protesthaltung?

Mit der ersten oben wiedergegebenen Fragestellung war beabsichtigt, in Erfahrung zu bringen, ob – besonders bei einer politischen Grundhaltung – eine Politisierung in der Regel als Folge der Kriegsdienstverweigerung oder umgekehrt die KDV als Folge einer allgemeinen Politisierung anzusehen ist. – Während sich auf gesamtgesellschaftlicher Ebene feststellen läßt, daß die Politisierung weiter Teile der Jugend unabhängig von der KDV-Bewegung erfolgte, die Politisierung jedoch einen gewissen Einfluß auf die KDV ausübte, muß bei einer mehr individuellen Betrachtung dieses Bild differenziert werden. Einige der von uns befragten Personen vertraten die Meinung, daß es sich bei KDVern in aller Regel um vergleichsweise gefestigte Persönlichkeiten handeln müsse, da sie oft mit diesem Schritt sich erstmals aus dem Elternhaus lösen und eine selbständige wichtige Entscheidung treffen, während ihnen vorher solche Entscheidungen – Schulbesuch, Berufswahl – zumindest durch elterlichen Einfluß vorgegeben werden. Die Kriegsdienstverweigerung scheint jedoch in bundesdeutschen Elternhäusern nicht gern gesehen zu werden, da offensichtlich immer noch die Vorstellung herrscht, daß das Militär noch keinem geschadet habe, ja, überhaupt erst richtige Männer aus den Wehrpflichtigen mache. In diesem Zusammenhang wies ein Berater darauf hin, daß ja auch die Werbung der Bundeswehr betont darauf abzielt, Wehrpflichtigen und potentiellen Freiwilligen die angeblich besonders männliche Atmosphäre beim Militär vorzugaukeln. Wer zum Militär geht, legt demnach eher Wert darauf, seine Männlichkeit bescheinigen zu lassen, als sich einer Gewissensprüfung zu unterziehen.

Keine einheitliche Meinung bestand darüber, ob im Laufe der Verfahren bis zur Anerkennung die Konfrontation mit der Staatsbürokratie eine Einstellungsveränderung bewirkt, einen derartigen Einfluß dürfte sehr viel wahrscheinlicher erst die Ableistung des Ersatzdienstes haben.

Auch wenn von einer unpolitisch-pazifistischen Haltung her der Ersatzdienst angetreten wird, führt die Auseinandersetzung mit dem oft auch dort genau wie in der Bundeswehr praktizierten autoritären Führungsstil zu einer Abwehrreaktion, die in eine Politisierung münden kann. Wie die Erfahrungen der letzten Jahre zeigen, sind sich darüber hinaus die EDL der Tatsache bewußt, daß sie kollektiv und organisiert ein Machtfaktor sind, der das hier praktizierte System in Frage stellen kann.

Ob Kriegsdienstverweigerung und in welchem Umfang als legale Form eines Protestes empfunden bzw. praktiziert wird, hängt – soweit sich das aus den Gesprächen ermitteln ließ – von der politischen Grundeinstellung ab, aber auch von den sonstigen Möglichkeiten politischer Betätigung. Für diese These spricht, daß in ländlichen Gegenden Diskussionen in Jugendklubs und Jugendgruppen nach den Beobachtungen eines Rechtsanwalts häufiger das Thema KDV behandeln, als dies in vergleichbaren großstädtischen Institutionen der Fall ist.

14.7. Motivation zur KDV

– Was sind die häufigsten »Motive« für KDV, unter welchen Sammelbegriffen lassen sie sich zusammenfassen?
– Hat es bei der Motivation eine zeitliche Verschiebung gegeben?

Dieser Teil der Gespräche bzw. der Fragebögen behandelte zu einem großen Teil auch methodische Probleme der empirischen Erhebung, die wir an anderer Stelle dargestellt haben.

Die Sammelbegriffe für Motivation zur KDV orientierten sich an den landläufig üblichen Unterscheidungen in religiös – humanitär-ethisch – politisch bzw. in mehr emotionale und mehr rationale Motive bzw. Argumente. Mehrfach wurden diese Begriffe auch problematisiert und ihre Untauglichkeit für eine wünschenswert genaue Erfassung der Einstellung der KDVer hervorgehoben, wenn sie nicht wenigstens durch eine ganze Anzahl einzelner Argumente, die bestimmte Einstellungen indikatorisieren können, ergänzt werden. Es zeigte sich bei den Gesprächen dementsprechend deutlich, daß unter gleichen Bezeichnungen sehr verschiedene Inhalte gemeint waren, daß gilt besonders für die Abgrenzung von »humanitär-ethisch« gegenüber »politisch«.

Einigkeit bestand im wesentlichen darin, daß ein Motivationsfeld immer nur gemeinsam mit anderen auftritt, so kann man also nicht von »nur politischen« oder »nur religiösen« Motiven für die Verweigerung reden.

Die Beurteilung zeitlicher Verschiebungen in Motivation und Argumentation beschränkte sich im wesentlichen darauf, daß ein starkes Abnehmen religiöser Motivation/Argumentation festgestellt wurde, diesem Motivationsfeld wurde von den meisten Gesprächspartnern und auch bei der

Fragebogenbeantwortung bis zum Anfang der sechziger Jahre eine Bedeutung zugemessen; hierbei ist der absolute Anteil etwa gleich groß geblieben, relativ tritt diese Motivation dann im Laufe der Zeit immer mehr in den Hintergrund und spielt heute kaum noch eine Rolle.

Wichtig dürfte auch die mehrfach geäußerte Meinung sein, daß man wenn überhaupt, von »Drückebergern« allenfalls für die Zeit bis etwa Mitte der sechziger Jahre reden kann. Heute scheint der Wandel von abgekapselt-individueller, »privater« Verweigerung mehr und mehr zu einer bewußten Ablehnung der Bundeswehr als Herrschaftsinstrument und Träger gewaltsamer Konfliktlösung weitgehend vollzogen zu sein, der Ersatzdienst wird als Friedensdienst akzeptiert.

15. Statistischer Nachtrag

Wir sind in dieser Arbeit mehrfach darauf eingegangen, daß man von offizieller Seite der Kriegsdienstverweigerung außerordentlich skeptisch gegenübersteht, daß sie gar als gefährlich hochstilisiert wird. Ausdruck dieses Mißtrauens ist, daß die Informationspolitik offizieller Stellen nur sehr sparsam und in völlig unzureichendem Umfang statistische Angaben über KDV-Angelegenheiten an die Öffentlichkeit gelangen läßt. Von den wenigen veröffentlichten Zahlen hat man eher den Eindruck, daß sie eher der Manipulation als der Information dienen.

Die Verfasser haben sich im Frühjahr 1971, als diese Studie bearbeitet wurde, an das Bundesverteidigungsministerium und an den Bundesbeauftragten für den zivilen Ersatzdienst gewandt, und um statistisches Material über die Gesamtentwicklung der KDV gebeten. Die Antwort aus dem Verteidigungsministerium war abschlägig, sie schloß mit der Bemerkung, daß derartige Gesamtstatistiken, sofern sie nicht in den Weißbüchern veröffentlicht seien, nicht existieren würden. Tatsächlich existieren aber mehrere »Statistische Kurzinformationen des Bundesministeriums der Verteidigung«, die sich ausschließlich mit KDV befassen [354]; allerdings werden diese nicht der Öffentlichkeit zugänglich gemacht.

Wir werden auf den nächsten Seiten einige Angaben aus einer dieser Erhebungen vorstellen. Die Schwierigkeit, aussagekräftige Vergleiche zu erbringen, liegt darin, daß generell statistische Angaben der Bundeswehrverwaltung auf Geburtsjahrgänge bezogen sind. Ein solches Vorgehen hat zur Folge, daß die Statistik ständig offen bleibt, jeder Neuzugang ändert sie insgesamt.

Betrachten wir zunächst die regionale Streuung der Anträge auf KDV im gesamten Bundesgebiet zum Jahresende 1969. Auch bei dieser tabellarischen Erfassung ist zu vermerken, daß sie sich nach Wehrbereichen gliedert und nicht nach Bundesländern; daher ist es schwierig, Aussagen über die Zahlen für die Bundesländer vorzunehmen, die innerhalb der Wehrbereiche I, II und IV liegen. So umfaßt der Wehrbereich IV das traditionell SPD-regierte Bundesland Hessen und das traditionell CDU-regierte Saarland und Rheinland-Pfalz. Tabelle 21 zeigt, daß in den Bundesländern Schleswig-Holstein und Hamburg (Wehrbereich I) die Quote der Antragstellungen auf KDV mit 2,1 % deutlich über dem Durchschnitt von 1,4 % auf Bundesebene liegt. Den geringsten Anteil von Anträgen – bezogen auf die Gesamtzahl der Gemusterten – finden wir in Bayern mit 1,1 %. Die höchste absolute Zahl verzeichnet das bevölkerungsstärkste Bundesland Nordrhein-Westfalen mit rund 17 600 Anträgen.

Tabelle 21 : Regionale Aufgliederung der Anträge auf KDV zum 31. 12. 1969[355]

Wehrbereich	Bei der Musterung vorgestellte Wehrpflichtige (n)	Eingegangene KDV-Anträge insgesamt (n)	%
Schleswig-Holstein und Hamburg (I)	348 909	7 408	2,1
Niedersachsen und Bremen (II)	645 742	9 299	1,4
Nordrhein-Westfalen (III)	1 362 849	17 575	1,3
Hessen, Rheinland-Pfalz, Saarland (IV)	786 144	11 523	1,5
Baden-Württemberg (V)	672 269	10 849	1,6
Bayern (VI)	812 874	9 073	1,1
Insgesamt	4 628 787	65 727	1,4

Verfolgen wir nun innerhalb der regionalen Aufteilung den Verfahrensausgang, so zeigt sich, daß bei den rechtskräftig entschiedenen Anträgen in Baden-Württemberg, Bayern, Hamburg und Schleswig-Holstein Anerkennungsquoten erzielt werden, die über dem Bundesdurchschnitt von 82 % liegen. Die höchste Ablehnungsquote finden wir im Wehrbereich IV, der Hessen, Rheinland-Pfalz und das Saarland umfaßt; hier wurde bis Anfang 1970 rund ein Viertel aller Anträge negativ entschieden.

Tabelle 23 gibt die Gesamtentwicklung der KDV-Verfahren nach Geburtenjahrgängen wieder. Aus ihr läßt sich nochmals die kontinuierliche Zunahme der Anträge ablesen. Neben diesem Trend ist vor allem ein weiterer Gesichtspunkt in dieser Tabelle bemerkenswert. Die Quote der »zurückgenommenen oder aus sonstigen Gründen erledigten« Anträge auf KDV ist ständig zurückgegangen. Der Mittelwert lag für die Geburtenjahrgänge bis 1950 bei über 15 %. Bei den ersten drei Jahrgängen bewegte

Tabelle 22: *Verfahrensausgang in regionaler Aufteilung zum 31. 12. 1969*[356]

Wehrbereich	Zurückgenommen oder aus sonstigen Gründen erledigt	zusammen	noch nicht rechtskräftig, noch in Bearbeitung	Bearbeite Anträge zusammen	rechtskräftig entschieden anerkannt %	abgelehnt %
I	1 324	6 084	1 081	5 003	87,4	12,6
II	1 419	7 880	1 805	6 075	78,9	21,1
III	2 415	15 159	3 313	11 846	79,3	20,7
IV	2 075	9 448	2 680	6 768	75,2	24,8
V	1 510	9 339	1 757	7 582	85,4	14,6
VI	1 369	7 704	1 298	6 406	88,1	11,9
Insgesamt	10 113	55 614	11 934	43 680	81,9	18,1

Tabelle 23 : *Anträge auf KDV in Relation zur Gesamtzahl der bei der Musterung vorgestellten Wehrpflichtigen nach Geburtenjahrgängen – Stand 31. Dezember 1969*[357]

Geburtenjahrgänge	Bei der Musterung vorgestellte Wehrpflichtige	Eingegangene insgesamt		KDV-Anträge davon zurückgenommen oder aus sonstigen Gründen erledigt
		absolut	%	%
1937	188 129	2 565	1,4	25,8
1938	411 389	4 256	1,0	24,0
1939	433 383	4 564	1,1	29,4
1940	396 088	4 196	1,1	21,9
1941	363 404	4 015	1,1	19,7
1942	300 343	3 768	1,3	19,6
1943	312 365	3 754	1,2	16,5
1944	308 344	3 625	1,2	15,9
1945	228 332	2 858	1,3	13,7
1946	289 818	4 311	1,5	12,7
1947	322 678	5 875	1,8	10,9
1948	348 962	7 262	2,1	9,8
1949	366 485	7 781	2,1	8,8
1950	359 067	6 716	1,9	7,0
Insgesamt	4 628 787	65 546	1,4	15,4

sich dieser Wert noch auf dem hohen Niveau von 24 bis 29 %, der Geburtenjahrgang 1950 zog aber nur noch zu 7 % den einmal gestellten Antrag zurück. Noch deutlicher wird dieser Trend bei der Betrachtung der in Abbildung 5 aufgezeigten Kurve.

Die folgende Tabelle 24 zeigt die Gesamtentwicklung zur Kriegsdienstverweigerung nach Geburtenjahrgängen und Verfahrensausgang. Auf den ersten Blick erscheint es, daß bei den jüngeren Jahrgängen die Anerkennungsquoten steigen, während der Prozentsatz der abgelehnten Anträge von rund 25 % beim Geburtsjahrgang 1937 unter 11 % beim Jahrgang 1950 fällt. Bei einer oberflächlichen Betrachtung müßte daher der Eindruck entstehen, daß in letzter Zeit mehr Antragsteller anerkannt werden als vor einigen Jahren. Nach Auskunft der befragten Experten ist allerdings ein genau gegenläufiger Trend zu beobachten. Es muß daher zur Relativierung der Angaben in Tabelle 24 darauf hingewiesen werden, daß erstens die Erfassung nach *Jahrgängen* nicht viel über Ablehnung oder

Tabelle 24 : Verfahrensausgang nach Geburtenjahrgängen zum 31. 12. 1969[358]

Geburts-jahrgang	zu-sammen	Bearbeitete Anträge			
		noch nicht rechtskräftig, noch in Bearbeitung	rechtskräftig entschieden		
			zu-sammen	an-erkannt %	ab-gelehnt %
1937	1 902	115	1 787	74,9	25,1
1938	3 231	103	3 128	76,8	23,1
1939	3 222	128	3 094	76,6	23,4
1940	3 276	179	3 097	76,8	23,1
1941	3 225	167	3 058	78,3	21,7
1942	3 035	176	2 839	81,0	19,0
1943	3 133	243	2 890	81,3	18,7
1944	3 050	317	2 733	81,6	18,4
1945	2 467	219	2 176	83,8	16,2
1946	3 764	585	3 179	84,4	15,6
1947	5 235	975	4 260	85,1	14,9
1948	6 547	1 482	5 065	84,8	15,2
1949	7 097	2 597	4 500	86,4	13,6
1950	6 249	4 380	1 869	89,4	10,6

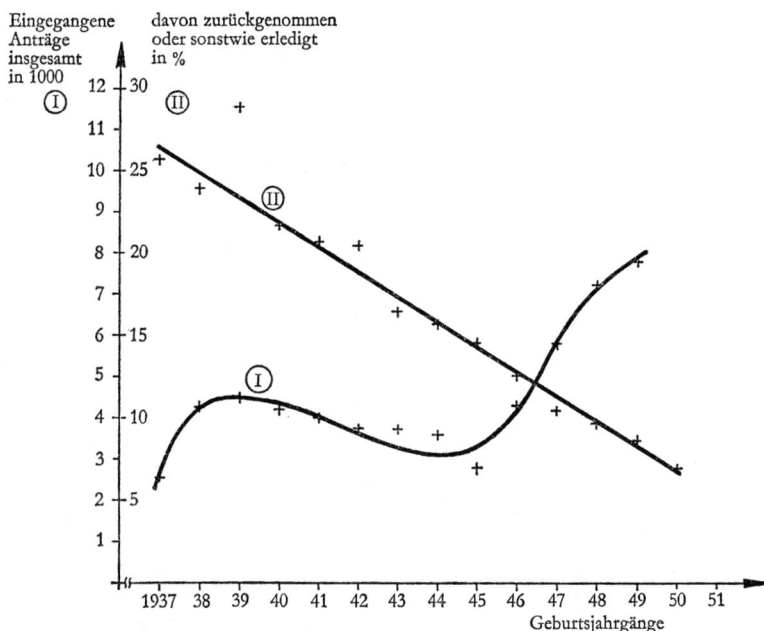

Abbildung 5 : Antragstellung nach Geburtsjahrgängen und relativer Anteil der zurück-genommenen oder sonstwie erledigten Anträge

125

Anerkennung in den jeweiligen *Verhandlungsjahren* aussagt. Als zweites Moment bleibt noch anzumerken, daß bei den jüngeren Jahrgängen eine ständig größer werdende Zahl von Verfahren noch nicht rechtskräftig oder noch in Bearbeitung war. Beispielsweise waren zum Zeitpunkt der statistischen Erfassung vom Geburtenjahrgang 1950 weit über die Hälfte der bearbeiteten Anträge noch nicht rechtskräftig oder das Verfahren noch nicht entschieden und abgeschlossen. Diese rund 4400 Anträge werden also zu einem späteren Zeitpunkt das Verhältnis von Anerkennung und Ablehnung beeinflussen.

In Tabelle 25 werden aus den vorangegangenen statistischen Angaben gesondert die Verfahren aufgeführt, bei denen Bundeswehrsoldaten einen Antrag auf KDV gestellt haben. Bei einem Vergleich der Tabellen 24 und 25 fällt sofort auf, daß die Ablehnungsquoten bei Soldatenanträgen wesentlich höher sind. Diese Diskrepanz wird noch schärfer, wenn man bedenkt, daß in Tabelle 24 auch die Soldatenanträge mit erfaßt wurden, d. h. bei einer Bereinigung der entsprechenden Werte die Ablehnungsquoten von Nichtsoldatenanträgen geringer werden.

Tabelle 25 : Verfahrensausgang von Soldaten-Anträgen nach Geburtsjahrgängen zum 31. 12. 1969[359]

Geburts-jahrgang	Gestellte Soldaten-Anträge		Bearbeitete Anträge				
	ins-gesamt	zurückge-nommen oder aus sonstigen Gründen erledigt	zu-sammen	noch nicht rechts-kräftig, noch in Bear-beitung	rechtskräftig entschieden		
					zu-sammen	an-erkannt	ab-gelehnt
	(n)	(n)	(n)	(n)	(n)	%	%
1937	120	40	80	2	78	71,8	28,2
1938	85	31	54	5	49	71,4	28,6
1939	73	22	51	2	49	87,8	12,2
1940	192	58	134	9	125	59,2	40,8
1941	214	55	159	11	148	60,8	39,2
1942	250	39	211	12	199	67,8	32,2
1943	335	53	282	24	258	64,7	35,3
1944	382	52	330	24	306	68,0	32,0
1945	437	49	388	44	344	70,9	29,1
1946	940	102	838	96	742	73,6	26,4
1947	1 568	148	1 420	192	1 228	72,9	27,1
1948	2 041	195	1 846	216	1 585	73,0	27,0
1949	1 432	118	1 314	288	1 026	74,9	25,1
1950	406	37	369	137	232	75,4	24,6

Bis zum Jahresende 1969 wurde bei 2961 KDV-Verfahren die Verwaltungsgerichts-Instanz angerufen; »in den letzten Jahren ist hier eine steigende Tendenz zu beobachten« [360]. Von den knapp 3000 Verfahren vor den Verwaltungsgerichten bis zur Jahreswende 1969/70 »waren allein im Jahre 1969 595 Verfahren hinzugekommen« [361]. Es fehlen allerdings Angaben darüber, ob die Verwaltungsgerichte zu gleichen Teilen von den Antragstellern selbst und den Wehrbehörden angerufen werden, oder ob etwa auf Grund der in letzter Zeit sich häufenden Soldaten-Anträge in größerem Umfang die Wehrersatzbehörden von ihrem Klagerecht Gebrauch machen.

Auch das Bundeswehrverwaltungsamt stellt eigene Untersuchungen über Motive zur Kriegsdienstverweigerung an, denen die »klassische« Dreiteilung – religiös, ethisch, politisch – zugrunde liegt. Wir haben bereits an anderer Stelle die nur bedingte Brauchbarkeit dieser Begriffe kritisiert. Diese Kritik trifft besonders dann zu, wenn – wie hier – die Ausschließlichkeit der jeweils zugrunde liegenden Motive behauptet wird, d. h. ein angeblich *nur* religiöser, politischer, ethischer Verweigerer statistisch erfaßt wird.

»Von den im Kalenderjahr 1968 eingegangenen 11 952 KDV-Anträgen wurden 11 402 in die Erhebung einbezogen und nach dem Motiv untersucht. Fast 5600 Anträge (48,9 %) wurden aus ethischen Gründen und etwas über 2600 (23 %) aus religiösen Gründen gestellt. Von 1433 Antragstellern, d. h. von jedem achten, wurden politische und weltanschauliche Gründe angegeben. Gemessen an den Ergebnissen, die dem Berichtsjahr 1967 [362] zugrunde lagen, ... zeigt sich beim Vergleich der beiden Erhebungen, daß die Anteile einiger Motivgruppen sich weiterhin verschoben haben: z. B. starke Abnahme des Anteils der Anträge aus religiösen Gründen und kräftige Zunahme der Anteile aus ethischen Gründen. Wie in den vorangegangenen Jahren wurde auch im Berichtsjahr 1968 den aus religiösen Gründen gestellten Anträgen am häufigsten stattgegeben (73,5 %). Die nach ethischen Gründen gestellten Anträge wurden zu 67,6 % anerkannt, während den Anträgen aus politischen und weltanschaulichen Gründen zu 41 % entsprochen wurde. 23 % der Anträge aus dieser Motivgruppe wurden abgelehnt und weitere 36 % waren zum Stichtag 30. September 1969 noch nicht entschieden. Bei den Anträgen aus sonstigen Gründen ergab sich die niedrigste Quote der Anerkennungen und die höchste Quote der Ablehnungen; darüber hinaus waren fast 47 % noch nicht entschieden.« [363]

Eine Auswertung der bis zum 31. März 1970 gestellten Anträge auf KDV – insgesamt 75 904 – ergab für 35 % der Antragsteller religiöse, für 41 % ethische, für 10 % politische und für 13 % sonstige Gründe [365].

Für die Geburtenjahrgänge 1949 und 1950 wurde »aus dem maschinellen

Tabelle 26* : KDV-Anträge nach Motiv und Verfahrensausgang – Jahr 1968[364]

Motiv	Untersuchte Anträge insgesamt		anerkannt			abgelehnt			noch nicht entschieden[1]		
	Anzahl	%	Anzahl	%	Sp. 1	Anzahl	%	Sp. 1	Anzahl	%	Sp. 1
	1	2	3	4		5	6		7	8	
Religiöse Gründe	2 622	23,0	1 927	73,5		236	9,0		459	17,5	
darunter »Zeugen Jehovas«	*519*	*4,6*	*430*	*82,9*		*22*	*4,2*		*67*	*12,9*	
Ethische Gründe	5 580	48,9	3 771	67,6		787	14,1		1 022	18,3	
Politische und welt- anschau- liche Gründe	1 433	12,6	587	41,0		330	23,0		516	36,0	
Sonstige Gründe	1 767	15,5	270	15,3		668	37,8		829	46,9	
Insgesamt	11 402	100,0	6 555	57,5		2 021	17,7		2 826	24,8	

* Der Statistik liegen die Bescheide der Prüfungsausschüsse und -kammern sowie die Urteile der Verwaltungsgerichte der bis 30. September 1969 entschiedenen Anträge zugrunde.
[1] Einschließlich der zurückgenommenen oder aus sonstigen Gründen erledigten Anträge.

Datenbestand des Wehrersatzwesens« die Schulbildung der KDV-Antragsteller ermittelt. Dabei »ergibt sich ein Bild, das überwiegend durch die Antragsteller mit höherer Schulbildung geprägt ist. Ihr Anteil beläuft sich bei den beiden untersuchten Geburtsjahrgängen auf ca. 50 % und liegt damit wesentlich über dem Anteil, mit dem dieser Personenkreis in den Musterungsergebnissen vertreten ist (rd. 14 %)« [366].

»In der Gliederung nach der Berufszugehörigkeit läßt sich ebenfalls ein deutliches Übergewicht der Gruppe der Schüler, Abiturienten und Studenten feststellen. Von den KDV-Antragstellern insgesamt entfällt ein Anteil von rd. 50 % auf diesen Personenkreis, der bei der Musterung aber nur mit 15 % beteiligt ist. Im Gegensatz hierzu läßt sich aus Tabelle 28 entnehmen, daß die Angehörigen der industriellen und handwerklichen Berufe, die nach dem Musterungsergebnis mehr als die Hälfte der gemu-

Tabelle 27 : Schulbildung der KDV-Antragsteller der Geburtsjahrgänge 1949/50 –
          Angaben in Prozent[367]

Schulbildung	Geburtsjahrgang	
	1949	1950
Gymnasium	49,6	50,5
Volksschule	27,7	27,3
Mittelschule	16,8	16,7
Sonstige	5,9	5,5
Insgesamt	100,0	100,0

sterten Wehrpflichtigen ausmachen, nur mit gut einem Viertel unter den
KDV-Antragstellern vertreten sind. Die Angehörigen der Berufe der
Verwaltung, des Rechtswesens und der Sozialpflege, die einen KDV-
Antrag gestellt haben, erreichen ziemlich genau den Anteil, der sich für
diese Berufsgruppe unter den Gemusterten ergibt.« [368]

Tabelle 28 : Beruf der Antragsteller auf KDV der Geburtsjahrgänge 1949 und 1951 –
          Angaben in Prozent[369]

Berufsgruppen	Geburtsjahrgang	
	1949	1950
Schüler, Abiturienten, Studenten	48,6	51,0
Industrielle und handwerkliche Berufe	25,7	25,4
Handels- und Verkehrsberufe	8,7	9,0
Berufe der Verwaltung, des Rechtswesens und		
Sozialpflege	6,4	6,4
Technische Berufe	4,6	3,7
Sonstige	6,0	4,5

16. Abschließende Überlegungen

Bevor wir uns abschließend mit der Qualität und dem Stellenwert der
oben nachgewiesenen politischen Motivation zur KDV befassen, ist es
notwendig, auf den folgenden Aspekt zum Antikommunismus hinzuweisen.
Werner Hofmann hat in seinem Essay »Zur Soziologie des Antikommu-

nismus« den Versuch unternommen, »das gängige Kommunismus-Bild, so wie es sich bei uns darbietet und täglich reproduziert, näher zu bestimmen« [370]. Um das zunächst undifferenzierte Kommunismus-Bild klarer zu fassen, schlägt er die Untersuchung von »drei besonders charakteristischen Formen von Fehldeutungen (vor):

1. Die Übertragung von Vorstellungen, welche der eigenen Denk- und Erfahrungswelt entsprechen, auf die Theorie und Praxis des Gegners;

2. die Umdeutung eines *inhaltlich bestimmten sozialen* Gegensatzes der beiden großen rivalisierenden Gesellschaftskonzepte und Gesellschaftsordnungen in einen Gegensatz der *politischen Formen* des Zusammenlebens;

3. die Verwandlung des innergesellschaftlichen Konflikts in einen außenpolitischen« [371].

Wir vernachlässigen hier den ersten Aspekt der Projektion und gehen gleich zu dem nachfolgenden über. Der zentrale Kritikpunkt ist danach in der herkömmlichen Deutung zu sehen, daß in den westlichen Industriegesellschaften die Existenz von Klassen geleugnet wird; Kapitalismus wird in derartigen Darstellungen nicht als eine besondere historische Herrschaftsform gesehen, sondern als diejenige, die schlechthin (ahistorische) Gültigkeit besitzt. »Der Gegensatz wird nun nicht länger in den Beziehungen der *Produktion,* sondern vielmehr in den unterschiedlichen *Verkehrsformen* gesehen: hier freie und obendrein ›soziale‹ Marktwirtschaft – dort zentrale Planwirtschaft . . . Damit verwandelt sich der *soziale* Inhalt, der die gegensätzlichen Wirtschaftssysteme unterscheidet, in einen *politischen.* Hier Freiheit – dort Zwang . . .« [372]

Nun lassen sich aber Antagonismen durch Ideologieproduktion nicht aus der gesellschaftlichen Realität verbannen. Der innere Gesellschaftskonflikt muß daher – als Ausweg – in den Außenraum verlagert werden. »Das Spannungsverhältnis erscheint nun sozusagen aus der gesellschaftlichen *Vertikalen* transponiert in die *Horizontale* national organisierter und räumlich verschiedener Ordnungswelten.« [373] Allerdings wirkt die »Hinausverlegung des fundamentalen Konflikts aus der einen Gesellschaft in den Außenraum . . . auf die Sicht des innergesellschaftlichen Verhältnisses selbst zurück« [374]. Soziale Konflikte innerhalb der Gesellschaft werden nun in der Form der »Agenten-Theorie« vom Außenraum nach innen zurückgespiegelt [375]. »Die Konstruktion eines alle Bürger gleichermaßen betreffenden Konflikts mit einem aggressiven Außenfeind, der zugleich im Inneren der Nation als Gegner auftritt, rechtfertigt die beherrschende Stellung der Machtelite und diszipliniert die Bevölkerung.« [376] Dabei ist es nur von sekundärer Bedeutung, wer konkret der äußere Feind ist; primär ist »seine Existenz, damit der innenpolitische Gegner als Agent dieses äußeren Feindes denunziert werden und diese Verbindung propagandistisch im Bewußtsein der Bevölkerung verankert werden kann« [377].

Wenn wir diese hier kurz wiedergegebenen Ausführungen Hofmanns zur Erklärung der Entwicklung zur KDV anwenden, so läßt sich folgendes sagen. Ursprünglich hatte die Kriegsdienstverweigerung eine politische Komponente. Dieses – zumindest – antimilitaristische Moment fand auch teilweise seinen Niederschlag im Grundgesetz. Dabei ist allerdings festzuhalten, daß die Verfassung der BRD zunächst nur die »Institutionalisierung eines formalen und weithin nur verbalen Kompromisses zwischen verschiedenen Interessengruppen in der Wirtschaftsgesellschaft« darstellt [378]. Dieser Kompromiß entschied sich in den fünfziger Jahren zugunsten der – vor allem von der CDU/CSU durchgesetzten – restaurativen Politik, innerhalb derer die Remilitarisierung als integraler Bestandteil zu verstehen ist. – Im Kontext von Wiederaufrüstungspolitik und sich verstärkendem Antikommunismus kann nun versucht werden, das stark ausgeprägte religiöse Moment und die fehlende Bezugnahme auf gesellschaftliche Aspekte in der Motivation zur Kriegsdienstverweigerung während der ersten Jahre zu erklären.

In dem Maße, wie es gelungen war, die politische Opposition gegen eine Remilitarisierung auf einen minimalen und unwichtigen Kreis zu beschränken, so konnte es als Konsensus – oder zumindest stillschweigende Übereinkunft – gelten, daß eine Wiederaufrüstung gegen den aggressiv verstandenen Kommunismus notwendig war. Die Intervention der UdSSR in Ungarn im Jahre 1956 lieferte ja gerade für diese Einstellung das beste Beispiel. Jede Gruppierung, die sich gegen diesen Konsensus stellte, mußte nach der »Agenten-Theorie« notwendig als innergesellschaftlicher Vertreter des Außenfeindes gelten. Unter diesem Aspekt ergab sich zwangsläufig, daß – von einzelnen sicher unbewußt – eine politische Motivation zur Kriegsdienstverweigerung nicht in Erwägung gezogen werden durfte, zumindest solange nicht, wie Kriegsdienstverweigerung Angelegenheit einer Minorität war. Denn die Entscheidung für KDV stellt bereits objektiv die partielle Infragestellung des Militärs dar, die subjektive Verbalisation würde die Toleranzschwelle einer antikommunistisch indoktrinierten und befangenen Gesellschaft überschreiten. In dieser spezifischen gesellschaftlichen Situation gewinnt daher KDV eine explizit individualistische und zu Teilen auch introvertierte Qualität, die sich nur – um die gängigen Begriffe zu verwenden – religiös und humanitär-ethisch ausdrücken kann.

Die ihnen zugedachte »Sektiererecke« zu verlassen, waren die Verweigerer selbst nicht in der Lage. – Dieses Bild ändert sich ziemlich abrupt im zweiten Drittel der sechziger Jahre; die Antragsquoten schnellen nach oben und gleichzeitig beginnt hier ein Prozeß des Umschlags von Quantität in politische Qualität. Die zunehmende politische Motivation, die das religiöse Moment zurückdrängt, drückt sich verstärkt in einer gesellschaftsbezogenen Argumentation aus. Nachweislich wird dieser Argumentationskatalog von außen durch die Verweigerer übernommen. An den drei exemplarisch untersuchten Fällen wird auch deutlich, daß eine außergewöhnlich politische Motivation nur auftritt, wenn neben der Verweigerung politische Arbeit in einem Bericht praktiziert wird, der den einzelnen direkt betrifft. – Ein weiteres Indiz für das politisch gewordene Selbstverständnis von KDV ist die Tatsache, daß nach der CSSR-Invasion die Antragsquoten nicht rückläufig waren, sondern weiter stiegen. Dagegen dürfte die Ungarn-Intervention 1956 einen deutlichen Einfluß darauf gehabt haben, daß die Antragsquoten weit unter dem von der Bundesregierung befürchteten Prozentsatz von rund 25 bis 30 % der aufgerufenen Jahrgänge lagen. Auch die kontinuierlich fallende Quote der »eingestellten oder aus sonstigen Gründen erledigten« Anträge auf KDV spricht nicht etwa für eine angeblich besser gewordene Verhandlungspraxis der Anerkennungsgremien – die eher noch schlechter wurde –, sondern für ein stärkeres Selbstbewußtsein der Verweigerer. – Politische Kriegsdienstverweigerung, im subjektiv verstandenen Sinne, wird offensichtlich in dem heute registrierbaren Maße ermöglicht, wenn in Primärbereichen ein kritisches Bewußtsein und in der praktischen Auseinandersetzung Konfliktfähigkeit erworben wurde.

Um dies zu verdeutlichen, können wir auf einige Ergebnisse aus Teil C dieser Arbeit zurückgreifen und beispielsweise einen gruppenspezifischen Erklärungsversuch abgeben. – Es läßt sich dort feststellen, daß sich die Mittelschüler in einigen Punkten von Oberschülern und Studenten einerseits und von den Volksschülern andererseits in bezug auf eine stärker ausgeprägte politische Motivation unterscheiden. Eine Erklärung könnte darin liegen, daß die Mittelschüler zum Zeitpunkt der Antragstellung eine höhere Bildungsstufe erreicht haben als die Volksschüler, aber gegenüber den Oberschülern und Studenten bereits über eine Berufserfahrung und gewisse Lebenserfahrung verfügen. Sie haben sich bereits mit Konflikten innerhalb ihres eigenen Berufslebens auseinandersetzen müssen – was Oberschülern und Studenten fehlt – und sie sind vielleicht in der Lage gewesen, diese Prozesse zu reflektieren und in kritische Dimensionen umzusetzen – was wohl bei vielen Volksschülern auf Grund ihrer Ausbildung fehlen dürfte.

Weiterhin ist die Tatsache von Interesse, daß sich Verweigerer mit Zweitem Bildungsweg erheblich von ihren »Stammgruppen« unterscheiden. Auch hierfür können wir versuchsweise eine Erklärung geben. Bei Absolventen des Zweiten Bildungsweges handelt es sich um junge Menschen, die mit ihrer bisherigen Lebens- und vor allem Berufswelt extrem unzufrieden sind, in dieser Unzufriedenheit aber nicht verharren. Sie haben sich in eigener Sache bereits stark mit ihrer Umwelt auseinandersetzen müssen, wobei dieser Zwang zur Auseinandersetzung wahrscheinlich eine ambivalente Haltung hervorrufen dürfte, entweder zur Anpassung und Übernahme vorgegebener Normen zu tendieren oder zu einer kritischeren Haltung gegenüber gesellschaftlichen Leitbildern.

Erinnern wir uns an die oben (S. 48 f.) vorgenommene Typologisierung, so wird für die letzten Jahre deutlich, daß in größerem Rahmen die Haltung bewußter Opposition gegen bestehende Regeln und Autoritäten (b-Typ) in den Vordergrund tritt. Dieses Moment ist ein eindeutiges Zeichen dafür, daß die der KDV zugedachte stigmatisierende Wirkung ständig abgebaut wird. Daher ist es auch nicht verwunderlich, daß erst in diesem Augenblick der reaktionäre Versuch unternommen wird, in größerem Maßstab an Schulen für die Wehrfreudigkeit zu werben [379].

Die Verschiebung vom a-Typ des Kriegsdienstverweigerers zum b-Typ, der Rückgang religiöser Motivation und die Hervorkehrung von politisch motivierter Verweigerung muß im Rahmen einer umfassenden Umwälzung des Bewußtseins in Teilen der Jugend gesehen werden. So zeigen jüngste Umfrageergebnisse, daß 21 % von 1552 befragten Jugendlichen die Bundeswehr für unbedingt notwendig hielten, 29 % dagegen hielten sie für überflüssig bzw. schädlich. Die verbleibenden 50 % empfinden zwar die Bundeswehr als nützlich, jedoch dürfte dies seine Ursache überwiegend darin haben, daß »Volksschüler . . . frühzeitig ein nüchternes Interesse an der Bundeswehr« zeigen und sie »auch als Instrument beruflichen und damit gesellschaftlichen Weiterkommens« sehen, »bzw. als Chance, versäumte Bildungs- und Ausbildungsmöglichkeiten wettzumachen« [380]. Gleichfalls unter diesem Aspekt ist es zu sehen, daß bei einer bildungsspezifischen Aufschlüsselung die Gruppe der Volksschüler mit 78 % für die Bundeswehr stimmt und sich damit ganz erheblich von Studenten unterscheidet, die zu 34 % die Bundeswehr für überflüssig und zu 20 % sogar für schädlich halten.

Speziell zur Kriegsdienstverweigerung tritt neben dieser neuen Ausprägung des Bewußtseins in zunehmendem Maße die praktische und gedankliche Auseinandersetzung mit Konflikten in Primärbereichen. Von daher kann auch der momentan überdurchschnittlich hohe Anteil von Abiturienten und Studenten an der Gesamtmenge der Antragsteller erklärt werden [381]. Er dürfte relativ rückläufig sein, wenn auch in anderen Bereichen der Gesellschaft in Zukunft Konflikte ausgetragen werden und sich daraus Lernprozesse für die eigene Konfliktfähigkeit und das Verständnis gesellschaftlicher Zusammenhänge ergeben; diese Auseinandersetzung also in stärkerem Maße nicht nur in den reinen Ausbildungsinstitutionen geführt werden.

Teil E

17. Dokumentation zweier Interviews

Vom Gesamtumfang der vorliegenden Arbeit war es wenig sinnvoll, alle Interviews, die im Frühjahr 1971 zu der Untersuchung geführt wurden, hier gesondert wiederzugeben. Dies schien auch schon deshalb nicht notwendig, weil sich eine Reihe von Äußerungen der Befragten inhaltlich wiederholten; wir haben daher oben die wichtigsten Aspekte zusammenfassend referiert. – Auf den folgenden Seiten werden zwei der insgesamt zehn Expertengespräche wiedergegeben, sie wurden mit Interviewpartnern geführt, die beide über eine umfangreiche Kenntnis der Kriegsdienstverweigerung verfügen und gleichzeitig führende Verbandsfunktionäre der beiden großen Verweigererverbände in der BRD sind bzw. waren.

17.1. Gespräch mit Klaus Wellhardt am 5. März 1971 in Essen

Klaus Wellhardt berät seit 1960 Kriegsdienstverweigerer, insgesamt hat er etwa 3000 bis 4000 Antragsteller beraten; im Augenblick führt er rund 40 Beratungen pro Woche durch. Seit 1965 ist er Bundesgeschäftsführer der Internationale der Kriegsdienstgegner, seit 1967 DFG/IdK.
Frage: Wir haben im Verlauf der Arbeit festgestellt, daß bei der Beratung zwischen einer mehr gewerkschaftlichen und einer mehr politischen unterschieden wird. Ist diese Unterscheidung sinnvoll, wenn man unter gewerkschaftlicher Beratung mehr eine Vermittlung der Verfahrenstechnik und unter politischer eine vertiefende, die Ursachen von Krieg aufzeigende, verstehen würde?
K. W.: Ich habe KDV-Beratung immer als politische Aufgabe verstanden. Die Deutsche Friedensgesellschaft-Internationale der Kriegsdienstgegner (DFG-IdK) ist eine Antikriegsorganisation, die Kriegsursachen aufdecken und bekämpfen will. Kriegsdienstverweigerung und die Beratung war innerhalb der DFG/IdK immer nur ein Teilgebiet der politischen Arbeit. Kriegsdienstverweigerung verstehen wir als Beginn politischer Tätigkeit.
Bei der Beratung von Kriegsdienstverweigerern legen wir den Schwerpunkt auf die Vermittlung politischer Zusammenhänge in der Gesellschaftsordnung der Bundesrepublik und im internationalen Maßstab.
Nach meiner Auffassung und Erfahrung kann man sogenannte gewerkschaftliche und politische Beratung nicht trennen. Ich beginne nicht mit Ausführungen über Art und Gang des Verfahrensablaufes, sondern ich unterhalte mich gründlich mit dem Antragsteller über die gesellschaftlichen Zusammenhänge und besonders natürlich über den Stellenwert des Militärs in unserer Gesellschaft. Es

ist häufig festzustellen, daß das mehr oder minder starke Unbehagen an unserer Gesellschaft erst einmal ausdiskutiert werden muß, bevor es zu einer fundierten Haltung kommt. Wenn die politische Notwendigkeit der Kriegsdienstverweigerung erkannt ist, verliert der Antragsteller die Scheu vor dem Ablauf des Prüfungsverfahrens.

Frage: Schlägt sich eine politische Motivation in den Verhandlungen nieder, oder wird sie dort eher durch eine pragmatische bzw. opportunistische Argumentation überdeckt?

K. W.: Ich empfehle stets, politische Argumente mit in die Verhandlung einzubringen. Es ist wichtig, die Beratung eines Antragstellers mehrmals und intensiv durchzuführen. Nach Möglichkeit sollen die Kriegsdienstverweigerer bereits vor ihrer Verhandlung in antimilitaristische Aktionen einbezogen werden. Demonstrationen, Flugblattverteilungen u. ä. sind für die politische Bewußtwerdung des Antragstellers von großer Bedeutung. Die Empfehlung, aus taktischen Gründen die politische Argumentation vor dem Prüfungsausschuß zu unterlassen, lehne ich ab.

Zur Beratung gehört das Befassen mit der Phrasenhaftigkeit des NATO-Auftrages. Die Führungsmacht der NATO, die USA, führt der Weltöffentlichkeit vor, was heute »Verteidigung« bedeutet. Die Mitgliedschaft faschistischer Militärdiktaturen (Griechenland, Portugal) in der NATO verdeutlicht ihre Zielsetzung.

Ich diskutiere mit den Kriegsdienstverweigerern auch die Notstandsgesetze, die den Einsatz der Bundeswehr im Innern z. B. gegen streikende Arbeiter und demonstrierende Studenten legitimieren und die Lüge von der Möglichkeit militärischer Verteidigung.

Die Zahl der religiös motivierenden Antragsteller wird geringer. Ich versuche zu verdeutlichen, daß sich jeder, unabhängig von der Ursprungsmotivation, der konkreten politischen Situation stellen muß. Der Vietnamkrieg läuft für den Christen so deutlich sichtbar ab wie für den Sozialisten.

Die Beratungen der DFG/IdK haben einen deutlich erkennbaren Multiplikatoreffekt – unsere Argumente sind vor allem auch in den Schulen im Umlauf.

Frage: Die Zahl der KDV-Anträge ist seit 1966/67 stark angestiegen, worauf ist das zurückzuführen?

K. W.: Die demokratischen Bewegungen gegen Aufrüstung und Atomwaffen (Ostermärsche), die Kampagnen gegen die Notstandsgesetze und die großen Demonstrationen gegen den Vietnamkrieg wirkten sehr stark aufklärend in die Jugend hinein.

Dazu kommt das allgemeine Aufbegehren großer Teile der Jugend: Die kritische Einstellung zur Obrigkeit und die damit verbundene Möglichkeit und Fähigkeit, auch Vorgegebenes kritisch zu beleuchten. So findet eben auch die Behauptung, militärische Verteidigung sei notwendig, immer weniger Anklang.

Frage: Kann man in den letzten Jahren eine Verschärfung in der Verfahrensführung feststellen, die sich in dem Ansteigen der Ablehnungsquote äußert, und wie verhält es sich hiermit bei Soldaten-Anträgen?

K. W.: Die Ablehnungsquote wird weitgehend – von der Argumentation unabhängig – immer höher. Normalerweise werden etwa 50 Prozent der Anträge in der ersten Instanz abgelehnt; bei der politischen Argumentation ist diese Rate noch höher. – Bundeswehrsoldaten werden im Ausschuß generell abgelehnt, und dann in der Kammer zu 50 bis 60 Prozent anerkannt. Der Rest wartet auf das Verwaltungsgerichtsverfahren, das aber manchmal hinausgezögert wird, um die Soldaten die Dienstzeit durchlaufen zu lassen. Vor zwei Jahren hatte man noch den Eindruck, daß Soldatenanträge schnell abgewickelt werden sollten, weil sie als Multiplikator in der Truppe wirkten. Man wollte dort die Verweigerer offensichtlich loswerden. Aber heute werden diese Anträge sehr schleppend behandelt.

Frage: Wird nach einer Ablehnung auf Grund einer politischen Argumentation in der nächsten Instanz beispielsweise stärker humanitär argumentiert, oder verstärkt sich in demselben Fall die politische Argumentation?

K. W.: Antragsteller ohne Beratung machen aus Unsicherheit sehr häufig den Fehler, die Gewichte innerhalb ihrer Argumentation nach der Ablehnung durch den Prüfungsausschuß in den folgenden Instanzen zu verlagern. Verweigerer, die von Anfang an richtig beraten werden, lassen ihre Argumentation durch eine Ablehnung nicht verunsichern.

Frage: Wir haben drei große Motivationsfelder unterschieden. Gibt es eine Verschiebung zwischen den einzelnen Feldern von 1957 bis heute?

K. W.: Die rein religiöse Motivation ist ständig zurückgegangen; heute ist kaum noch ein Antragsteller zu finden, der diese Motivation anführt. Im Vordergrund steht die humanitär-ethische Haltung, wobei die Grenze zur politischen ganz offen ist. Die Abgrenzung ist insofern schwierig, als von den Antragstellern selbst manchmal politische Gründe für ethische gehalten werden und umgekehrt.

Frage: Wir können die Grenze zwischen politischer und humanitärer Argumentation am Beispiel des Vietnamkrieges erläutern. Wenn die Argumentation sich überwiegend auf Kinder und Frauen, die durch Napalm verbrannt werden, erstreckt, haben wir sie als humanitär eingestuft, weil da das Mitleid im Vordergrund steht. Steht hinter dem Vietnamkrieg neben diesem Verständnis auch das des US-Imperialismus, so werten wir sie als politisch.

K. W.: Bei einer solch scharfen Trennung haben wir etwa 50 Prozent mehr oder minder bewußte politische Verweigerer. Allerdings muß man schon in der Klage über brennende Kinder in Vietnam ein Politikum sehen. Die an die Adresse der US-Aggressoren gerichtete Klage wäre in diesem Ausmaß noch vor fünf Jahren kaum möglich gewesen – bis dahin wurde die Berechtigung der Weltpolizistenrolle der USA weitgehend akzeptiert.

Frage: Hat eine Verschiebung des sozialen Herkunftspotentials der Kriegsdienstverweigerer stattgefunden?

K. W.: Es hat eine Verschiebung von Arbeitern und Angestellten zu Schülern und Studenten stattgefunden, etwa in der Mitte der sechziger Jahre. Seit einigen Monaten holt die Arbeiterschaft aber auf. Bei ihr hat der Erkenntnisprozeß etwas länger gedauert, weil Arbeiter grundsätzlich schlechtere Informationsmöglichkeiten haben. Dafür sind aber ihre Überlegungen von Anfang an etwas gründlicher. – Deshalb sieht im Augenblick auch die Bundesgeschäftsführung der DFG/IdK einen Schwerpunkt in der eigenen Arbeit darin, die antimilitaristische Haltung bei den Arbeitern auszuweiten.

Frage: Gilt dieses Aufholen in der Arbeiterschaft speziell für das Ruhrgebiet, oder ist es verallgemeinbar?

K. W.: Vermutlich schon; hier im Ruhrgebiet werden auf Grund der Zusammenballung solche Tendenzen eher sichtbar. Sicherlich spielt auch unsere Arbeit eine Rolle, denn wir warten nicht auf die Antragsteller, sondern treten an sie heran und verstärken das bereits vorhandene Interesse – etwa über die Kontakte mit den Gewerkschaften.

Frage: Haben wichtige politische Ereignisse eine Rolle bei der Verweigerung gespielt?

K. W.: Keinerlei Einfluß hat der Mauerbau 1961 gehabt. Gewissermaßen schockartig hat aber der 2. Juni 1967 zur Aufhellung der gesellschaftlichen Verhältnisse geführt. Zur Kriegsdienstverweigerung ist es zwar nicht wegen dieser Ereignisse gekommen, aber sie waren entscheidend als auslösendes Moment.

Frage: Hat die CSSR-Invasion einen Einfluß gehabt?

K. W.: Ein auslösendes Moment kommt diesem politischen Ereignis nicht zu, das gilt auch für Bundeswehr-Anträge. In der Beratung wird dieses Problem allerdings oft diskutiert.

Frage: Welche Rolle spielen Überlegungen zur Zivilverteidigung?

K. W.: Gedanken einer zivilen Verteidigung liegen bei vielen Antragstellern durchaus nahe. Etwa dahingehend, daß man den Feind lieber einmarschieren lassen soll, um es dann auf eine geistige Auseinandersetzung mit dem Okkupanten ankommen zu lassen. Allerdings ist eine Vorstellung von ziviler Verteidigung, die davon ausgeht, daß der Krieg kommt, bereits im militärischen Denksystem befangen. Das ist ein falscher Ansatz, denn wir wollen ja den Krieg verhindern.

Frage: Bei einem totalen Krieg ist eine Zivilverteidigung sicher sinnlos, wie sieht das aber bei einer Invasion aus, die nicht darauf abzielt, Menschen und Wirtschaftspotentiale zu vernichten, sondern sie auszubeuten?

K. W.: Eine solche Verteidigung ist nur dann möglich, wenn die gesellschaftlichen Verhältnisse weitestgehend demokratisiert sind. Dann sind so viele geistige Potenzen vorhanden, die auch eine spezielle Armee zur zivilen Verteidigung gar nicht notwendig machen. Die Durchsetzung einer Demokratisierung setzt also so viel geistige Abwehrkräfte frei, daß eine waffenlose Auseinandersetzung mit einem möglichen Feind von innen oder außen möglich ist.

Frage: Ein Schwerpunkt der Arbeit des Bundesvorstandes der DFG/IdK ist die Neugründung von Mitgliedergruppen; welche Struktur haben diese Gruppen und in welchen Gebieten werden diese Neugründungen vorgenommen?

K. W.: Es hat eine Reihe von Neugründungen in der letzten Zeit gegeben, weitere stehen bevor. Fast alle diese neuen Gruppen arbeiten in Klein- und Mittelstädten. Sie setzen sich von ihrer Mitgliederstruktur her zu 50 Prozent aus Schülern und Studenten zusammen, und die andere Hälfte machen Jungarbeiter und Lehrlinge aus, die größtenteils gewerkschaftlich organisiert sind.

Frage: Besteht ein möglicher Zusammenhang zwischen Streiks, Rote-Punkt-Aktionen u. ä. und der Neugründung von Kriegsdienstverweigerergruppen, oder worauf sind Neugründungen zurückzuführen?

K. W.: Ja, ich vermute da eigentlich schon einen Zusammenhang. Mit Sicherheit kann ich das allerdings nicht bestätigen. Von den 15 Neugründungen entsinne ich mich augenblicklich auf vier neue Gruppen, wo vorher Lohnauseinandersetzungen gewesen sind und sich junge Gewerkschaftsmitglieder und Schüler mit den Betroffenen solidarisierten. So war es in einem Ort des Sauerlandes: dort bestimmte ein einziger Betrieb des chemischen Gewerbes das gesamte Arbeitsklima; an der Spitze der Firma stand ein patriarchalischer Unternehmer. Nachdem es dann in diesem Örtchen zur ersten Demonstration seiner Geschichte mit gut 1000 Mann gekommen war, haben wir dort auch eine neue Gruppe gegründet.

17.2. *Gespräch mit Reinhold Settele am 6. März in Stuttgart*

Reinhold Settele ist seit 1956 Mitglied des Verbandes der Kriegsdienstverweigerer (VK), bzw. der Vorläuferorganisation Gruppe der Wehrdienstverweigerer

e. V. (GdW), seit seiner Mitgliedschaft führt er Beratungen für Kriegsdienstverweigerer durch, insgesamt mehrere Hundert. Reinhold Settele war Bundesvorsitzender des VK von 1967 bis 1969; seit 1965 ist er Beisitzer in einem Stuttgarter Prüfungsausschuß.

Frage: Ist das üblich, daß den Kriegsdienstverweigerern nahestehende Personen eine Beisitzertätigkeit in einer der drei Prüfungsgremien ausüben?

R. S.: Nein, das ist die absolute Ausnahme. Ich bin hier in Stuttgart über meine Partei – die SPD – mit dieser Funktion betraut worden. Seither habe ich etwa an 140 Verfahren vor den Ausschüssen teilgenommen. – In den Anfangsjahren war die Kriegsdienstverweigerung fast unbekannt. Seit 1966/67 ist dann die Beratung stark angestiegen.

Frage: Läßt sich im Verfahren ein Unterschied zwischen Motivation und Argumentation ablesen? Etwa, daß eines der drei Motivationsfelder – religiös, humanitär-ethisch, politisch – aus pragmatischen Gründen vorgezogen wird?

R. S.: Ja, einen Unterschied kann man feststellen. Ich habe aber in der Beratung immer davor gewarnt, anders zu argumentieren, als es der Motivation entspricht. Weil es schwierig ist, diesen Unterschied während der Verhandlung durchzuhalten. Der Verweigerer verliert sonst an Glaubwürdigkeit. Die Beisitzer urteilen emotional. Der Eindruck eines »guten, ehrlichen Kerls« ist wichtiger als eine geschliffene Argumentation. – Diese Erfahrung habe ich schon in der Beratertätigkeit gemacht, und sie ist mir durch meine Beisitzertätigkeit bestätigt worden.

Frage: Hat die Beratung einen Einfluß auf die Argumentation?

R. S.: In der Regel schon, aber es ist nur ein kleiner Teil vorher beraten worden. Denn die Mehrzahl der Verweigerer sind ja Studenten und Schüler, die ohnehin von der Schule Informationen mitbringen.

Frage: Wäre demnach eine gewerkschaftlich verstandene Beratung besser als eine, die den Antragsteller politisch beeinflussen könnte?

R. S.: Das kann man nicht so scharf trennen. Ziel der Beratung sollte es sein, die vorhandenen Motive auszubauen. Natürlich ändern sich Motive, nämlich nach Gesprächen, Auseinandersetzungen und Diskussionen. Ich warne nicht davor, daß jemand seine Motive ändert, sondern, daß er andere Motive vorträgt, als sie seinen tatsächlichen, zum Zeitpunkt der Verhandlung vorliegenden, entsprechen.

Der Kriegsdienstverweigerer soll in der Verhandlung nicht das sagen, wovon er glaubt, es komme bei den Beisitzern an, sondern das, wovon er selbst überzeugt ist. Trotzdem ist, besonders bei politischen Motiven, ein spürbarer Unterschied während der Verhandlung zwischen Motivation und Argumentation festzustellen. Das trifft gerade für Überlegungen zu, durch die die Verteidigungsfunktion der Bundeswehr und die Verteidigungswürdigkeit unserer gesellschaftlichen Ordnung in Frage gestellt werden. Nur von wenigen wird zugegeben, daß dies ihr Motiv ist, obwohl es bei ihnen spürbar ist. Solche Motive werden verschleiert, weil der Antragsteller meint, daß sie ihm schaden, bezogen auf den Verfahrensausgang.

Frage: Aber es ist doch damit zu rechnen, daß solche Verweigerer als situationsbedingt abgelehnt werden?

R. S.: Ja, das kann man beobachten. Sie werden in dem Ausschuß-Verfahren als »Kommunisten« oder »Anarchisten« abgelehnt. Aber sie werden vor dem Verwaltungsgericht dann anerkannt.

Frage: Sind in den letzten beiden Jahren Soldaten-Anträge verschleppt worden?

R. S.: Darüber habe ich keinen Überblick, denn das Verhandlungstempo wird weitgehend durch Anfall der Anträge bestimmt. Darüber hinaus besteht beim

Stuttgarter Verwaltungsgericht die Neigung, daß bei einem Antrag die Wehr-behörde gefragt wird, ob eine Einberufung bevorsteht. Wenn dann die Mitteilung kommt, daß eine Einberufung in der nächsten Zeit nicht zu erwarten ist, wird vom Gericht das Verfahren ausgesetzt.

Frage: Worauf ist das Ansteigen der Verweigererzahlen in den letzten Jahren zurückzuführen?

R. S.: Auf die Unruhe in der Jugend seit 1967. Das ist ganz deutlich ablesbar. Allerdings schlägt sich das nicht unvermittelt bei den Antragstellern nieder. Die Zahl derer, die vor Prüfungsausschüssen auftreten und direkt von dieser Unruhe erfaßt sind, die zum Beispiel als Studenten oder beim Ostermarsch oder bei anderen Protestaktionen mitgemacht haben, ist relativ klein. Viele Antragsteller distanzieren sich auch von diesen Aktionen, etwa auch vom SDS. Trotzdem ist es deutlich, daß sich bei den meisten diese Ereignisse bewußtseinsändernd ausgewirkt haben.

Frage: Welche Qualität käme dann diesem Protest im Zusammenhang mit der Kriegsdienstverweigerung zu?

R. S.: Es ist einfach eine allgemeine Veränderung des Bewußtseins der Jugend. Hinzu kommt noch etwas ganz Wichtiges: Das tradierte Verhalten gegenüber dem Militär hat sich gegenüber früheren Zeiten gewandelt. Es ist »fashionable«, nicht Soldat zu sein. Das ist auf die Studentenbewegung mit zurückzuführen.

Frage: Welche Rolle haben politische Ereignisse im Zusammenhang mit der Kriegsdienstverweigerung gespielt? – Etwa der Vietnamkrieg, Osterunruhen 1968 oder die Notstandsgesetzgebung?

R. S.: Es läßt sich hier eine gewisse Abstufung feststellen. Auch bei Antragstellern, die sich selbst als individualistisch und unpolitisch verstehen, ist der Vietnamkrieg das Thema Nr. 1, an zweiter Stelle steht dann die CSSR-Invasion. Erst dann werden andere Kriegsereignisse genannt oder innenpolitische Probleme.

Frage: Unserer Meinung nach wird Vietnam meistens in einem humanitär-ethischen Zusammenhang genannt mit einem starken Bezug auf Mitleidsgefühle?

R. S.: Mir sind nur zwei Fälle bekannt, bei denen Vietnam in einem Zusammenhang mit dem kapitalistischen System genannt wurde. In den anderen Fällen – die aber auch als politische verstanden werden müssen – argumentierte man so, daß die USA als Invasoren gebrandmarkt wurden. Wenn dann der Vorsitzende nachfragt, ist häufig zu merken, daß der Antragsteller zurückschraubt. Das ist einer der Punkte, wo Motivation und Argumentation häufig auseinanderfallen. Wenn der Vorsitzende fragt, ob in Vietnam nicht doch die Freiheit verteidigt wird, kommt statt eines NEIN ein JA, ABER.

Frage: Welche Rolle spielt die CSSR-Invasion bei der Erwähnung für Alternativen zur militärischen Verteidigung?

R. S.: In diesem Zusammenhang kommt die CSSR-Invasion automatisch vom Antragsteller. Auch sonst relativ unsichere Leute nehmen dabei eine recht feste Position gegenüber dem Vorsitzenden ein und sagen, daß gerade die CSSR-Invasion die Unsinnigkeit jeder militärischen Verteidigung beweise. Allgemein ersetzt diese Frage den früheren Gandhi-Punkt; allerdings hat Gandhi nie diese Rolle gespielt.

Frage: Wird manchmal die UNO oder überhaupt eine Art Weltpolizei erwähnt?

R. S.: Ja, allerdings sehr allgemein und nicht häufig, etwa im Zusammenhang mit dem Begriff der kollektiven Notwehr. Detaillierte Vorstellungen, wie etwa der UNO-Plan des ehemaligen VK-Vorsitzenden Wilhelm Keller, haben nie eine Rolle gespielt.

139

Frage: Wie verhält es sich mit den Bescheiden der Prüfungsausschüsse, die werden ja seit einiger Zeit nicht mehr begründet?

R. S.: Bei uns besteht eine von oben angeordnete Verfügung, daß bei Anerkennung der Bescheid nicht begründet werden soll, sondern nur bei Ablehnung.

Frage: Ist das eine rein arbeitstechnische Anordnung?

R. S.: So wird es vom Vorsitzenden erklärt, daß es eine reine Sache der Arbeitstechnik sei. Es sei nicht notwendig, in einen positiven Bescheid eine Begründung hineinzuschreiben. Denn der Leiter des Kreiswehrersatzamtes, der den Widerspruch gegen die Anerkennung führen kann, bekomme ja ohnehin Akten, bei denen auch das Protokoll sei. Der Antragsteller selber wisse, was er gesagt habe. Und da die Anerkennung ein begünstigender Verwaltungsakt sei, sei es nicht notwendig, ihn extra zu begründen. – Diese Regelung gilt seit etwa zwei Jahren.

Frage: Gibt der Bescheid einigermaßen realistisch den Verhandlungsverlauf wieder?

R. S.: Es kommt vor, daß der Bescheid verzerrt ist. Der Vorsitzende stellt natürlich das in den Vordergrund, was ihm wichtig erscheint. Besonders für Ablehnungen gilt das. – Wichtig ist der Bescheid allerdings für Außenstehende; der Leiter des Kreiswehrersatzamtes urteilt nach dem Protokoll, bzw. nach einem »Wink« des Vorsitzenden.

Frage: Welche Rolle nimmt der Vorsitzende des Prüfungsausschusses im gesamten Verfahren ein?

R. S.: Ich habe bisher noch keinen Vorsitzenden erlebt, der nicht zu Beginn der Beratung – also nach der Anhörung des Verweigerers – ein Plädoyer gibt, mit dem die Beisitzer schließlich beeinflußt werden sollen. Er kanalisiert damit deren Meinungen. – Auch hat er durch die Zeugenladung die Möglichkeit, den Verlauf der Verhandlung zu beeinflussen. Es hat sich zum Beispiel gezeigt, daß die militärischen Zeugen den Verweigerer meist aus der Kaserne »hinausloben«. In den letzten zwei Jahren sind in der Regel nur noch schriftliche Aussagen von der militärischen Seite eingeholt worden, deren Verlesung in das Belieben des Vorsitzenden gestellt sind.

Frage: Ist eine Verschärfung der Verfahrensführung feststellbar, die man in Zusammenhang mit der steigenden Ablehnungsquote sehen kann?

R. S.: Ja, vor allem bei Soldaten. Es scheint offensichtlich eine zentrale Weisung an die Vorsitzenden vorzuliegen, mit dem Inhalt, daß der Versuch unternommen werden soll, Antragsteller aus der Bundeswehr abzulehnen. Bei Nichtsoldaten ist das in dieser Deutlichkeit nicht zu spüren.

Frage: Worauf ist der hohe Anteil der Soldaten-Verweigerer zurückzuführen?

R. S.: Die gegenwärtig eingezogenen Jahrgänge haben ein anderes Verhältnis zur Autorität als noch die Jahrgänge vor fünf oder zehn Jahren. Außerdem kommt es zur Auseinandersetzung mit der Autorität ja erst in der Bundeswehr, und die Erfahrungen dort schlagen sich in der Verweigerung nieder. – Eine bezeichnende Überlegung ist auch die, daß ein junger Mann zwar mit 18 Jahren Soldat werden kann, aber bis vor kurzem nicht wahlberechtigt war und auch nicht volljährig und ehemündig ist.

Frage: Inwieweit sind die Soldaten von der Information über die Möglichkeit der Kriegsdienstverweigerung abhängig? Besteht hier ein Zusammenhang zwischen Information und der Zahl der Kriegsdienstverweigerer in den einzelnen Einheiten?

R. S.: Ja, es besteht wohl ein Zusammenhang, aber nicht das vertiefte Gespräch ist ausschlaggebend, sondern nur die Tatsache, daß zum Beispiel innerhalb der Kompanie noch jemand ist, der verweigert. Die Suche des Vorsitzenden nach

Unruhestiftern ist hier vergeblich, da sich die Kriegsdienstverweigerer selbst aus einer Einheit recht selten näher kennen. Wenn sie sich unterhalten haben, hat sich das in der Regel auf »technische« Fragen erstreckt. Die Ursache sich ausbreitender Verweigerung in der Truppe ist nicht die Verabredung untereinander, wie es die Verschwörer-Theorie des Vorsitzenden unterstellt, sondern die bloße Kenntnis davon, daß es überhaupt geschieht. Die Unruhe in der Bundeswehr wäre vermutlich nicht viel geringer ohne Bundeswehrkampagne der Verweigererverbände und der APO. Diese Aktionen haben hauptsächlich den Wert, daß sie Material an die Hand geben; sicherlich haben sie keine ursächliche Wirkung.

Frage: Ist es typisch, daß Kriegsdienstverweigerer innerhalb ihrer Kompanie Vertrauensleute sind oder waren?

R. S.: Wir können feststellen, daß die Kriegsdienstverweigerer innerhalb der Truppe nicht isoliert sind, sondern gute Kontakte haben. Wenn sie zum Vertrauensmann gewählt werden, dann nicht weil sie Antrag auf Kriegsdienstverweigerung gestellt haben, sondern von ihrem Habitus her. Meist sind es Studenten oder Abiturienten, die früher einmal Klassensprecher oder ähnliches waren. Das heißt, sie werden gewählt, weil es aktive, selbständig denkende Leute sind.

Frage: Kann man eine Umstrukturierung innerhalb der drei großen Motivationsblöcke feststellen?

R. S.: Es hat ein deutlicher Wandel zum Politischen hin stattgefunden, ohne daß sich das scharf trennen ließe. Der gänzlich unpolitische Verweigerer ist sehr selten, und man trifft ihn nur bei den Zeugen Jehovas und bei einigen religiösen Sondergemeinschaften. Religiös motiviert sind wenige. Bei diesen hat sich in den letzten Jahren häufig abgezeichnet, daß sie einen persönlichen Gott und eine Bindung an die eigene Kirche ablehnen.

Frage: Hat sich die soziale Zusammensetzung der Kriegsdienstverweigerer im Laufe der letzten Jahre verändert?

R. S.: In den ersten Jahren hat die soziale Schichtung der Kriegsdienstverweigerer der aller Wehrpflichtigen entsprochen. Seit 1966/67 ist die Entwicklung »kopflastig« zugunsten der Schüler und Studenten geworden. Der Anteil der Arbeiter und Angestellten ist also im Laufe der Jahre *absolut* etwa gleichgeblieben, aber bei Schülern und Studenten *absolut* gestiegen; damit hat sich das Verhältnis *relativ* geändert. Bei den Arbeitern und Angestellten ist allenfalls ein leichtes absolutes Steigen zu erkennen, aber in einer ganz flachen Kurve.

Frage: Worauf ist das steile Ansteigen bei den Schülern und Studenten zurückzuführen?

R. S.: Die Unruhe kam zunächst vom Bildungssektor her. Der Unterschied zu den Berufstätigen erklärt sich daher, daß der Kontakt unter Schülern und Studenten intensiver ist, als bei den Lehrlingen, die am Arbeitsplatz isoliert sind. Dort wird auch weniger diskutiert.

Frage: Ist die Kriegsdienstverweigerung eine Primärerscheinung, oder ist sie Folge anderer Auseinandersetzungen?

R. S.: Es dürfte wohl mehr eine Folgeerscheinung sein, obwohl auch eine gewisse gegenseitige Abhängigkeit besteht. Im übrigen kann man wohl folgendes sagen: Die Mehrzahl der Kriegsdienstverweigerer ist nicht organisiert, nur wenige sympathisieren mit den großen Verweigerer-Verbänden. Viele »satteln« um auf Sozialberufe, vor allem der Beruf des Sozialarbeiters ist ungeheuer aufgewertet. Sehr häufig kommt auch der Zweite Bildungsweg vor. – Auch die Ansicht, Kriegsdienstverweigerung als eine legale Form des Widerstandes zu begreifen, spielt eine bedeutende Rolle.

18. Protokoll und Urteil eines Verwaltungsgerichtsverfahrens

Zum besseren Verständnis des aufbereiteten Materials wird im folgenden eine wörtliche Verhandlungsniederschrift vor einem Verwaltungsgericht sowie das entsprechende Urteil dazu wiedergegeben.

18.1. Protokoll

Der Vorsitzende zu den Eltern: Bitte, kommen Sie mal vor! Sie sind als Zeugen geladen worden. Sie wissen ja, daß Sie ein Aussageverweigerungsrecht haben.
Mutter: Wir haben nicht viel zu sagen.
Vater: Wir wollen grundsätzlich aussagen.
Vorsitzender: Sie müssen hier die Wahrheit sagen, nichts hinzusetzen. Daß falsche Aussagen strafbar sind, wissen Sie ja! Ich darf Sie nun bitten hinauszugehen und irgendwo da vorne Platz zu nehmen, wir werden Sie dann reinrufen.
Vorsitzender: Nun, Herr H., wir müssen uns jetzt mal eingehend unterhalten. Wir müssen prüfen, ob die Behörden es richtig oder falsch gemacht haben, wir müssen Sie fragen, uns praktisch unterhalten. Wir bitten Sie, uns die Wahrheit zu sagen. Sie müssen verstehen, daß es für uns schwierig ist, denn wir müssen uns in Sie reindenken; das ist das Schwierigste. Vernünftiges Beweismaterial gibt es ja nicht.
(Der Berichterstatter des Gerichts verliest auszugsweise die Begründung H.s, warum er den Kriegsdienst verweigere. Es folgen eidesstattliche Erklärungen von Zeugen.)

1. »An die Prüfungskammerinstanz
Sehr geehrter Herr,
hiermit möchte ich Ihr Schreiben vom 3. 4. 1970 beantworten. Darin bitten Sie mich, Aussagen über Herrn J. H. zu machen, die seine Einstellung zum Kriegsdienst kennzeichnen. Sie werden sicher verstehen, daß ich in diesem Zusammenhang keine Angaben über ›Leistungen in Schule und Beruf, sein bisheriges sittliches Verhalten und seine charakterlichen Eigenschaften‹ machen kann. Dies sind nicht die Tatsachen, die Sie in die Lage versetzen könnten, ein Urteil über die Aufrichtigkeit seiner Gewissensentscheidung zu fällen. Doch dies ist ja die einzige Frage, die Sie beantworten müssen (sh. GG. Art. 4, Abs. 3). Ganz abgesehen davon, kann ich über diesen Punkt keine Aussagen machen, weil ich nicht weiß, wie man feststellt, ob sich jemand ›sittlich‹ oder ›unsittlich‹ verhält, noch ob sein Verhalten von charakterlichen Eigenschaften (d. h. aus ihm heraus) oder von irgendwelchen Umständen abhängt.
Meine Ausführungen zur Person von J. H. beginnen bei seiner religiösen und weltanschaulichen Einstellung. Ich lernte J. H. in der katholischen Jugendgruppe ›Bund Neudeutschland‹ kennen. Bei unseren regelmäßigen Veranstaltungen nahm die Diskussion sozialer und religiöser Fragen einen wichtigen Platz ein. J. H. nahm immer überaus rege und interessiert daran teil. Er vertrat dort von jeher die These, daß soziale Probleme von dem Schleier der Emotionalität befreit werden müßten, und daß nur eine kritische rationale Analyse einer Situation

und die daraus gezogenen Folgerungen ein Weg sein könnten, soziale Fragen bewußt und verantwortungsvoll zu behandeln. Ich erwähne dies deshalb unter dem Punkt ›religiöse und weltanschauliche Einstellung‹, weil dies die Grundkonzeption seiner Vorstellungen vom Verhältnis eines Menschen zu seiner Umwelt ist. Insofern kann natürlich sein religiöses, d. h. philosophisches Verständnis der Welt nur unter diesem Gesichtspunkt verstanden werden.
Wie Sie sicher wissen, ist J. H. katholischer Christ. Ein Hauptpunkt, wenn nicht der wesentliche Punkt dieses Christseins überhaupt, ist für ihn die soziale Aufgabe, die für ihn in erster Linie das Bemühen um Verständnis des Menschen und seiner sozialen Situation bedeutet. Dieses Bemühen bleibt für ihn nicht nur Theorie, sondern er orientiert sich konsequent nach dem Verständnis der Dinge, das er erlangt hat. Es sollte nicht unerwähnt bleiben, daß er sich in der Jugendarbeit stark betätigt hat (er war Leiter der Stadtgruppe).
Ich komme nun zu der Frage des Kriegsdienstes selbst. Das Problem der Kriegsdienstverweigerung wurde und wird von uns des öfteren besprochen, insbesondere da es uns durch unser Alter persönlich betrifft. Sie werden verstehen, daß ich Ihnen diese Gespräche nicht alle schildern kann; dafür ist der Zeitraum zu lang und der Platz zu gering.
Als ein Beispiel, das die wesentlichen Punkte deutlich enthält, möchte ich Ihnen den Diskussionsbeitrag wiedergeben, den ich von J. H. im Herbst vergangenen Jahres auf einer Tagung der katholischen und evangelischen Jugend in Stuttgart gehört habe. Zuvor möchte ich Sie darauf hinweisen, daß J. H. durch sein Interesse für psychologische Fragen Zugang zu Literatur fand, die den Krieg als sozial-psychologisches Problem untersucht. Das Verständnis dieser Zusammenhänge bestimmt seine Argumentation. Er legte auf jener Tagung dar, daß die oben erwähnte rationale Analyse des Krieges möglich und in vielen Bereichen schon erfolgt sei. Zum Beweis zitierte er Arno Plack.
Diese Analyse habe zur Konsequenz, daß man einen Krieg nicht einfach als Schicksal hinnehmen müsse, sondern, daß es konkrete Möglichkeiten gebe, die Ursachen der Kriege zu klären und somit Kriege zu verhindern. Dies gelte um so mehr, als durch mehrere Forscher Völker aufgefunden wurden, die vollkommen unkriegerisch seien. Die Möglichkeit, ohne Krieg zu leben, sei also durchaus real und keine Fiktion.
An Verhaltensweisen, die Rückschlüsse auf seine innere Einstellung zulassen, kann ich Ihnen nennen, daß J. H. immer und überall diese seine Haltung vertrat und vertritt. Darüber hinaus ist er in dieser Problematik so engagiert, daß er bei den oben erwähnten Gesprächen und Diskussionen jedesmal wiederholt das Wort ergriffen hat, um seine Haltung darzulegen.
Sie haben sicher Verständnis dafür, daß ich nur die wesentlichen, mir bekannten Punkte nennen konnte, ohne den Brief unerträglich in die Länge zu ziehen. Ich hoffe, daß durch meinen Bericht die Persönlichkeit J. H. Ihrem Verständnis nähergekommen ist, und daß Sie die Frage der Echtheit seiner Entscheidung besser beantworten können.

Mit freundlichen Grüßen
gez. St.«

2. Der katholische Religionslehrer E. G.:
»Herr J. H., geboren am 25. 2. 1949 in Stuttgart-Bad Cannstatt, wohnhaft in Stuttgart, nahm vom 19. 4. 1966 bis zur Reifeprüfung im Sommer 1970 an meinem Religionsunterricht am Eberhard-Ludwigs-Gymnasium in Stuttgart teil. Er war ein sympathischer, freundlicher, heiterer junger Mensch, still, fast intro-

vertiert und – soweit ich mich erinnere – mit einer besonderen Vorliebe für Musik. Ich kann mich nicht entsinnen, ihn je in eine Rauferei verwickelt gesehen zu haben: das paßte nicht zu seiner Art.

Im Religionsunterricht war er in den ersten Jahren zurückhaltend. In den letzten eineinhalb Jahren ging er mehr aus sich heraus. Sein selbständiges, kritisches Denken und Urteilen fiel mir auf. Er zeigte bisweilen eine scharfe Ablehnung der Amtskirche und des kirchlichen Lehramts und vertrat manche Auffassungen im Gegensatz zur offiziellen kirchlichen Lehre.

Ich könnte mir denken, daß er – bei seiner Veranlagung und Einstellung – z. B. die Bergpredigt im wörtlichen, d. h. moralischen Sinn verstanden wissen wollte und daß er sich verpflichtet fühlt, den Kriegsdienst zu verweigern.

gez. E. G.«

3. Der Klassenlehrer Dr. W. S., Stuttgart:
»Als Klassenlehrer unterrichtete ich Herrn J. H. in der achten und neunten Klasse von September 1968 bis Juni 1970. Herr H. war stets still und zurückhaltend. Allerdings vertrat er nicht den Typus des angepaßten Schülers. Vielmehr bewies er gerade in grundsätzlichen Fragen durchaus seine eigene Meinung, an der er beharrlich festhielt. Freilich tat er das, da es ihm an rhetorischen Fähigkeiten mangelte, nie in wortreichen Erklärungen – wie er überhaupt nicht viel Aufhebens von sich machte –, sondern stets knapp und schlicht formuliert, so daß er von der verbalen Seite her oft nicht zu überzeugen vermochte. Wer ihn aber kannte, wußte genau, daß hinter diesem Mangel an äußerer Brillanz ehrliche, eigenständige und klar fundierte Anschauungen und Überzeugungen standen.

Spezielle Gründe für die Anerkennung als Kriegsdienstverweigerer sind mir nicht bekannt.

gez. S.«

4. P. H. (Text in der Anlage)

Vorsitzender: Herr H., wie ich schon sagte, müssen wir uns jetzt etwas unterhalten. Zunächst, was tun Sie im Augenblick?

J. H.: Ich studiere im ersten Semester Psychologie.

Vorsitzender: Da haben Sie jetzt ja Ferien, arbeiten Sie etwas?

J. H.: Ich arbeite etwas in Tübingen, bei einer Gruppe, Lehrveranstaltungen in einem Jugendklub, wo milieugeschädigte Kinder verkehren. In diesem Klub ist der hauptamtliche Leiter ausgeschieden, und da stellte sich die Frage, ob der Klub aufrechterhalten bleibt, allerdings mit Programm. Zwei Studenten und drei Jugendliche sind zu einem Fünfer-Gremium zusammengefaßt. Da bin ich in der letzten Zeit öfters hin und her gefahren.

Vorsitzender: Was sind das für milieugeschädigte Kinder? Was sind das für Kinder?

J. H.: Zwischen fünfzehn und zwanzig ist die stärkste Gruppe.

Vorsitzender: Ist das ein Jugendklub?

J. H.: Gruppen von Rockern, Vorbestrafte . . .

Vorsitzender: Dann haben Sie es ja auch mit Rockern zu tun, die auch manchmal zuschlagen. Kam sowas schon mal vor?

J. H.: Manchmal schon, zum Glück nicht oft.

Vorsitzender: Sie sagen »zum Glück«. Aber es kann doch heute oder morgen möglich sein, daß Sie einem Raufbold ins Gehege kommen. Der greift Sie an, beschimpft Sie. Was würden Sie da tun?

J. H.: Das ist ja unsere Aufgabe, daß man die Jugendlichen wegbringt von ihrem reaktiven Handeln.

Vorsitzender: Die haben doch so Fahrradketten und so Zeugs...

J. H.: So schlimm ist das nicht.

Vorsitzender: Nehmen Sie mal den Fall an, da steht Ihnen so ein Kerl gegenüber, der haut Sie zusammen. Was tun Sie mit dem?

J. H.: Ich habe festgestellt, daß ich niemand ins Gesicht schlagen kann.

Vorsitzender: Von sich aus hauen Sie nicht, Sie versuchen mit ihm zu sprechen; vermutlich sagen Sie also, Gewalt hat keinen Sinn, oder?

J. H.: Ich versuche herauszubekommen, was er für Gründe hat und welche Probleme.

Vorsitzender: Da bilden sich doch so Gruppen aus reiner Freude an der Gewalt...

J. H.: Das liegt schon an der Erziehung, aus welchen Elternhäusern sie kommen; Eltern, die sich vielleicht wenig um sie gesorgt haben, die von einer Enttäuschung in die andere gleiten.

Vorsitzender: Meinen Sie, das ist ein Ausdruck der Gesellschaftsform oder das Böse im Menschen?

J. H.: Ich bin der Meinung, daß der Mensch nicht von sich aus böse ist, daß in erster Linie Eltern und Tradition dahinterstehen.

Vorsitzender: Liegt es nicht in der Natur des Menschen, daß er überleben will?

J. H.: Natürlich, die Trieberhaltung.

Vorsitzender: Der Mensch hat doch natürliche Bedürfnisse, Sexualität und sonstige Dinge. Liegt es nicht in der Natur, wie er seine Triebe befriedigen kann? Einer hat Hunger, der andere hat etwas, dann nimmt er es ihm. Ist das nicht natürlich, wenn es da zu Aggressionen kommt...

J. H.: Ich glaube nicht an den Aggressionstrieb, so nach Lorenz. Ich sehe sie als Aufstau.

Vorsitzender: Sie glauben also, der Mensch ist von Grund auf gut und wird gelegentlich gewalttätig.

J. H.: Natürlich kommt es dazu, daß er innerhalb seines reaktiven Handelns über das Ziel hinausschießt.

Vorsitzender: Auf die Frage zurück: Sie sind da in dem Klub. Die schlagen sich. Sie sind so eine Art Aufsichtsperson. Die prügeln sich. Was machen Sie?

J. H.: Ich würde versuchen, sie auseinanderzubringen; denn das ist ja das Problem, daß man sie erst einmal trennt. Das ist schwierig, vor allem bei solchen Jugendlichen, weil sie verbal auf das gar nicht eingehen. Das ist es, wo wir unsere Aufgabe sehen, daß man die Jugendlichen zur eigenen Initiative bringt.

Vorsitzender: Er haut Ihnen eine runter. Lassen Sie sich eine runterhauen?

J. H.: Ich würde mich wehren; einen Puffer ja, den würde ich hinnehmen. Ich vertraue, daß ich sie in den Griff bekomme.

Vorsitzender: Also eine persönliche Notwehr bejahen Sie. Was halten Sie davon: es ist Nacht und Sie gehen auf der Straße und da schreit jemand. Eine Frau wird angefallen.

J. H.: Ich würde schauen, was ist und mich entsprechend verhalten.

Vorsitzender: Und da bleibt eine Prügelei gar nicht aus.

J. H.: Wenn es gar nicht mehr ging, würde ich vielleicht mit einem Stock versuchen, aber nur...

Vorsitzender: Also grundsätzlich bejahen Sie die Notwehr. Wie sieht es da bei Ihnen aus? Sie sind zurückgestellt worden.

J. H.: Ich habe zum 1. April die Einberufung bekommen.

Vorsitzender: Wohin?

J. H.: Nach Ingolstadt.

Vorsitzender: Das ist doch eine schöne Stadt.

J. H.: Ich sehe das anders als eine schöne Stadt.

Vorsitzender: Wir haben gehört, daß Sie sich schon in der Schule mit dem Problem Kriegsdienstverweigerung beschäftigt haben.

J. H.: Ich habe mich damit schon beschäftigt, aber ich habe nicht viel darüber in der Schule geredet.

Vorsitzender: Wie stehen sie denn dazu, die Schüler?

J. H.: Ich weiß nur von einem, der sich dagegenstellt.

Vorsitzender: Was hat Sie veranlaßt, sich mit den beiden Herren schon vor Jahren über das Problem zu unterhalten? Ich habe gelesen, daß Sie z. B. die Bilder im Fernsehen, die man ja heute jeden Abend zu sehen bekommt, besonders angeregt haben.

J. H.: Ja, sehr.

Vorsitzender: Wollen Sie nun schildern, wie Sie zu dem Gedanken gekommen sind?

J. H.: Wie die verstümmelten Menschen daliegen, wie Menschen gezwungen sind zu flüchten, die Dörfer zu verlassen. Ich sehe den Widerspruch, daß man den Leuten klarzumachen versucht, was ein Befehl ist, und dann einzelne rausgreift und gewisse Taten in den Vordergrund stellt, sie dafür verantwortlich macht, obwohl die Bomberpiloten genau dasselbe tun. Aber die verdrängen das oder sie wissen gar nicht, was sie tun.

Vorsitzender: Wenn Sie Bombenfälle anführen, also Sie wissen, daß eine Reihe von Bombenflugzeugen eine Stadt anfliegen. Das hat es ja im Krieg jede Nacht gegeben. Und Sie haben die Gelegenheit, so ein Flugzeug abzuschießen. Da können Sie also verhindern, daß viele Menschen umkommen.

J. H.: Ich würde als Soldat, habe ich mir selber gesagt, daß ich erst gezwungenermaßen an die Flak gebracht werden müßte. Ich würde durchaus bereit sein, entgegen den Befehlen zu handeln, auch wenn mir höhere Freiheitsstrafen drohen.

Vorsitzender: Nehmen wir nun ein Flugzeug. Sie können das abschießen . . .

J. H.: Ich rechne nicht damit, daß ich ein Flugzeug abschieße, sondern acht Menschen vielleicht, die gar nicht wissen, was sie tun.

Vorsitzender: Bomberpiloten wissen das schon; daß da Unfug passiert, werden die schon wissen. Acht erschießen, um tausend zu retten. Und Sie gehören auch zu den tausend!

J. H.: Ich kann da keine Zahlen aufrechnen.

Vorsitzender: Sie kennen die Geschichte vom 20. Juli. Also das ist jetzt natürlich Theorie. Graf Stauffenberg hat recht gehandelt, bzw. die ganze Gruppe. Es drehte sich darum, einen Menschen zu beseitigen, um Millionen zu retten. Hat er recht gehandelt, hätten Sie das auch gemacht?

J. H.: Ich glaube, das ist sicher, daß das keine leichtfertigen Männer waren. Aber ihre Entscheidung haben sie dennoch für sich sehr persönlich gefällt.

Vorsitzender: Nun, wenn Sie Gelegenheit gehabt hätten, hätten Sie da mitgemacht? Eine Bombe hätte da ja mehr Menschen zerstört. Würden Sie da mitmachen?

J. H.: Ich glaube nicht, daß ich da mein Verhalten endgültig festlegen kann, das kann ich einfach nicht.

Vorsitzender: Oder nehmen wir mal Wilhelm Tell, etwas Ähnliches. Eine Führerfigur soll beseitigt werden, damit es der Menschheit bessergeht.

J. H.: Wenn ich überzeugt wäre, daß ich den Krieg damit beendet hätte, hätte ich vielleicht...

Vorsitzender: Also soviel ist sicher. Die letzten drei Jahre wären anders verlaufen, wenn das Attentat gelungen wäre. Also Sie meinen, wenn es gewisse Erfolgsaussicht gehabt hätte, dann würden Sie es unternehmen?

J. H.: Ja, vielleicht.

Vorsitzender: Einen weiteren Fall, der immer gefragt wird: Warschauer Getto. 1943 wurde es durch SS-Truppen gestürmt. Das war also innerhalb Warschaus ein abgeriegeltes Stadtviertel, zugemauert. Juden und deutsche Deserteure. Da waren natürlich viele Waffen vorhanden. Da wird also das Getto eines Tages angegriffen. Juden sollen ins KZ und die deutschen Soldaten vors Kriegsgericht. Und die haben sich drin gewehrt. Hätten Sie nun an dem Widerstand teilgenommen oder nicht?

J. H.: Sobald es organisiert wird, wenn also der ganze aufgestaute Haß gegen alles, was eine braune oder schwarze Uniform trägt, geht, hätte ich nicht mitmachen können. Aber wenn jeden Tag ein liebgewordener Mensch abgeholt wird, dann könnte ich nicht ausschließen, daß ich zur Waffe gegriffen hätte. Aber ich sehe das Problem so, daß es einzelne gewesen sind, die ich als Verbrecher gesehen hätte. Auch von den deutschen Soldaten gab es viele, die gegen ihren Befehl den Juden geholfen haben.

Vorsitzender: Das ist etwas theoretisch. Wenn man sich in der Situation befindet, es ist eine andere Situation, wenn man drin steht. Aber sie hätten, wenn ich Sie richtig verstehe...

J. H.: In organisierter Form hätte ich nicht mitgemacht, weil das heißt, daß auf alles geschossen wird, daß man auf die völlige Vernichtung des Gegners aus ist...

Vorsitzender: Sie müssen sich das so vorstellen. Sie sind da drin, die SA und die SS kämmt alles durch. Der sichere Tod steht allen Insassen vor Augen. Da haben sie sich gewehrt und wollten sich nicht totschießen lassen. Hätten Sie da mitgemacht?

J. H.: Ich hätte mich bereit erklärt, für nichtmilitärische Aufgaben eingesetzt zu werden.

Vorsitzender: Ja, wissen Sie, das ist halt Theorie. Wenn es Straßenkämpfe gibt, die schießen auf die angreifende SS. Sie müssen sich entscheiden. Nehmen Sie an diesem Widerstand teil?

Pause

Schwierig, aber irgendeine Antwort müssen Sie uns schon geben.

J. H.: Ich glaube nicht.

Vorsitzender: Sie hätten sich überrollen lassen, gefangennehmen lassen. Das Schicksal hätte seinen Lauf genommen... na ja... Haben Sie schon einmal geschossen, z. B. auf dem Rummelplatz?

J. H.: Einmal, kann ich mich erinnern.

Vorsitzender: Also, das tun Sie schon. Gehören Sie einer Organisation an? Sind die Studenten, die im Klub arbeiten, sind das auch Kriegsdienstverweigerer? Wird da überhaupt so ein Problem besprochen? Besprechen Sie das mit denen auch?

J. H.: Wenig, wir haben mit unserer Arbeit sehr viel zu tun.

Vorsitzender: Ich meine mit den Jugendlichen, den gefährdeten.

J. H.: Solange arbeiten wir noch nicht zusammen.

Richter: Ihre Eltern sind Heimatvertriebene. Aus welcher Gegend?

J. H.: Aus Schietzau heißt das Dorf.

Richter: Haben Ihre Eltern Ihnen irgend etwas erzählt, wie es vor 1945 zuging, oder ist Ihnen das nie erzählt worden? Von Ihrem Vater zum Beispiel?

J. H.: Ja, der war Soldat in Jugoslawien.

Richter: Bei der Partisanenbekämpfung?

J. H.: Doch, er hat erzählt von Partisanen.

Richter: Hat Ihre Mutter erzählt, wie es nach dem Krieg ausgesehen hat?

J. H.: Von der Flucht hat sie erzählt.

Richter: Wann war das? 1944 oder 1945?

J. H.: Das weiß ich nicht genau.

Richter: Ist Ihre Mutter direkt nach Deutschland gekommen?

J. H.: Ja, nach Baden.

Richter: Hat Ihre Mutter Haß zurückbehalten, die die Flucht verursacht hat, oder war das eine organisierte Fluchtvertreibung?

J. H.: Ich kann mich erinnern, daß sie mit Wagen geflüchtet sind, daß sie sich haben verstecken müssen, daß Soldaten . . .

Richter: Russische Soldaten?

Haben Sie sich Gedanken gemacht, wie man sich hätte verhalten sollen als deutscher Soldat? Da war ja alles mögliche passiert. Hat da vielleicht die Mutter gesagt, wären da nur deutsche Soldaten da? Hat Ihre Mutter was darüber gesprochen, daß Sie sich hineinversetzt hätten? Können Sie das gedanklich nachvollziehen, wie man so schön sagt, oder nicht? Sie haben ja damals noch nicht gelebt. Wenn da ein Dorf überfallen wird, da passiert ja einiges. Ist das irgendwie von Ihnen gedanklich nachvollzogen? Das wäre ja verständlich.

J. H.: Ich habe immer zwei Seiten gehabt, Mutter und Vater, die von ihren Erlebnissen erzählten. Wenn mein Vater erzählte, dann hatte das immer so einen Reisecharakter. Ich hatte da immer den Eindruck, daß das Grausame richtig verdrängt worden ist, daß man jetzt nur noch sieht, man war in der oder der Stadt.

Richter: Das war die eine Seite. Und die andere, wo Ihre Mutter reinverwickelt war? Denkt Ihre Mutter an die Ereignisse nicht vielleicht mit Haß zurück?

J. H.: Ich glaube nicht, daß sie Haßgefühle entwickelt hat, daß meine Mutter eher mit Angst daran zurückdenkt. Mit Haß glaube ich nicht.

Richter: Ihre Mutter hat nicht mitgemacht, was man sonst so weiß . . .?

J. H.: ?

Richter: Herr H., Sie haben da ja Jugendliche aus der Backofensiedlung, nehme ich an, oder Jugendliche, die im Stil und Milieu denen ähnlich sind, da wo Ihre Leute arbeiten. Haben Sie da mit Ihrer Jugendgruppe vielleicht den amerikanischen Film » . . .« gesehen, in dem geht es nämlich um diese Probleme . . .

J. H.: Nein, den habe ich nicht gesehen.

Richter: Den haben Sie nicht gesehen. Wurde in Ihrer Schulzeit darüber gesprochen? Das Wort Humanismus taucht in dem Brief auf (H.), der hätte Sie zu Ihren Überlegungen geführt. Könnten Sie da bitte Näheres aussagen, daß Sie dadurch angeregt wurden, philosophische Schriften zu lesen? Wenn Sie das bitte näher beleuchten würden, aus welchen philosophischen Schriften Sie Ihre Entscheidung herausgenommen haben?

J. H.: Ich habe ausgeführt, daß ich festgestellt hatte, daß für mein Problem die Philosophie nicht soviel ausmacht.

Richter: Deshalb wundert es mich, daß es da so steht.

J. H.: Das hat er so aus sich heraus geschrieben.

Richter: Das sollte kein Vorwurf sein. Und die Berichterstattung über Vietnam . . .?

J. H.: Das hat mich mehr beeinflußt, daß ich verweigern muß.

Richter: Haben Ihre Brüder auch verweigert?

J. H.: Die kamen gar nicht dran. Einer war ein weißer Jahrgang und der andere wurde gleich von Anfang an zurückgestellt.

Richter: Weißer Jahrgang? (blättert in der Akte)

J. H.: Die sind ja beide viel älter als ich.

Richter: So, der ist nicht mehr drangekommen. Haben sich denn die beiden Brüder Gedanken gemacht über die Frage der Verweigerung?

J. H.: Ich habe gesagt, daß ich verweigern würde, aber von ihrer Seite kam kein Anstoß.

Richter: Noch ein paar praktische Fragen mehr. Sie haben ja aus den eidesstattlichen Versicherungen entnommen, aus der des katholischen Religionslehrers überhaupt, daß Sie da in manchem im Widerspruch standen mit der offiziellen Kirche. Was sagen Sie nun zu der Entwicklung in Südamerika, der katholischen Kirche und bürgerkriegsähnlichen Zuständen?

J. H.: Ich glaube, daß diese Linie in Südamerika neu ist, daß Priester sich ganz engagiert haben; daß das vielleicht doch aus echteren, doch überzeugenderen Motiven kommt, als bei uns von der Kanzel. Daß ich diese Linie verstehen würde, aber nicht insoweit: »Die Gutsbesitzer müssen alle erschossen werden, dann erst kann man den Armen Land zuteilen.«

Richter: Aber da gibt es ein breites Spektrum von Gewalt, die Gewalt der Kidnapper. Das betrifft nicht die Gutsbesitzer. Was halten Sie davon, von den Tupamaros? Wenn die einen Diplomaten einsperren, um einen Kollegen dafür frei zu bekommen. Was halten Sie davon? Was halten Sie von einem solchen Aufständischen?

J. H.: Daß das mit einem Unschuldigen nichts zu tun hat.

Richter: Also grundsätzlich ja? Nicht daß Sie vielleicht sagen, ich würde mir überlegen, ob der Diplomat vielleicht gesundheitlich gefährdet ist, sondern grundsätzlich?

J. H.: Ja.

Richter: In Litauen, lange nach dem Krieg, sollte Litauen ein sowjet-russischer Staat werden. Die Litauen haben sich dagegen gewehrt. Was halten Sie davon? Die sind in die Wälder gegangen und haben sich gewehrt. Können Sie das gedanklich nachvollziehen?

J. H.: Ich habe in meinem Antrag ...

Richter: Es geht jetzt konkret: Sie müssen hier was sagen, obwohl es sehr schwierig ist, das nachzuvollziehen. Aber Sie müssen schon was sagen. Hätten Sie sich auch so verhalten?

J. H.: Nein, meiner Veranlagung nach kann ich mir das nicht vorstellen.

Richter: Ein anderes Beispiel: Polen. Es ist ja bekannt, daß die Amtskirche dort im Volk angesehen ist und in letzter Zeit ist das eine Krisenstätte, die Unruhen verursacht. Nicht, daß man einfach nur Sachen umgeworfen hat. Darum geht es nicht. Wie stellen Sie sich dazu, wenn bei diesen Unruhen auch geschossen wird?

J. H.: Ich glaube, daß ein Streik berechtigt ist. Wenn es so weit geht, daß ein Parteibüro beschädigt wird, ist das ein Unterschied, als wenn ich jemanden erschieße.

Richter: Aber wo ist da die Grenze?

J. H.: Natürlich würde ich einen Streik mitmachen.

Richter: Das habe ich schon gesehen. Aber auch die Besetzung eines Parteibüros und die Grenze der Gewalt ist dann wo?

J. H.: Da fängt es an, das ist klar.

Richter: Wir müssen noch etwas durchsprechen, obwohl das immer sehr schwierig ist, weil es gleitende Linien gibt, daß wir vielleicht eine andere Situation entwickeln. 1940 wollte Stalin die drei baltischen Staaten vereinnahmen und er hat das auch getan. Bei einem Staat ist ihm das nicht gelungen. Also Finnland hat sich zur Wehr gesetzt – 1939/40. Was halten Sie davon?

J. H.: Für mich ist entscheidend, was der Krieg bedeutet für den Menschen. Daß der Krieg eine eigene Dynamik entwickelt, und daß ich jetzt nur auf einem gewaltlosen Standpunkt stehe.

Richter: Wir müssen zurückdenken. Damals war die Waffentechnik nicht so ausgebildet wie heute.

J. H.: Ich bin für den gewaltlosen Widerstand. Das bedeutet nicht, daß der gewaltlose Widerstand schon zum Erfolg führen muß, aber daß eine ständige geistige Auseinandersetzung mit einer Besatzungsmacht schon zum Erfolg führen kann.

Richter: Wir haben vielleicht noch eine Sache zu vergleichen. Die Situation Ungarn 1956 und die Tschechoslowakei 1968. Da ist auffällig, ein starker Impetus von der nationalen Kirche, daß auch Gläubige geglaubt haben, aufzuziehen gegen ein politisches System.

J. H.: Gerade bei den beiden Beispielen spricht sogar die Tschechoslowakei für meine Seite, weil sie von meiner Überzeugung ausgegangen ist; passiver Widerstand. Ich sehe die Situation, die meine Auffassung bestätigt, obwohl ich ja deshalb als Idealist gelte. Ich finde es an der Zeit, es wäre die Aufgabe der Kirche, der katholischen Kirche, daß sie eine offizielle Stellungnahme abgibt zum Problem der Verweigerung.

Richter: Sie halten die Meinung der Kirchen in den letzten 2000 Jahren für unzureichend?

J. H.: Ja.

Vorsitzender: Wie steht denn Ihr Vater zum Antrag der Kriegsdienstverweigerung?

J. H.: Er hätte es vielleicht lieber gesehen, wenn ich den Dienst abgeleistet hätte, weil er sich um meine Zukunft Sorgen macht, daß mir da Benachteiligungen entstehen. Ich habe mit meinen Eltern nicht viel darüber gesprochen. Ich habe ihnen Schriftstücke gegeben. Der Staat ist für sie Selbstzweck. Da ist es eben die Pflicht eines Staatsbürgers ... Für mich ist der Staat eben nur ein Begriff für gewisse Institutionen. Da steht auf der einen Seite die Wehrpflicht, auf der anderen das Grundgesetz. Ich sehe eben, daß ich meine Pflichten durchaus erfülle, Mitmenschen gegenüber, und zwar innerhalb meiner Gewissensentscheidung.

Richter: Ihre Eltern würden also lieber sehen ...

J. H.: Ja, aus ihrem Pflichtgefühl heraus.

Richter: Überwiegend aus Pflichtgefühl sollten Sie ihn leisten.

J. H.: Ich habe nicht viel mit ihnen darüber gesprochen, weil ich glaubte, damit selbst fertig werden zu können. Mein Vater arbeitet sehr hart, zehn Stunden; dann ist er abends müde, daß wir dann nicht mehr so viel besprechen können.

Richter: Vorhin haben Sie das Wort Ersatzdienst gebraucht. Würden Sie ihn leisten und wie stellen Sie sich das vor?

J. H.: Ich habe mir überlegt, ob ich mich speziell in eine besonders schwierige Anstalt schicken lasse, damit ich die besonders schwierigen Fälle kennenlerne, nach Stetten oder so. Einfach mal Seiten kennenzulernen, die ganz abseits liegen.

Vorsitzender: Studieren Sie kein anderes Fach als Psychologie?

J. H.: Nein, nur Psychologie.

Vorsitzender: Wir haben jetzt sehr viele. Alle, die jetzt so hierher kommen, studieren jetzt Psychologie. Das ist ja richtig ... Da wird es ja auch eines Tages einen Überlauf geben ... Was ist denn Ihr Berufsziel?

J. H.: Kinderpsychologe oder in einer Jugendanstalt als Psychologe.

Vertreter der Bundeswehr: Sie haben vor der vorherigen Prüfungskammer ausgeführt, daß Sie die Tat von Stauffenberg für gerechtfertigt halten, einen Tyrannen zu töten. Sie haben aber im Falle »Warschauer Getto« diesen Leuten es nicht zugebilligt, daß sie sich verteidigt haben, den nackten Tod vor Augen.

J. H.: Ich kann das nicht endgültig sagen. Ich empfinde das gerade als Gewissenszwang, hier eine Antwort zu geben.

Rechtsbeistand: In Ihrem Verhältnis zu Ihren Eltern, gab es da Auseinandersetzungen, wurde geschimpft, gab es Krach?

J. H.: Ja, Auseinandersetzungen, weil ich langsam versuchte, meinen Eltern meinen Standpunkt klarzumachen.

Rechtsbeistand: Gab es einen Punkt, oder auch für die Zukunft, wo Sie ganz mit Ihren Eltern brechen konnten oder können? Oder gab es eine Erschütterung, daß Sie dachten:»Die lieben mich nicht mehr?«

J. H.: Die Phase der Pubertät habe ich oft als große Belastung empfunden. Und da vor allem mit meiner Mutter. Ihre ängstliche Einstellung zu meinen Handlungen, aber ich kann nicht sagen, daß ich in besonders starkem Widerspruch zu meinen Eltern stehe, wenn man die Problemphasen mal ausnimmt.

18.2. Urteil

Verwaltungsgericht Stuttgart
VRS IV/3/71

Im Namen des Volkes!

Urteil

In der Verwaltungsrechtssache des Studenten J. R. H., 7000 Stuttgart
vertreten durch Rechtsanwalt U. C., 7000 Stuttgart, Kläger
gegen die Bundesrepublik Deutschland – Kreiswehrersatzamt Stuttgart –,

Beklagte

vertreten durch den Präsidenten der Wehrbereichsverwaltung V,
7000 Stuttgart, Rotebühlstraße 40,
wegen Anerkennung als Kriegsdienstverweigerer
hat die 4. Kammer des Verwaltungsgerichts Stuttgart auf Grund der
mündlichen Verhandlung vom 11. März 1971, am 11. März 1971
unter Mitwirkung des Vorsitzenden: VG-Direktor Dr. H.
der Richter: VG-Rat Dr. T., Ger.-Ass. T.,
der ehrenamtlichen Verwaltungsrichter: P. R., Dr. Ch. R.
für Recht erkannt:

Der Bescheid des Prüfungsausschusses 1 für Kriegsdienstverweigerer
beim Kreiswehrersatzamt Stuttgart vom 10. 2. 1970 und die
Widerspruchsentscheidung der Prüfungskammer 1 für Kriegsdienstverweigerer bei der Wehrbereichsverwaltung V vom 27. 11. 1970
werden aufgehoben.
Es wird festgestellt, daß der Kläger berechtigt ist, den Kriegsdienst
mit der Waffe zu verweigern.

Die Kosten des Verfahrens werden der Beklagten auferlegt.
Das Urteil ist wegen der Kosten vorläufig vollstreckbar.
Die Revision wird nicht zugelassen.
Für diese Entscheidung wird eine Gerichtsgebühr von DM 150, –
festgesetzt, in der die Auslagen für die Zeugen nicht enthalten sind.

Tatbestand:

Der Kläger begehrt die Feststellung seiner Berechtigung, den Kriegsdienst
mit der Waffe zu verweigern.
Der Kläger hat nun das 22. Lebensjahr vollendet. Er studiert Psychologie.
Er ist der Sohn eines Schreiners bei der Firma . . ., der dort nun im Versand
beschäftigt ist. Sein Vater ist in der CDU aktiv tätig. Der Kläger besuchte
bis 1966 die Schulen in Rottenburg/Neckar. Dann kam er nach Stuttgart in das
Eberhard-Ludwigs-Gymnasium, wo er im Sommer 1970 das Abitur ablegte.
Der Kläger wurde am 16. 1. 1968 tauglich gemustert.
Er stellte am 8. 9. 1969 mit Schriftsatz vom 3. 9. 1969 den Antrag auf
Anerkennung als Kriegsdienstverweigerer.
Zur Begründung führte der Kläger aus:
Um die Zeit seiner Musterung habe er noch nicht die Kraft gehabt, vor dem
Prüfungsausschuß zu erscheinen. Im Jahr seit der Musterung seien auf ihn
sehr viele Belastungen zugekommen. Das Hinhalten des Antrages beruhe auch
darauf, daß er durch den Abiturtermin (1970) zwei Jahre seit der Musterung
vor sich gehabt habe, in der er eine Art Bewährung ablegen habe können.
Er glaube nun ehrlich vor den Ausschuß treten zu können.
Er möge für einen Illusionisten gehalten werden. Das ändere aber nichts an
seiner Gewißheit, aus einer Gewissensentscheidung heraus zu verweigern.
In der Sitzung des Prüfungsausschusses 1 für Kriegsdienstverweigerer beim
Kreiswehrersatzamt Stuttgart vom 4. 2. 1970 wurde der Kläger angehört.
Er führte aus:
Ausschlaggebend für den Entschluß zur Antragstellung seien die im Fernsehen
gebrachten Bilder über die verschiedenen Kriegsschauplätze gewesen. Ein
Soldat habe in einer Krisensituation nicht mehr die Möglichkeit seinen
Einfluß in einem bestimmten Sinne geltend zu machen. Keine Institution sei
so wertvoll, daß dafür Menschenleben eingesetzt werden könnten.
Er sehe seine Aufgabe in der Ableistung des Ersatzdienstes.
Mit am 13. 2. 1970 zugestellten Bescheid vom 10. 2. 1970 lehnte der
Prüfungsausschuß den Antrag des Klägers ab.
Er führte aus:
Der Kläger habe keine Gewissensentscheidung getroffen. Vielmehr verweigere
er aus rein verstandesmäßigem (im weiteren Sinne: politischen) Gründen
die Ableistung des Wehrdienstes.
Beim Kläger stehe auch nicht die Frage im Vordergrund, ob er gegebenenfalls
töten müsse. Ihn bewegten vielmehr Zweckmäßigkeitsüberlegungen. Der
Kläger habe sich auch nicht verantwortlich die Frage vorgelegt, welche
Konsequenzen der Verzicht auf Gegenwehr habe.
Am 25. 2. 1970 erhob der Kläger Widerspruch.
Er begründete ihn wie folgt:
Der Ausschuß habe fälschlich versucht, Gewissens- und Willensentscheidung zu
trennen. Tatsächlich habe die Vernunft seine Entscheidung in hohem Maße
bestimmt. Die Prüfungskriterien der Gremien seien insofern nicht ganz

ehrlich, als in den Verhandlungen rational gesprochen werde, dann aber eben
diese rationalen Erwägungen zum Anlaß von Ablehnungen genommen würden.
Er beharre darauf, daß er trotz seiner rationalen Überlegungen eine
bindende Gewissensentscheidung getroffen habe. Unkonsequent sei übrigens eher
die Denkweise der Beamten der Bundeswehrverwaltung und nicht seine eigene.
Die vom Kläger benannten Beweispersonen (u. a. ein kath. Vikar) wurden
von der Prüfungskammer 1 für Kriegsdienstverweigerer bei der
Wehrbereichsverwaltung V angeschrieben, worauf sie sich schriftlich äußerten.
Am 23. 11. 1970 verhandelte die Prüfungskammer über den Antrag des Klägers.
Der Kläger wurde angehört, wobei ihm auch verschiedene Konfliktsituationen
vorgehalten wurden.
Mit am 3. 12. 1970 zugestellter Entscheidung vom 27. 11. 1970 wurde der
Widerspruch des Klägers zurückgewiesen.
Die Prüfungskammer führt aus:
Der Kläger habe sich nicht eingehend mit der Problematik auseinandergesetzt.
Seine Antworten würden diesen Schluß zulassen. Die Auseinandersetzung
des Klägers mit der Problematik sei geradezu oberflächlich. Der Kläger
habe offenbar gar nicht die Absicht gehabt, seine innere Überzeugung
zu offenbaren.
Am 4. 1. 1971 hat der Kläger Klage erhoben.
Er führte zur Begründung aus:
Schon der Ausschuß hätte ihn anerkennen müssen. Eine seinem Vorbringen
entsprechende Sachaufklärung habe gefehlt. Die Aussagen der
Beweispersonen seien nicht richtig berücksichtigt.
Die ihm gestellten Fragen seien zum Teil Fangfragen gewesen. Aber seine
Einlassungen auf die gestellten Fragen seien gar nicht immer verstanden worden.
Er vertrete die Auffassung, daß schon wegen der Verfahrensmängel der
auf Anerkennung gerichteten Klage Erfolg beschieden sein müsse.
Vor der Verhandlung hat der Kläger noch eine weitere Begründung vorgelegt.
Der Kläger stellt nun die folgenden Anträge:
1. Der Bescheid des Prüfungsausschusses 1 für Kriegsdienstverweigerer beim
   Kreiswehrersatzamt Stuttgart vom 10. 2. 1970 und die Widerspruchs-
   entscheidung der Prüfungskammer 1 für Kriegsdienstverweigerer bei der
   Wehrbereichsverwaltung V vom 27. 11. 1970 werden aufgehoben.
2. Es wird festgestellt, daß der Kläger berechtigt ist, den Kriegsdienst mit
   der Waffe zu verweigern.
Die Beklagte beantragt

Klageabweisung.

Sie nimmt auf die Entscheidungen der Prüfungsgremien Bezug.
Die einschlägigen Akten der Prüfungsgremien lagen dem Gericht vor.
In der mündlichen Verhandlung wurden die Eltern des Klägers als Zeugen
vernommen. Wegen ihrer Aussage wird auf die hierüber gefertigte Niederschrift
Bezug genommen.
Der letzte Klassenlehrer des Klägers und der letzte Religionslehrer des
Klägers haben dem Gericht auf entsprechende Anordnungen dienstliche
Äußerungen überreicht, die in der Verhandlung im wesentlichen verlesen
wurden.
Die bei der Prüfungskammer angeschriebenen Beweispersonen haben die
Richtigkeit der dort gegebenen Mitteilungen dem Gericht eidesstattlich

versichert. Ihre Äußerungen wurden in der Verhandlung verlesen.
Der Kläger wurde in der Verhandlung als Partei vernommen (vgl. den hierüber
gefaßten Beschluß in der Sitzungsniederschrift).
Er gab im wesentlichen folgendes an:
Er habe nun das erste Semester eines Psychologie-Studiums hinter sich
gebracht. Er arbeite zur Zeit in einem Tübinger Jugendklub, dem zum Teil
milieugeschädigte Kinder und Jugendliche angehörten. Ein Fünfergremium,
dem er auch angehöre, habe die Leitung des Klubs inne. Gegen die bei
den Jugendlichen bestehenden Aggressionen werde hilfreich vorgegangen.
Zur Abwehr einer Aggression könne er auf keinen Fall jemand ins Gesicht
schlagen. Mit einem eventuellen Angreifer würde er zunächst sprechen.
Das Böse dürfte nicht von Anfang an im Menschen liegen. Doch sei dem
Menschen die Erhaltung der Triebe vorgegeben. Ein Aggressionstrieb bestehe
nach seiner Auffassung nicht von Natur aus.
A. V.: Zwei sich streitende Jugendliche versuche er auseinanderzubringen,
aber nicht mit Gewalt.
A. V.: Die Notwehr bejahe er grundsätzlich.
A. V.: Er bejahe auch die Leistung von Nothilfe. Dabei könne er sich die
Verwendung eines Stockes vorstellen.
A. V.: Er sei zum 1. 4. 1971 einberufen worden.
A. V.: Seines Wissens habe nur noch ein Klassenkamerad verweigert.
A. V.: Beeindruckt sei er vornehmlich durch Bilder aus Vietnam worden.
A. V.: des Bomberfalles: Hier würde er im Ernstfall gar an eine Befehls-
verweigerung denken. Er sehe nicht die zu Rettenden allein, sondern auch
die Vernichtung der Insassen des Flugzeugs.
A. V. des 20. 7. 1944: Die Täter seien keine leichtfertigen Männer gewesen.
Es sei deren höchstpersönliche Entscheidung gewesen. Sein eigenes Verhalten
in der Situation könne er nicht festlegen. Mitgemacht hätte er dann,
wenn er gewußt hätte, daß dann der Krieg beendet gewesen wäre.
A. V. des Warschauer Gettos: Er könne denken, daß er zur Waffe gegriffen
wenn er einzelne verteidigt hätte, bzw. einzelne deutsche Soldaten als
Angreifer identifiziert hätte. An einer organisierten Abwehr hätte er nicht
teilgenommen.
A. F.: Er habe bisher nur einmal geschossen, und zwar auf dem Cannstatter
Wasen mit dem Luftgewehr.
A. F.: Einer Organisation gehöre er nicht an.
A. F.: Seine Mutter sei Deutsche aus der Slowakei. Sie sei 1944/1945
geflüchtet. Sein Vater sei damals bei der Wehrmacht gewesen. Mit seiner
Mutter seien seine beiden älteren Brüder geflüchtet.
Nach den Erzählungen seiner Mutter habe diese bei der Flucht Angst
empfunden, aber nicht Haß.
A. V. der Aussage des einen Freundes: Der Humanismus seiner Bildung habe
nicht viel zur Verweigerung beigetragen.
A. V. Seine beiden Brüder hätten nicht gedient.
A. V. der Situation der Tupamaros: Positiv sei der Einsatz der katholischen
Priester für die Gläubigen zu bewerten. Nicht richtig sei das Erschießen
von Gutsbesitzern. Er sei auch gegen das Kidnapping. Dies gelte generell.
A. V. der Situation Litauens in den fünfziger Jahren: Er könne sich nicht
vorstellen, daß er an einer Partisanenbewegung teilgenommen hätte,
selbst wenn sie der Verteidigung der Kirche hätte dienen sollen.

A. V. der Situation Polens im Spätjahr 1970: Für den dortigen Streik sei er, wohl auch für die Maßnahmen gegen Objekte der Partei. Gewalt gegen Personen lehne er grundsätzlich ab.

A. V. der Situation Finnlands 1939/1940: Hier wäre er für bloßen gewaltlosen Widerstand gewesen.

A. V. der Situation Ungarns 1956 und der CSSR 1968: Auch hier sei er für den gewaltlosen Widerstand. Soweit die Kirche in Ungarn 1956 an den Abwehrmaßnahmen beteiligt gewesen sei, sei daran zu erinnern, daß die Haltung der Amtskirche zur Gewaltanwendung nicht immer überzeugend gewesen sei.

A. F.: Sein Vater sei gegen die Verweigerung.

Er sorge sich auch um seine (des Klägers) Zukunft. Die Eltern sähen den Staat als Selbstzweck. Er halte ihn nicht für ein höheres Wesen. Er sehe in der Verweigerung auch Dienst an der Gemeinschaft.

A. F.: Er könne sich seinen Ersatzdienst als Dienst in einer schwierigen Anstalt vorstellen.

A. F.: Er gehe sonntags zur Kirche. Die Predigten behandelten dort nach seiner Auffassung scholastische Fragen. An den Problemen des Menschen der modernen Zeit gingen sie oft vorbei.

A. V.: Krach gebe es gelegentlich im Elternhaus. Er sei jetzt in einer produktiven Phase, was das Verhältnis zum Elternhaus anlange. Einen Abscheu vor den Eltern habe er nicht.

A. F.: In Rottenburg sei er in der Vorstufe zum bischöflichen Konvikt gewesen.

Entscheidungsgründe:

I. Die Klage ist zulässig und begründet.

1. Wegen der im Anerkennungsverfahren zu beachtenden Prüfungskriterien ist auf das rechtskräftige Urteil des Verwaltungsgerichts Stuttgart vom 22. 10. 1970 – IV/224/70 – Bezug zu nehmen, in dem die erforderlichen Nachweise aus der Rechtsprechung des BVerfG und des BVerwG gebracht sind.

2. Hiernach führt die Prüfung der allgemeinen Glaubwürdigkeit eines Klägers noch zu keinen zwingenden Schlüssen bezüglich der Glaubwürdigkeit seiner behaupteten Gewissensentscheidung. Doch ist die Prüfung der allgemeinen Glaubwürdigkeit eines Klägers dennoch nicht belanglos, liefert sie doch wertvolle Beweisanzeichen für die Prüfung der Ernsthaftigkeit der behaupteten Gewissensentscheidung. Nach der Auffassung des Gerichts ist der Kläger ein durchaus glaubwürdiger junger Mensch. Dies ergibt sich vornehmlich aus der Vernehmung des Klägers in der mündlichen Verhandlung. Aber auch die vom Gericht eingeholten Beweise sprechen sämtlich in diese Richtung. Besonders beachtlich sind in diesem Zusammenhang die beiden dienstlichen Äußerungen des ehemaligen Klassenlehrers des Klägers, der diesen offenbar zwei Jahre betreute, und des Religionslehrers, der den Kläger ebenfalls aus längjähriger Erfahrung schilderte.

Auch die Bekundungen der als Zeugen vernommenen Eltern des Klägers sprechen durchaus für die allgemeine Glaubwürdigkeit des Klägers.

3. Daß der Kläger mit der von ihm behaupteten Gewissensentscheidung objektiv den Tatbestand der anerkennenswerten Verweigerung erfüllt, hat bereits die Prüfungskammer angenommen. Auch das Gericht hat keinen Zweifel daran, daß der Kläger objektiv die einschlägigen Kriterien erfüllt.

4. Das Gericht ist aber – im Gegensatz zur Prüfungskammer – auch der
Auffassung, daß der Kläger subjektiv zu Recht verweigert, daß er also aus
einer ihn bindenden Gewissensentscheidung heraus verweigert, deren
Mißachtung ihn schädigen würde:

a) Die Prüfungskammer hat beim Kläger die ernsthafte Auseinandersetzung
mit den anstehenden Problemen der Verweigerung vermißt. Sie hat dem
Kläger eine oberflächliche Denkweise vorgehalten.

b) Die Prüfungskammer ist mit ihrer Bewertung nicht der Persönlichkeit
des Klägers gerecht geworden, wie sie sich – zum Teil allerdings erst
auf Grund der in der mündlichen Verhandlung erhobenen Beweise –
dem Gericht darbot:

aa) Der Kläger ist das Kind aus einem insofern einfachen Elternhaus, als
Bildungsstand der Eltern offenbar geringer ist als der von ihm erlangte.
Hieraus resultieren auch die freilich etwas lieblos klingenden Betrachtungen
des Klägers über sein Verhältnis zu den Eltern, die er vor den Prüfungsgremien brachte, die er nun aber ins richtige Licht gerückt hat.

bb) In der Ausbildung des Klägers trat insofern ein gewisser Bruch ein,
als er anscheinend von den Eltern für den Beruf des katholischen Priesters
vorherbestimmt war, er sich aber dieser Ausbildung, die in Rottenburg
schon internatsmäßig durchgeführt worden war, entzog und dann in Stuttgart
seine Schulausbildung an einen öffentlichen Gymnasium fortsetzte.

cc) Vor diesem Hintergrund erscheinen nun die Bekundungen der beiden
ehemaligen Lehrer des Klägers beachtlich. Der Kläger ist nicht der Typ
des angepaßten Schülers, wie der Klassenlehrer bekundete. Er wird als
kritischer Denker geschildert (vgl. die Bekundung des Religionslehrers), dem
es freilich an rhetorischen Fähigkeiten mangele (vgl. die Bekundung des
Klassenlehrers).

dd) Hiernach erscheinen die zunächst vielleicht in der Tat etwas unaus-
gegoren erscheinenden Aussagen des Klägers, die die Prüfungskammer
geißelte, doch in einem anderen Licht: Ein in sich geschlossenes Weltbild
stand dem Kläger und steht dem Kläger gerade für die hier einschlägigen
Fragen nicht zur Verfügung. Er hat sich aber bemüht, auf die ihm
vorgehaltenen Konfliktsituationen Antworten zu geben und nicht
auszuweichen. Daß er hierbei aus taktischen Gründen gehandelt habe,
wie die Prüfungskammer andeutet, kann nicht akzeptiert werden. Die in
der Entscheidung der Prüfungskammer etwas durchklingende Annahme, es
gebe schlechthin falsche und richtige Antworten, erscheint als nicht
zutreffend. Das Gericht kann aus den Antworten auf die extremste
Positionen kennzeichnende Konfliktsituationen nur gewisse Schlußfolgerungen ziehen, die aber *immer* im Auge behalten müssen, daß die Situationen
so unendlich schwer vorstellbar sind. Vor allem kann dem Kläger nicht
angelastet werden, daß er zu seinen Antworten oft erst nach längerem
Überlegen kam. Es gibt hier keine – das Gericht hat dies schon öfters
ausgeführt – beliebig (je nach dem eingenommenen Standpunkt)
abrufbaren Antworten. Immer muß auch die Tatsache bedacht werden, daß
die vorzustellende Situation fast jede Vorstellungskraft sprengt.

ee) Jedenfalls die in der Vernehmung vor dem Gericht gegebenen
Antworten erlauben dem Gericht nicht die negativen Schlüsse, die die
Prüfungskammer noch gezogen hat.

c) Die Vernehmung des Klägers rechtfertigt schließlich auch nicht den von
der Prüfungskammer am Ende der Widerspruchsentscheidung erhobenen

Vorwurf, der Kläger sei infolge seines ihn bestimmenden taktischen Verhaltens nicht glaubwürdig. Es ist zwar zuzugeben, daß die Überlegungen des Klägers als nicht in sich geschlossen erscheinen mögen, daß sie teilweise utopischer Natur sein könnten, eine innere bindende Überzeugung steckt hinter diesen Bekundungen des Klägers, wie dies alle mit dem Kläger seit Jahren in engerem Kontakt getretenen Beweispersonen gesagt haben. Das Gericht hat dies *vor allem* den Bekundungen der als Zeugen vernommenen Eltern die der Verweigerung an sich noch heute ganz fremd gegenüberstehen, und den Bekundungen der beiden mit dem Kläger in Kontakt getretenen Seelsorger entnommen.

II. Der Klage war daher zu entsprechen.

Die Kostenentscheidung beruht auf § 154 VwGO.

Der Gebührenansatz beruht auf Art. 4 Landesgebührenordnung i. V. m. § 189 VwGO.

Die vorläufige Vollstreckbarkeit ergibt sich aus § 167 II VwGO i. V. m. § 709 Nr. 4 ZPO.

Die Revision war nicht zuzulassen, da die Voraussetzungen des § 34 II S. 2 WPflG nicht vorliegen, weil offensichtlich eine Klärung grundsätzlicher Fragen nicht zu erwarten ist und dieses Urteil nicht von einer Entscheidung des Bundesverwaltungsgerichts abweicht.

Rechtsmittelbelehrung: Gegen dieses Urteil ist die Berufung ausgeschlossen. Die Nichtzulassung der Revision kann selbständig durch Beschwerde innerhalb eines Monats nach Zustellung dieses Urteils angefochten werden. Die Beschwerde ist beim Verwaltungsgericht Stuttgart in Stuttgart 1, Olgastraße 54, durch einen Rechtsanwalt oder einen Rechtslehrer an einer deutschen Hochschule (§ 67 I S. 2 VwGO) als Bevollmächtigten schriftlich einzulegen. In der Beschwerdeschrift muß die grundsätzliche Bedeutung der Rechtssache dargelegt oder die Entscheidung des Bundesverwaltungsgerichts, von der dieses Urteil abweicht, oder der Verfahrensmangel, auf dem es beruht, bezeichnet werden.

Ohne Zulassung ist die Revision an das Bundesverwaltungsgericht in Berlin 12, Hardenbergstraße 31, statthaft, wenn wesentliche Mängel des Verfahrens gerügt werden (§ 34 II WPflG).

Die zulassungsfreie Revision an das Bundesverwaltungsgericht in Berlin 12, Hardenbergstraße 31, ist beim Verwaltungsgericht Stuttgart in Stuttgart 1, Olgastraße 54, innerhalb eines Monats nach Zustellung dieses Urteils durch einen Rechtsanwalt oder einen Rechtslehrer an einer deutschen Hochschule als Bevollmächtigten schriftlich einzulegen und spätestens innerhalb eines weiteren Monats zu begründen. Die Revision muß das angefochtene Urteil angeben. Die Revisionsbegründung oder die Revision müssen einen bestimmten Antrag enthalten, die verletzte Rechtsnorm und, soweit Verfahrensmängel gerügt werden, die Tatsachen bezeichnen, die den Mangel ergeben.

gez. Dr. H.   Dr. T.   T.

Ausgefertigt
Stuttgart, den 20. März 1971
Verwaltungsgericht Stuttgart
Urkundsbeamter der 4. Kammer
Schäfer
Gerichtsamtmann

Literaturverzeichnis

Abendroth, Wolfgang: Das Grundgesetz, Pfullingen 1966.

Ders.: Wirtschaft, Gesellschaft und Demokratie in der Bundesrepublik, Frankfurt a. M. 1965.

Das Anerkennungsverfahren als Kriegsdienstverweigerer aus Gewissensgründen, herausgegeben vom Verband der Kriegsdienstverweigerer, Stuttgart o. J.

Antimilitarismus-Information (ami), Frankfurt 1971 f.

Evangelische Arbeitsgemeinschaft zur Betreuung der Kriegsdienstverweigerer, Katholische Arbeitsgemeinschaft für Kriegsdienstverweigerung und zivilen Ersatzdienst: Wenn Christen den Wehrdienst verweigern. Information für evangelische und katholische Christen, Darmstadt o. J.

Das Argument, Berlin 1964 ff. Hefte 30, 32, 33, 41, 47, 58 = Faschismus Theorien I–V.

Arndt, Adolf: Das Grundrecht der Kriegsdienstverweigerung, in NJW (Neue Juristische Wochenschrift), 1957, Heft 10, S. 361 ff.

Atteslander, Peter: Methoden der empirischen Sozialforschung, Berlin 1969.

Beiträge zum Politischen Pazifismus. H. 1 (Sonderreihe aus gestern und heute. Dokumentationen und zeitgeschichtliche Beiträge), München 1967.

Bericht über den Verfassungskonvent auf Herrenchiemsee vom 10. bis 25. August 1948, (München) o. J.

Bernstein, Basil: Soziale Struktur, Sozialisation und Sprachverhalten, Amsterdam 1970.

Bethge, Horst: Wehrpropaganda in der Schule?, in: betrifft: erziehung: Weinheim/Berlin/Basel, Heft 1/1972, S. 19 ff.

Binz, Gerhard Ludwig: Wehrverneinung, in Beiheft 4 der Wehrwissenschaftlichen Rundschau, Zeitschrift für die Europäische Sicherheit, Berlin–Frankfurt 1956, Oktober.

Böckenförde, Ernst-Wolfgang: Das Grundrecht der Gewissensfreiheit; in: Veröffentlichungen der Vereinigung der Deutschen Staatsrechtslehrer, Heft 28, 1970.

Bues, Hermann: Kommentar zum Gesetz über den zivilen Ersatzdienst, Neuwied, Berlin, Darmstadt 1960.

Deutscher Bundestag, Entwurf eines Wehrpflichtgesetzes (Regierungsentwurf), Bundestagsdrucksache II/2303, Bonn 1956.

Deutscher Bundestag, Jahresbericht des Wehrbeauftragten des Deutschen Bundestages, 1962 ff.

Deutscher Bundestag, Schriftlicher Bericht des Ausschusses für Verteidigung über den Entwurf eines Wehrpflichtgesetzes. Bundestagsdrucksache II/2575, Bonn 1956.

Die Bundeswehr, Sonderdruck des Bundesministeriums für Verteidigung aus dem Tätigkeitsbericht der Bundesregierung, ohne Ort, ohne Jahr.

Busch, Otto: Toleranz und Grundgesetz. Ein Beitrag zur Geschichte des Toleranzdenkens (Schriften zur Rechtslehre und Politik Bd. 54), Bonn 1967.

Clauß, Günter, und *Ebner, Heinz:* Grundlagen der Statistik für Psychologen, Pädagogen und Soziologen, Frankfurt a. M. und Zürich 1970.

Clinard, M. B.: Sociology of Deviant Behaviour, N. Y. 1965.

Cohen, Albert K.: Abweichung und Kontrolle, München 1968.

Courage, Zeitschrift der DFG/IdK. München, 6. Jahrg., Nr. 7/8, August/September 1969 ff.

Dahrendorf, Ralf, und *Ortlieb, Heinz-Dietrich,* (Hrsg.): Der Zweite Bildungsweg im sozialen und kulturellen Leben der Gegenwart, Heidelberg 1959.

Der Dienst, Mitteilungsblatt für den Dienst des anerkannten Kriegsdienstverweigerers, herausgegeben vom Bundesverwaltungsamt, Köln 1969 ff. ab Nr. 5 (Juli/August 1970): Der Zivildienst, Zeitschrift für die Zivildienstleistenden.

Ebert, Theodor: Gewaltfreier Aufstand – Alternative zum Bürgerkrieg, Frankfurt a. M. 1970.

Ders.: Soziale Verteidigung – eine Alternative zur »Vorwärtsverteidigung«?, in: Probleme des Friedens, info, 4. Jg. Heft 9–12, 1969, Freiburg, S. 64–70.

Edel, Fritz: Deutscher Arbeitsdienst, München 1934.

Entscheidung des Gewissens, herausgegeben von Wilfried von Bredow, Köln 1969.

Frank, Rüdiger: Wer wird als Kriegsdienstverweigerer anerkannt? Die wichtigsten Entscheidungen im Rechtsverfahren der Bundesrepublik, Detmold o. J.

Frauenfeld, Johannes: Das Grundrecht auf Kriegsdienstverweigerung (vervielfältigte Maschinenschrift), Moers 1970.

Goffman, Irving: Asylums, New York 1968.

Gruhl, Karl Ernst: Zum gegenwärtigen Stand der Wehrdienstverweigerung. In: Blätter für deutsche und internationale Politik, Heft 3, 1969, S. 309.

Grund: Die Stellung des Vorsitzenden im Prüfungsausschuß für Kriegsdienstverweigerer, NJW 1957, Heft 44, S. 1644 ff.

Hahnenfeld, Günter: Kriegsdienstverweigerung (= Bd. 14 Truppe und Verwaltung), Hamburg–Berlin 1966.

Hamacher, Paul: Bildung und Beruf bei Studierenden des Zweiten Bildungsweges (= Bildungssoziologische Forschungen, Bd. 4), Stuttgart 1968.

Hamann, Andreas: Das Grundgesetz, Berlin–Neuwied–Darmstadt 1956.

Hannover, Heinrich, und *Ude, Wilhelm:* Kriegsdienstverweigerung und Dienst an der Gemeinschaft, Stuttgart 1963.

Haug, H.-J./Maessen, H. (Hrsg.): Kriegsdienstverweigerer: Gegen die Militarisierung der Gesellschaft, Frankfurt 1971.

Haug, Wolfgang Fritz: Der hilflose Antifaschismus, Frankfurt 1968.

Hecker, Helmut: Die Kriegsdienstverweigerung im deutschen und ausländischen Recht. (Dokumente, hrsg. von der Forschungsstelle für Völkerrecht und ausländisches öffentliches Recht der Universität Hamburg, H. XIII), Frankfurt a. M.–Berlin 1954.

Heinemann, Gustav W.: Anmerkung zum Urteil des Bundesverfassungsgerichts vom 20. 12. 1960; in: NJW 1961, Heft 8, S. 355 f.

Hinzmann, M.: Die aktuelle Kriegsdienstverweigerung als beachtliche Gewissensentscheidung, Hamburg 1959.

Hofmann, Werner: Stalinismus und Antikommunismus, Frankfurt 1970 (4. Auflage).

Homans, George C.: Theorie der sozialen Gruppe, Köln und Opladen 1960.

Hübner, Wolfgang: Warum wir den Wehrdienst verweigern, Opladen 1971.

Internationale der Kriegsdienstgegner, Du bist schuld daran, Hamburg o. J.

Jahn, Hans Edgar: Für und gegen den Wehrbeitrag, Köln 1957.

Jahrbuch der öffentlichen Meinung – 1957, herausgegeben von Elisabeth Noelle und Erich Peter Neumann, Allensbach 1957.

Jahrbuch des öffentlichen Rechts, Neue Folge, Bd. 1, herausgegeben von Leibholz und Mangoldt, Tübingen 1951.

Jaspers, Gerold: Das schwergeprüfte Gewissen. Ein Lesespiel. Bochum 1965.

Jugend gegen Kriegsdienst, Dokumentation, Essen 1970.

Der Kampf um den Wehrbeitrag (= Bd. 2 der Veröffentlichungen des Instituts für Staatslehre und Politik e. V., Mainz); 1. Halbband, Die Feststellungsklage, München 1952, 2. Halbband, Das Gutachterverfahren, München 1953, Ergänzungsband, München 1958.

Keller, Wilhelm: UN-Status für Deutschland? UN-Status For Germany? herausgegeben vom Verband der Kriegsdienstverweigerer e. V., Frankfurt o. J.

Ders.: Warum wir den Kriegsdienst verweigern. Gute und schlechte Antworten auf kritische Fragen aus der Praxis der Prüfungsausschüsse und -kammern für Kriegsdienstverweigerer, herausgegeben vom Verband der Kriegsdienstverweigerer, Offenbach 1963.

Kellerer, Hans: Statistik im modernen Wirtschafts- und Sozialleben, Reinbek 1960.

Kirche und Kriegsdienstverweigerung. Ratschlag zur gesetzlichen Regelung des Schutzes der Kriegsdienstverweigerer, erstattet durch den vom Rat der Evangelischen Kirche in Deutschland eingesetzten Ausschuß und vom Rat der Evangelischen Kirche in Deutschland angenommen, München 1956.

König, René (Hrsg.): Das Interview. Formen, Technik, Auswertung (Praktische Sozialforschung I), Köln, Berlin 1966.

Kommentar zum Bonner Grundgesetz (Bonner Kommentar), Hamburg 1950 ff.

Der Kriegsdienstgegner – Le Résistant à la guerre, Bulletin der Schweizer Sektion der Internationale der Kriegsdienstgegner, Februar/März 1971, Bienne.

Kriegsdienstverweigerung und Ersatzdienst, herausgegeben von der Zentralstelle für Recht und Schutz der Kriegsdienstverweigerer aus Gewissensgründen, Dortmund 1962.

Laurisch, Manfred: Der zivile Ersatzdienst bei Kriegsdienstverweigerung. Recht und Praxis des Auslandes mit Anmerkungen zur Rechtslage in der Bundesrepublik, Hamburg 1959.

Leder, Gottfried: Kriegsdienstverweigerung aus Gewissensgründen. Zur Problematik des Artikels 4 Abs. 3 des Grundgesetzes, Freiburg 1957.

Leibholz/Rinck: Grundgesetz, 1. u. 2. Auflage, Köln 1966.

Lemert, Edwin M.: Social Pathology, New York 1951.

Liepmann/Hannover/Amendt: Kriegsdienstverweigerung oder gilt noch das Grundgesetz?, herausgegeben von Heinz Liepmann, Reinbek 1970.

Liepmann, Heinz (Hrsg.): Kriegsdienstverweigerung oder gilt noch das Grundgesetz? Reinbek 1966.

Lück, Hartmut: Zur politischen Bildung in der Bundeswehr (gestern und heute, Dokumentationen und zeitgeschichtliche Beiträge, H. 40), München 1969.

Mannschatz, Gerhard, und *Seider, Josef:* Zum Kampf der KPD im Ruhrgebiet für die Einigung der Arbeiterklasse und die Entmachtung der Monopolherren 1945–1947, Berlin (DDR) 1961.

Von Mangoldt-Klein: Das Bonner Grundgesetz, 2. Auflage, Berlin und Frankfurt 1957.

Mayntz, Renate: Soziologen im Studium, Stuttgart 1970.

Mayntz, Renate/Holm, Kurt/Hübner, Peter: Einführung in die Methoden der empirischen Soziologie, Köln und Opladen 1969.

Michaltscheff, Th.: Die Angst vor der Demokratie (Gewissen vor dem Prüfungsausschuß, VI), Hamburg o. J.

Ders.: Betrug am Volke (Gewissen vor dem Prüfungsausschuß, III), Hamburg o. J.

Ders.: Der einzelne und der Staat (Gewissen vor dem Prüfungsausschuß, V), Hamburg o. J.

Ders.: Kriegsdienstverweigerung als moralische Pflicht und soziale Aufgabe, Hamburg o. J.

Ders.: Luftschutz bietet keinen Schutz (Gewissen vor dem Prüfungsausschuß, VII), Hamburg o. J.

Narr, Wolf-Dieter: CDU – SPD, Programm und Praxis seit 1945, Stuttgart, Berlin, Köln, Mainz 1966.

Nauke, Wolfgang, und *Trappe, Paul* (Hrsg.): Rechtssoziologie und Rechtspraxis (Sammlung Luchterhand 8), Neuwied und Berlin 1970.

Neliba, Armin H.: Politische Kriegsdienstverweigerung in der Bundesrepublik, Wiesbaden 1969.

Noack, Ulrich: Wie kann der Frieden lebendig werden?, Würzburg 1954.

Oevermann, Ulrich: Schichtenspezifische Formen des Sprachverhaltens und ihr Einfluß auf die kognitiven Prozesse, in: Begabung und Lernen, herausgegeben von Heinrich Roth, Stuttgart 1970, 5. Auflage.

Ossenberg, Ursula: Gewaltloser Widerstand und soziale Verteidigung, in: zivil, 14. Jg. Stuttgart, Nr. 1, Januar 1969, S. 9 ff.

Parlamentarischer Rat, Schriftlicher Bericht zum Entwurf des Grundgesetzes für die Bundesrepublik Deutschland, Bonn 1948/49.

Protokoll des Bundeskongresses des Verbandes der Kriegsdienstverweigerer (VK) am 29./30. April 1967 in Wuppertal, o. O., o. J.

Protokoll des Bundeskongresses des Verbandes der Kriegsdienstverweigerer (VK) am 30./31. Mai 1970 in Solingen, vervielfältigtes Maschinenskript, Stuttgart o. J.

Rauhut, Franz: Kriegsdienstverweigerung heute? Gewissens- und Rechtsfragen, herausgegeben von Deutsche Friedensgesellschaft – Internationale der Kriegsdienstgegner, München 1970.

Riedel, Jost: Kriegsdienstverweigerung in der Bundesrepublik Deutschland, Diss., Berlin 1957.

Rupp, Hans Karl: Außerparlamentarische Opposition in der Ära Adenauer, Köln 1970.

Schmidbauer, W./Wagner, W.: Ich verweigere den Wehrdienst, München 1971.

Schmidt, U./Fichter, T.: Der erzwungene Kapitalismus – Klassenkämpfe in den Westzonen 1945–1948, Berlin 1971.

Schnuer, Günther, und *Förster, Heinz:* Der Zweite Bildungsweg in den Ländern der Bundesrepublik. Organisation – Bildungsstätten – Bedingungen (Schule in Staat und Gesellschaft), Neuwied, Berlin 1966.

Schwamborn, Winfried: Handbuch für Kriegsdienstverweigerer, Köln 1972.

Seidler, F. W./Reindl, H.: Die Wehrpflicht, München 1971.

Senghaas, Dieter: Abschreckung und Frieden, Frankfurt 1969.

Simon, Helmut: Das Recht zur Kriegsdienstverweigerung in Gesetzgebung und Rechtsprechung in der Bundesrepublik; in: Theologische Existenz heute – Kriegsdienstverweigerung als christliche Entscheidung, München 1966.

Der deutsche Soldat in der Armee von morgen, München 1954.

Sörgel, Werner: Konsensus und Interessen, Stuttgart 1969.

Soziologie im Sozialismus, herausgegeben vom Wissenschaftlichen Rat für soziologische Forschung in der DDR, Berlin 1970.

Der Spiegel, Hamburg, 10. Jg. 1956 ff.

Stahnke, Karl Heinz: Die Kriegsdienstverweigerung in der Literatur; in: Jahresbibliographie 1963 der Bibliothek für Zeitgeschichte. Weltkriegsbücherei Stuttgart, Jahrgang 35, S. 510–549.

Stuckmann, Heinz: Sag nein, wenn du nicht töten willst, Köln o. J.

161

Thielen, Hans-Helmut: Der Verfall der Inneren Führung, Frankfurt 1970.

Thomä, Hans (Hrsg.): Die Motivation des menschlichen Handelns (Neue Wissenschaftliche Bibliothek, Psychologie), Köln, Berlin 1966.

Topitsch, Ernst: Logik der Sozialwissenschaften (Neue Wissenschaftliche Bibliothek, Soziologie), Köln, Berlin 1968.

Verband der Kriegsdienstverweigerer, Bundesvorstand, Memorandum zur Entwicklung der Kriegsdienstverweigerung in der Bundesrepublik (vervielfältigtes Maschinenskript), Stuttgart 1968.

VK-aktuell, herausgegeben von der Bundesgeschäftsstelle des Verbandes der Kriegsdienstverweigerer, Stuttgart 1971.

Vilmar, Fritz: Rüstung und Abrüstung im Spätkapitalismus, Frankfurt 1965.

Wanke, W.: Zur Frage der Kriegsdienstverweigerung (Schriftenreihe der Gesellschaft für Wehrkunde, H. 11), München 1953.

Wehrgerechtigkeit in der Bundesrepublik, Bericht der Wehrstrukturkommission an die Bundesregierung, Bonn 1971.

Weißbuch 1970 f., Im Auftrage der Bundesregierung herausgegeben vom Bundesminister der Verteidigung, Presse- und Informationsamt der Bundesregierung, Bonn 1970 ff.

Wörterbuch der marxistisch-leninistischen Soziologie, herausgegeben von H. Taubert u. a., Berlin 1969.

Wörterbuch der Soziologie, herausgegeben von W. Bernsdorf, Stuttgart 1969.

Zivil, Zeitschrift für Kriegsdienstverweigerer, Frankfurt 4. Jg. 1959 ff.

Zusammenstellung von Rechtsvorschriften und Rechtsübersicht für die Beisitzer in den Prüfungsausschüssen und Prüfungskammern für Kriegsdienstverweigerer, herausgegeben vom Bundesverwaltungsamt, Köln 1966 und 1970.

Anmerkungen

[1] Vgl. »Der Spiegel«, 1956, Heft 15, vom 11. 4. 1956, Leserbriefe, S. 2 f.

[2] Vgl. »Der Spiegel«, 1956, Heft 35, vom 29. 8. 1956, S. 14; s. auch: »Der Spiegel«, 1956, Heft 51, S. 58 sowie »Der Spiegel«, 1962, Heft 5, S. 73.

[3] Vgl. »Frankfurter Rundschau« vom 9. 12. 1968.

[4] Vgl. »Frankfurter Rundschau« vom 27. 3. 1970.

[5] Ansprache des Bundesministers der Verteidigung, Helmut Schmidt, anläßlich der konstituierenden Sitzung der Wehrstruktur-Kommission am 3. September 1970, in: Wehrgerechtigkeit in der Bundesrepublik, Bericht der Wehrstruktur-Kommission an die Bundesregierung 1971, Bonn, S. 196.

[6] Jahresbericht 1969 des Wehrbeauftragten des Deutschen Bundestages, BT-Drucksache VI/453, Bonn-Bad Godesberg, Februar 1970, S. 8.

[7] *Heinz Liepmann:* Kriegsdienstverweigerung oder gilt noch das Grundgesetz? Reinbek 1966, S. 8.

[8] Vgl. *Günter Amendt:* Militante Kriegsdienstverweigerung anstatt einer Moralpredigt, in *Liepmann/Hannover/Amendt,* Kriegsdienstverweigerung oder gilt noch das Grundgesetz?, herausgegeben von Heinz Liepmann, Reinbek 1970, S. 134 ff.

[9] »Der Dienst«, Mitteilungsblatt für den Dienst des anerkannten Kriegsdienstverweigerers, herausgegeben vom Bundesverwaltungsamt Köln, Nr. 1, Nov./Dez. 1969, S. 3.

[10] Vgl. *Armin H. Neliba:* Politische Kriegsdienstverweigerung in der Bundesrepublik Deutschland, Wiesbaden 1969, S. 4.

[11] Zur Kombination von Methoden in der Motiv-Forschung, vgl. Wörterbuch der Soziologie, herausgegeben von Bernsdorf, Stuttgart 1969, 2. Auflage, Stichwort »Motivforschung«.

[12] Vgl. *Peter Atteslander:* Methoden der empirischen Sozialforschung, Berlin 1969, S. 229.

[13] *Wolfgang Abendroth:* Das Grundgesetz, Pfullingen 1966, S. 36.

[14] Eine Reihe von Artikeln sowie die Präambel waren alternativ als Mehrheits- und Minderheitsvorschlag abgefaßt.

[15] Bericht über den Verfassungskonvent auf Herrenchiemsee vom 1. bis 25. August 1948, (München) o. J., S. 62.

[16] A.a.O., S. 22.

[17] *Günter Hahnenfeld:* Kriegsdienstverweigerung, Bd. 14 – Truppe und Verwaltung, Hamburg–Berlin 1966, S. 27 f.

[18] Vgl. ebenda, Mangoldts Vorschlag für Satz zwei, »Das Nähere regelt ein Gesetz.« wurde auf »Das Nähere regelt ein Bundesgesetz.« abgeändert. DP = Deutsche Partei.

[19] Vgl. hierzu, ebenda; *Jost Riedel,* Kriegsdienstverweigerung in der Bundesrepublik Deutschland, Diss. Berlin, 1957, S. 6 ff.; *Heinz Stuckmann,* Sag nein, wenn du nicht töten willst, Köln, o. J., S. 20 f.; *Doemming–Füsslein–Matz,* Die Entstehungsgeschichte der Artikel des Grundgesetzes, in: Jahrbuch des öffentlichen Rechts der Gegenwart, Neue Folge, Bd. 1, 1951, S. 76–79.

[20] Schriftlicher Bericht zum Entwurf des Grundgesetzes für die Bundesrepublik Deutschland, Anlage zum stenographischen Bericht der 9. Sitzung des Parlamentarischen Rates am 6. Mai 1949, Bonn, S. 8 f.

[21] *Otto Busch:* Toleranz und Grundgesetz, Bonn 1967, S. 67 f.; Fundstellen aus dem Zitat:

a) *Jürgen Schreiber:* Kriegsdienstverweigerung, eine historische und rechtsvergleichende Untersuchung, Diss., Bonn 1952, S. 155.

b) *Günther Berndt:* Die Kriegsdienstverweigerung als staatsrechtliches Problem, Diss., Mainz 1952, S. 66 f.

c) *Manfred Hinzmann:* Die aktuelle Kriegsdienstverweigerung als beachtliche Gewissensentscheidung, Hamburg 1959, S. 45.

d) A.a.O., S. 53.

e) *Gottfried Leder:* Kriegsdienstverweigerung aus Gewissensgründen, Freiburg 1957, S. 109.

f) Vgl. *Ulrich Scheuner:* Das Recht auf Kriegsdienstverweigerung, in: Der deutsche Soldat in der Armee von morgen, München 1954, S. 260.

g) Vgl. *Werner Scherer, Georg Flor, Theo Krekeler:* Wehrpflichtgesetz, Kommentar, 2. Auflage, Berlin–Frankfurt a. M. 1962, S. 191.

h) So *Scheuner,* a.a.O.

i) *Georg Flor:* Kriegsdienstverweigerung und Grundgesetz, in: Zeitwende – Die neue Furche, Jg. 1955, S. 190; *ders.,* Kriegsdienstverweigerung in rechtlicher Sicht, in: Evangelische Stimmen zur Frage des Wehrdienstes, Stuttgart (Schriftenreihe »Kirche im Volk«), Heft 19, S. 61.

j) So *Flor:* Kriegsdienstverweigerung in rechtlicher Sicht, a.a.O., S. 63.

[22] Die im folgenden wiedergegebenen Zitate sind dem »Kommentar zum Bonner Grundgesetz« (Bonner Kommentar), Hamburg 1950 ff., zu Art. 26 I GG, S. 1 ff. entnommen.

[23] Vgl. Der Kampf um den Wehrbeitrag = Band 2 der Veröffentlichungen des Instituts für Staatslehre und Politik e. V., Mainz, 1. Halbband, Die Feststellungsklage, München 1952; im folgenden W 1; 2. Halbband, Das Gutachterverfahren, München 1953; im folgenden W 2; Ergänzungsband, München 1958; im folgenden W 3.

[24] W 1, S. 462.

[25] W 1, S. 6 f.

[26] Gutachten von *Prof. Dr. Ulrich Scheuner,* W 2, S. 106.

[27] Gutachten von *Prof. Dr. Werner Weber,* W 2, S. 179.

[28] Ders., W 2, S. 187.

[29] Gutachten von *Prof. Dr. E. Kaufmann,* W 2, S. 48.

[30] Gutachten von *Prof. Dr. Adolf Süsterhenn,* W 1, S. 267.

[31] Vgl. Gutachten von *Prof. Dr. Hermann v. Mangoldt,* W 2, S. 82.

[32] Schriftsatz der Hessischen Landesregierung vom 24. 5. 1952, W 1, S. 90; vgl. auch Schriftsatz der Landesregierung von Niedersachsen vom 6. 6. 1952, W 1, S. 106.

[33] Gutachten von *Prof. Dr. Rudolf Smend,* W 1, S. 148.

[34] Ders., W 1, S. 149.

[35] Gutachten von *Prof. Dr. Walter Schätzel,* W 1, S. 337.

[36] Gutachten von *Prof. Dr. Karl Loewenstein,* W 2, S. 356.

[37] Gutachten von *Prof. Dr. Ernst Forsthoff,* W 2, S. 317.

[38] Stellungnahme der Niedersächsischen Landesregierung vom 21. 8. 1952, W 2, S. 440; Wilhelm Heile, 1881 geboren, war Mitglied des Niedersächsischen Landtages, Landrat und Minister a. D.; zusammen mit Seebohm vertrat er die DP-Fraktion. Vgl. Werner Sorgel, Konsensus und Interessen, Stuttgart 1969, S. 256.

[39] Zweites Gutachten von *Prof. Dr. Walter Schätzel,* W 2, S. 642.

[40] Rechtsgutachten im Auftrage der Niedersächsischen Landesregierung erstattet von *Prof. Dr. Friedrich Klein,* W 2, S. 480.

[41] Vgl. W 3, S. 592.

[42] Amtliche Begründung zum Regierungsentwurf des Wehrpflichtgesetzes, BT-Drs. Nr. 61/1956, S. 31.

[43] So die entsprechenden Passagen für Baden, Bayern, Württemberg-Baden und bes. Berlin; vgl. von *Mangoldt–Klein*: Das Bonner Grundgesetz, 2. Auflage, Berlin und Frankfurt 1957, S. 228.

[44] Vgl. hierzu, *Hans Karl Rupp*, Außerparlamentarische Opposition in der Ära Adenauer, Köln 1970, S. 22; *Wolfgang Abendroth*, Wirtschaft, Gesellschaft und Demokratie in der Bundesrepublik, Frankfurt a. M., 1965, S. 13 ff.; sowie die Regionalstudie von *Gerhard Mannschatz* und *Josef Seider*, Zum Kampf der KPD im Ruhrgebiet für die Einigung der Arbeiterklasse und die Entmachtung der Monopolherren 1945–1947, Berlin (DDR) 1961; siehe besonders: *U. Schmidt/T. Fichter*, Der erzwungene Kapitalismus – Klassenkämpfe in den Westzonen 1945–1948, Berlin 1971. Vgl. auch Anm. 45–47.

[45] Vgl. die Analyse: Zur Problematik der Kriegsdienstverweigerung und des Ersatzdienstes; in: »Zivil«, 15. Jahrgang, Nr. 4/5, April/Mai 1969, vgl. dort S. 5.

[46] *Wolf-Dieter Narr*: CDU – SPD, Programm und Praxis seit 1945, Stuttgart, Berlin, Köln, Mainz 1966, S. 85.

[47] »Der Spiegel«, 1957, Nr. 3 vom 16. 1. 1957, S. 15 f.

[48] *Ulrich Scheuner*: Das Recht auf Kriegsdienstverweigerung, in: Der deutsche Soldat in der Armee von morgen, München 1954, S. 251–281.

[49] Vgl. a.a.O., S. 252.

[50] A.a.O., S. 265.

[51] A.a.O., S. 257 f.

[52] A.a.O., S. 255.

[53] Ebenda.

[54] Vgl. a.a.O., S. 260.

[55] A.a.O., S. 268.

[56] A.a.O., S. 274.

[57] Ebenda.

[58] A.a.O., S. 280.

[59] A.a.O., S. 276.

[60] A.a.O., S. 281.

[61] Ebenda.

[62] Ebenda.

[63] A.a.O., S. 274.

[64] A.a.O., S. 255.

[65] A.a.O., S. 258.

[66] Vgl. *Otto Busch* oben in Punkt 2.1., Anmerkung 21.

[67] Vgl. etwa *Wolfgang Fritz Haug*: Der hilflose Antifaschismus, Frankfurt a. M. 1968, S. 48–53; oder, Faschismus Theorien I–V, in: Das Argument 1964 ff., Hefte 30, 32, 33, 41, 47 und 58.

[68] »Der Spiegel«, Nr. 23 vom 3. 6. 1959, S. 79.

[69] Vgl. etwa *Fritz Edel*: Deutscher Arbeitsdienst, München 1934, dort S. 10: »Der Arbeitsdienst ist berufen, unsere Jugend zusammenzuschweißen bei gemeinsamer harter ehrenvoller Arbeit für das gemeinsame Volk und Vaterland. ... Gerade diejenigen, die der Erziehung am dringendsten bedürften, werden durch den freiwilligen Arbeitsdienst nicht erfaßt, nämlich die *Arbeitsscheuen* und die *feinen Muttersöhnchen*.« (Hervorhebungen am Ort).

[70] Wehrgerechtigkeit in der Bundesrepublik, a.a.O., S. 49.

71 *Hans Karl Rupp*, a.a.O., S. 46; vgl. auch dort die Anmerkungen 176 bis 179.
72 Jahrbuch der öffentlichen Meinung – 1957, herausgegeben von Elisabeth Noelle und Erich Peter Neumann, Allensbach 1957, S. 297.
73 *Hans Edgar Jahn:* Für und gegen den Wehrbeitrag, Köln 1957, S. 241.
74 Vgl. a.a.O., S. 239; vgl. auch: Zur Problematik der Kriegsdienstverweigerung und des Ersatzdienstes, in: »Zivil«, 15. Jahrgang, Nr. 4/5, April/Mai 1969, S. 8, dort: »Noch in den 50er Jahren hatte die Bundesregierung mit 30 Prozent Verweigerern gerechnet.«
75 *Stuckmann*, a.a.O., S. 55.
76 Bundestags-Drucksache, Nr. 2303, 2. Legislaturperiode, vom 12. 4. 1956, S. 9.
77 A.a.O., S. 31.
78 Ebenda.
79 Ebenda.
80 A.a.O., S. 32.
81 A.a.O., S. 32 f.
82 Stenographische Berichte, 2. Legislaturperiode, 143. Sitzung vom 4. 5. 1956, S. 7544.
83 Ebenda.
84 Ebenda.
85 A.a.O., S. 7550.
86 Bundestagsdrucksache, Nr. 2575, 2. Legislaturperiode.
87 A.a.O., S. 2.
88 A.a.O., S. 26 f.; im Original sind die vom Regierungsentwurf abweichenden Textstellen fett gedruckt, darauf wurde hier verzichtet.
89 A.a.O., S. 7.
90 Stenogr. Berichte, 2. Legislaturperiode, 157. Sitzung vom 4. 7. 1956, S. 8578.
91 Gemeint ist § 74 Abs. 2 GO des Bundestages.
92 Stenogr. Berichte, 2. Legislaturperiode, 157. Sitzung vom 4. 7. 1956, S. 8580 f.
93 A.a.O., S. 8594.
94 A.a.O., S. 8595.
95 Ebenda.
96 Ebenda.
97 A.a.O., S. 8599.
98 A.a.O., S. 8600.
99 A.a.O., S. 8601.
100 Ebenda, vgl. auch S. 8602.
101 A.a.O., S. 8603.
102 A.a.O., S. 8841.
103 A.a.O., S. 8836.
104 A.a.O., S. 8837.
105 A.a.O., S. 8837 f.
106 A.a.O., S. 8838.
107 A.a.O., S. 8839.
108 A.a.O., S. 8842.
109 A.a.O., S. 8843.
110 A.a.O., S. 8847.
111 Ebenda.
112 A.a.O., S. 8848.
113 Ebenda.
114 A.a.O., S. 8852.
115 A.a.O., S. 8848.

[116] A.a.O., S. 8853.

[117] A.a.O., S. 8841 und S. 8854.

[118] A.a.O., S. 8855.

[119] Ebenda.

[120] A.a.O., S. 8856.

[121] *Hahnenfeld*, a.a.O., S. 29.

[122] *Riedel*, a.a.O., S. 38.

[123] *Stuckmann*, a.a.O., S. 57; vgl. auch: Kirche und Kriegsdienstverweigerung, Ratschlag des Rates der Evangelischen Kirche in Deutschland, München 1956, S. 21 ff., bes. S. 23.

[124] *Adolf Arndt:* Das Grundrecht der Kriegsdienstverweigerung, Neue Juristische Wochenschrift (NJW) 1957, Heft 10, S. 362.

[125] A.a.O., S. 363.

[126] Vgl. Das Anerkennungsverfahren als Kriegsdienstverweigerer, herausgegeben vom Verband der Kriegsdienstverweigerer, Stuttgart, o. J.

[127] Vgl. Urteil des Bundesverfassungsgerichts vom 20. 12. 1960, S. 45 ff. (= BVerfGE 12, 45).

[128] A.a.O., S. 53.

[129] Ebenda.

[130] *Helmut Simon:* Das Recht zur Kriegsdienstverweigerung in Gesetzgebung und Rechtsprechung in der Bundesrepublik; in: Theologische Existenz heute – Kriegsdienstverweigerung als christliche Entscheidung, München 1966, S. 40.

[131] *Gustav W. Heinemann* in NJW 1961, Heft 8, S. 355.

[132] BVerfGE 12, 45; S. 60.

[133] A.a.O., S. 55.

[134] *Heinemann*, a.a.O., S. 356.

[135] *Hermann Rebensburg, Hans Günther Dicks, Winfried Schwamborn*, Kriegsdienstverweigerung und Wehrpflicht; in: Jugend gegen Kriegsdienst, Essen 1970, S. 19; vgl. auch *Winfried Schwamborn*, Handbuch für Kriegsdienstverweigerer, Köln 1972, S. 62 f.

[136] *Ernst-Wolfgang Böckenförde*, Das Grundrecht der Gewissensfreiheit, in: Veröffentlichungen der Vereinigung der Deutschen Staatsrechtslehrer, Heft 28, 1970, S. 86.

[137] Eine gute Problematisierung der allgemeinen »Soziologie des Gerichtsverfahrens« findet sich bei *R. Wassermann*, Zur Soziologie des Gerichtsverfahrens, in: Wolfgang Naucke/Paul Trappe, Hrsg., Rechtssoziologie und Rechtspraxis, Neuwied und Berlin, 1970, S. 127–153. Besonders die dort angeschnittenen Fragen zur Rolle des Richters und der Beisitzer sind auch für die in unserer Arbeit berührte Problematik wichtig, können hier jedoch nicht weiter erörtert werden.
Die folgende Darstellung orientiert sich im wesentlichen an:
– Das Anerkennungsverfahren als Kriegsdienstverweigerer aus Gewissensgründen, herausgegeben vom Verband der Kriegsdienstverweigerer, Stuttgart, o. J.
– Kriegsdienstverweigerung und Ersatzdienst, herausgegeben von der Zentralstelle für Recht und Schutz der Kriegsdienstverweigerer aus Gewissensgründen, Dortmund (1962).
– *Heinrich Hannover* und *Wilhelm Ude*, Kriegsdienstverweigerung und Dienst an der Gemeinschaft, Stuttgart 1963.
– *Günter Hahnenfeld*, Kriegsdienstverweigerung, a.a.O., S. 54–78.

- *Karl Preuss,* Erfahrungsbericht als Rechtsberater, in: Jugend gegen den Kriegsdienst, Dokumentation, Essen 1970, S. 29–33.
- Recht auf Kriegsdienstverweigerung (RKV), Handbuch für die gesamte Praxis der Kriegsdienstverweigerung und des Zivilen Ersatzdienstes, Stuttgart 1967, zweite und verbesserte Ausgabe S. 1–13/KDV 300.
- *Hermann Rebensburg,* Der juristische Weg zur Anerkennung als Kriegsdienstverweigerer, in: Entscheidung des Gewissens, hrsg. von W. v. Bredow, Köln 1969, S. 125–167.
- *Winfried Schwamborn,* Handbuch für Kriegsdienstverweigerer, Köln 1972.
- »Der Spiegel« 1969, Heft 3 vom 13. 1. 1969, S. 55.

[138] Juristisch gesehen handelt es sich bei den ersten beiden Prüfungsgremien – also Prüfungsausschuß und Prüfungskammer – um »Verwaltungsvorverfahren«; sie sind im strengen Sinne keine »Instanzen«. Wir benutzen hier jedoch den Begriff der Instanz, da er besser die prozessualen Schritte – im sozialwissenschaftlichen Sinne – wiedergibt; diese Bezeichnung hat sich auch allgemein eingebürgert.

[139] Jahresbericht 1968 des Wehrbeauftragten des Deutschen Bundestages, Bonn–Bad Godesberg, Feb. 1969, BT-Drucksache V/3912, S. 8.

[140] Jahresbericht 1970 des Wehrbeauftragten des Deutschen Bundestages, vorgelegt am 1. 3. 1971, hrsg. vom Presse- und Informationsamt des Deutschen Bundestages. Bonn, S. 21.

[141] Vgl. etwa *Wilhelm Schmidbauer/Wilhelm Wagner,* Ich verweigere den Wehrdienst, München 1971, S. 28.

[142] Interview mit Joachim Loes am 8. 3. 1971 in Stuttgart, im Archiv der Verfasser. J. Loes ist Rechtsbeistand für Kriegsdienstverweigerer und vertritt auch Antragsteller vor dem Verwaltungsgericht.

[143] Vgl. auch *Martin Klein,* Juristischer Ratgeber, in: *Haug/Maessen,* Kriegsdienstverweigerung: Gegen die Militarisierung der Gesellschaft, Frankfurt a. M. 1971, S. 144.

[144] *Ulrich Oevermann,* Schichtenspezifische Formen des Sprachverhaltens und ihr Einfluß auf die kognitiven Prozesse, in: Begabung und Lernen, hrsg. von *Heinrich Roth,* Stuttgart 1970, 5. Auflage, S. 297–356.

[145] *Basil Bernstein,* Sprache und Lernen im Sozialprozeß, in: *ders.,* Soziale Struktur, Sozialisation und Sprachverhalten, Amsterdam 1970, S. 55.

[146] Vgl. Interview Pfarrer Finckh.

[147] Sten. Berichte des Deutschen Bundestages, 2. Legislaturperiode, 159. Sitzung vom 7. 7. 1956, S. 8862.

[148] *Reinhold Settele,* Politisches Grundsatzreferat, in: Bundeskongreß des Verbandes der Kriegsdienstverweigerer (VK), 29./30. April 1967 in Wuppertal, Protokoll (o. O., o. J.), S. 1.

[149] *Günter Amendt,* in: *Liepmann* 1966, a.a.O., S. 78.

[150] Vgl. *Nils C. Nagel,* Politisches Grundsatzreferat und Probleme der Organisationsstruktur, in: Protokoll des Bundeskongresses des VK, 30./31. Mai 1970 in Solingen, verf. Masch.skript, Stuttgart, o. J., Punkt 3 der Tagesordnung.

[151] Vgl. etwa *Winfried Schwamborn,* Kriegsdienstverweigerung: politische Alternative, in: *Haug/Maessen,* Kriegsdienstverweigerung, Frankfurt 1971.

[152] Jahresbericht 1969 des Wehrbeauftragten des Deutschen Bundestages, Bonn–Bad Godesberg, Feb. 1970, BT-Drucksache VI/453, S. 8.

[153] Siehe hierzu: *Grund,* Die Stellung des Vorsitzenden im Prüfungsausschuß für Kriegsdienstverweigerer, NJW 1957, Heft 44, S. 1624 ff.; kritisch, *Liepmann,* Kriegsdienstverweigerung, 1966, a.a.O., S. 63 ff.

[154] Oberregierungsrat Wilhelm, in: *Liepmann*, Kriegsdienstverweigerung 1966, a.a.O., S. 115 f.

[155] Martin Stöhr, Studentenpfarrer, im Gespräch mit Heinz Liepmann, in *Liepmann* 1966, a.a.O., S. 98.

[156] Interview mit Reinhold Settele am 6. 3. 1971 in Stuttgart, im Archiv der Verfasser.

[157] Joachim Beckmann, Präses der Evangelischen Kirche im Rheinland, in: *Liepmann* 1966, a.a.O., S. 103.

[158] Interview mit Pfarrer Ulrich Finckh am 3. 3. 1971 in Bremen, im Archiv der Verfasser.

[159] Ebenda; EAK = Evangelische Arbeitsgemeinschaft zur Betreuung der Kriegsdienstverweigerer.

[160] *Rudolf Wassermann*, a.a.O., S. 145.

[161] *Grund*, Die Stellung des Vorsitzenden . . ., a.a.O., S. 1626; s. auch: *Karl Preuss*, Erfahrungsbericht als Rechtsberater, a.a.O., S. 32.

[162] *Heinrich Hannover*, Kommentar des Juristen zur Praxis der Kriegsdienstverweigerungsverhandlungen, in: *Liepmann*, Kriegsdienstverweigerung, a.a.O., S. 43.

[163] Joachim Loes, Interview vom 8. 3. 1971, a.a.O.

[164] Zusammenstellung von Rechtsvorschriften und Rechtsübersicht für die Beisitzer in den Prüfungsausschüssen und Prüfungskammern für Kriegsdienstverweigerer, hrsg. vom Bundesverwaltungsamt (Köln), April 1966 und Februar 1970.

[165] A.a.O., S. 3.

[166] Vgl. Jahresbericht 1969 des Wehrbeauftragten des Deutschen Bundestages, a.a.O., S. 9.

[167] Reinhold Settele, Interview vom 6. 3. 1971, a.a.O.

[168] Das Anerkennungsverfahren als Kriegsdienstverweigerer aus Gewissensgründen, a.a.O.

[169] Heinz Kopp, im Interview der Verfasser mit Hans Hammer und Heinz Kopp am 21. 2. 1971 in Berlin.

[170] Vgl. *Rudolf Wassermann*, a.a.O., S. 132 f., 147.

[171] Vgl. *G. A. Kelly*, Der Motivationsbegriff als irreführendes Konstrukt; in: *Hans Thomae*, Die Motivation menschlichen Handelns; Köln, Berlin 1968, 4. Auflage, S. 502 f.

[172] So gibt es beispielsweise Untersuchungen bzw. Statistiken über die Berufsstruktur der Ersatzdienstleistenden und der Bw-Soldaten, in denen jedoch die Klassifizierung der Berufsgruppen so unterschiedlich ist, daß man die Statistiken nicht vergleichen kann. (Veröffentlicht in: »Der Dienst«, a.a.O., Nr. 1, 11/12 1969, S. 5 ff., und »Wehrgerechtigkeit in der BRD«, Bericht der Wehrstruktur-Kommission an die Bundesregierung, Bonn, Februar 1971.)

[173] Laut Auskunft der Schreiben des Bundesministers der Verteidigung vom 8. 2. 1971 und 8. 4. 1971 und des Bundesbeauftragten für zivilen Ersatzdienst, Hans Iven, vom 26. 2. 1971 an die Verfasser existieren keine entsprechenden Unterlagen bzw. Statistiken oder können nicht eingesehen werden.

[174] *G. L. Binz:* »Wehrverneinung«, Beiheft 4 der Wehrwissenschaftlichen Rundschau, Frankfurt/Main, 10/1956, Inhaltsverzeichnis.

[175] *Hinzmann, Manfred:* »Die aktuelle Kriegsdienstverweigerung als beachtliche Gewissensentscheidung«, Hamburg 1959.

[176] Vgl. »Neue Ruhr Zeitung« vom 27. 3. 1971.

[177] Vgl. Bericht des Korrespondenten *Hans Lerchbacher* in der Frankfurter Rundschau vom 27. 3. 1971.

[178] FR a.a.O., der Brieftext im Wortlaut findet sich in der FR vom 15. 4. 1971. Die Kultusministerversammlung hat inzwischen scharf Stellung genommen zu dem Schreiben und sich gegen den Inhalt verwahrt. – FR-Bericht 15. 4. 1971; vgl. auch die in der Einleitung zitierte Äußerung des Kanzlers bei der Wehrdebatte am 26. 3. 1971.

[179] Hier sind neben vielen anderen zu nennen: *Hinzmann*, a.a.O.; *Leder*, »Kriegsdienstverweigerung aus Gewissensgründen«, Freiburg 1957; *Hahnenfeld*, »Kriegsdienstverweigerung«, a.a.O. Im übrigen sei jedoch verwiesen auf die ausführliche Bibliographie von K. H. Stahnke, »Die Kriegsdienstverweigerung in der Literatur«, in: Jahresbibliographie 1963 der Bibliothek für Zeitgeschichte. Weltkriegsbücherei Stuttgart, Jahrgang 35, S. 510–549.

[180] Vgl. *Thomae*, a.a.O., S. 13; auch die folgende Darstellung orientiert sich im wesentlichen an der Einleitung von *Thomae* zu dem o. g. Sammelband.

[181] Wörterbuch der marxistisch-leninistischen Soziologie, Berlin 1964, Stichwort: Motivation.

[182] *Valentine, W. L.*, Experimental foundations of general psychology, New York 1941, hier zitiert nach Thomae, a.a.O., S. 15.

[183] *Thomae*, a.a.O., S. 16.

[184] Ebenda.

[185] *Thomae*, a.a.O., S. 22.

[186] Vgl. Anmerkung 181.

[187] Vgl. *Thomae, Hans*, Hrsg., »Die Motivation menschlichen Handelns«, Köln/Berlin 1966, 5. Teil: »Motivation und Norm« noch besonders *H. R. Lückert*, »Die Normation«, S. 305 ff.

[188] Vgl. Wörterbuch . . ., a.a.O., Stichwort »Norm«, S. 307 ff.

[189] *F. Engels*, Brief an Joseph Bloch im Jahre 1890, in: MEW, Bd. 37, S. 463.

[190] Vgl. *Albert K. Cohen*, Abweichung und Kontrolle, München 1968.

[191] Vgl. *Homans*, Theorie der sozialen Gruppe, Köln und Opladen 1960.

[192] Nach einem Urteil des Bundesverwaltungsgerichts (Aktenzeichen: VIII C 88.69) kann bereits die ausschließliche Berufung auf das 5. Gebot zur Anerkennung führen. Vgl. Frankfurter Rundschau, 9. 2. 1971, S. 4.

[193] Vgl. hierzu: *Dieter Senghaas*, Abschreckung und Frieden, Frankfurt 1969, und Fritz Vilmar, Rüstung und Abrüstung im Spätkapitalismus, Frankfurt 1965 ff.

[194] Vgl. *Edwin M. Lemert*, Social Pathology, New York 1951.

[195] *Dr. vom Hagen*, Rechtsanwalt, Interview am 6. 3. 1971 in Stuttgart, im Archiv der Verfasser.

[196] Vgl. z. B. *G. Dietrich*, »Formen der Ausschaltung normativer Tendenzen«, in: Thomae, a.a.O., S. 375 ff. *Wellek*, »Exkurs über die Eigenständigkeit des Willens«, in: Thomae, a.a.O., S. 160.

[197] *Hinzmann*, a.a.O., S. 16.

[198] Urteil des Bundesverwaltungsgerichts vom 3. 10. 1958, Aktenzeichen VII C 235/57; und vom 27. 5. 1960, Aktenzeichen VII C 171/59; vgl. dazu: Recht der Kriegsdienstverweigerung, a.a.O., Abschnitt C – KDV 300, S. 19 f.

[199] Auf die Darstellung der Problematik aus der Sicht einzelner Gruppen, etwa der Kirchen, kann hier nicht näher eingegangen werden. Wir verweisen zur Information auf die o. a. Bibliographie von Stahnke. Zusätzlich seien genannt als Darstellung aus evangelisch-theologischer Sicht: *W. Bienert*, »Krieg,

Kriegsdienst, Kriegsdienstverweigerung«, aus katholischer Sicht: Bulletin der KNA vom 1. 5. 1956, Nr. 177 und die Stellungnahme von Hirschmann vor dem Verteidigungsausschuß des Deutschen Bundestages, Sitzung 94, 1. 6. 1956.

[200] *Leder*, a.a.O., S. 138.

[201] A.a.O., S. 132.

[202] Zitiert nach: »Recht der Kriegsdienstverweigerung (RKV)« Handbuch für die gesamte Praxis der KDV und des zivilen Ersatzdienstes, a.a.O.

[203] Zu These 1.: (Einflüsse Dritter, Schule, Elternhaus) Az. VII C 169/60, 21. 7. 1961.
Zu These 2.: (Wandelbarkeit, Bezugspunkte) wie oben und Urteil vom 24. 7. 1959, Az. VII C 144/1959.
Beides Urteile des Bundesverwaltungsgerichts.

[204] Vgl. oben Punkt 3.1–3.2.

[205] Interview mit Ulrich Finckh am 3. 3. 1971 in Bremen.

[206] Vgl. *Günther Amendt*, Militante Kriegsdienstverweigerung statt einer Moralpredigt, in: Liepmann/Hannover/Amendt, a.a.O., S. 136.

[207] Jahresbericht 1969 des Wehrbeauftragten, a.a.O., S. 8.

[208] Interview mit Hans Hammer am 21. 2. 1971 in Berlin.

[209] Interview mit R. Settele am 5. 3. 1971 in Stuttgart.

[210] Ebenda.

[211] *F. Hoppe*, in: *Thomae*, a.a.O., S. 217: das Anspruchsniveau, d. h., »die Gesamtheit (der) mit jeder Leistung sich verschiebenden, bald unbestimmten, bald präziseren Erwartungen, Zielsetzungen oder Ansprüche an die zukünftige eigene Leistung«.

[212] Vgl. Interview mit Hans Hammer und Heinz Kopp am 21. 2. 1971 in Berlin, und mit RA Heinrich Hannover am 2. 3. 1971 in Bremen.

[213] Vgl. etwa *Franz W. Seidler* und *Helmut Reindl*, Die Wehrpflicht, München 1971, S. 98.

[214] Als Basis für diese Diskussion kann der Bericht der Wehrstruktur-Kommission an die Bundesregierung »Wehrgerechtigkeit in der Bundesrepublik Deutschland« angesehen werden; sie wurde 1971 »im Einvernehmen mit der Bundesregierung« veröffentlicht.

[215] Seidler/Reindl, a.a.O., S. 98.

[216] Pressemitteilung der »Zentralstelle für Recht und Schutz der Kriegsdienstverweigerer aus Gewissensgründen e. V.«, Bremen, Sommer 1971.

[217] Frankfurter Rundschau, 31. 1. 1972; EKD = Evangelische Kirche Deutschlands.

[218] Vgl. Seideler/Reindl, a.a.O., S. 98.

[219] Der Zivildienst, herausgeg. vom Bundesverwaltungsamt Köln, Nr. 5, Juli/Aug. 1970, S. 1.

[220] Vgl. Frankfurter Rundschau, 23. 1. 1970; 27. 1. 1970; 31. 1. 1970; 4. 2. 1970; sowie »Autorenkollektiv der Bundeszentrale der Ersatzdienstleistenden«, in: Haug/Maessen, a.a.O., S. 96 ff., hier S. 100.

[221] Vgl. *Hans Iven*, Konzeption zur Neugestaltung des zivilen Ersatzdienstes; in: Der Zivildienst, a.a.O., S. 1 ff.

[222] Vgl. Frankfurter Rundschau, 2. 4. 1971

[223] Vgl. Frankfurter Rundschau, 2. 4. 1971.

[224] Zit. nach Frankfurter Rundschau, 27. 12. 1971.

[225] Frankfurter Rundschau, 31. 1. 1972; Hervorhebung von den Verfassern.

[226] Vgl. ebenda.

[227] Der Tagesspiegel, Berlin, 17. 4. 1971.

[228] Vgl. Frankfurter Rundschau, 3. 4. 1971.

[229] Vgl. Bundesinfo der Bundeszentrale der Ersatzdienstleistenden, Düsseldorf, o. J. (Sommer 1971), S. 5; sowie Frankfurter Rundschau, 18. 8. 1971 und 27. 12. 1971.

[230] Frankfurter Rundschau, 27. 12. 1971.

[231] An kirchlichen Organisationen seien hier genannt: Katholische Arbeitsgemeinschaft für Kriegsdienstverweigerung und zivilen Ersatzdienst; Evangelische Arbeitsgemeinschaft zur Betreuung der Kriegsdienstverweigerer, vgl. auch in »Jugend gegen Kriegsdienst«, Hrsg. Kongreßbüro Jugend gegen Kriegsdienst, Essen 1970, S. 8.

[232] Gespräch mit Verwaltungsgerichtsdirektor Trapp und mit J. Loës.

[233] Hier gibt es eine kaum zu übersehende Fülle von Material, um nur zwei wichtige zu nennen: »Jugend gegen Kriegsdienst«, a.a.O., und *v. Bredow*, Entscheidung des Gewissens, a.a.O.

[234] Mit Multiplikatoreffekt ist hier die Tatsache gemeint, daß es genügt, wenn beispielsweise in einer Schulklasse oder in einer Lehrlingsgruppe ein einzelner beraten wurde bzw. Informationsschriften gelesen hat. Durch Diskussion mit Mitschülern bzw. Arbeitskollegen werden dann auch die anderen mit diesen Überlegungen bekannt gemacht, und so wird unter Umständen der letzte entscheidende Anstoß zur Verweigerung vermittelt. Vgl. Interview – Analyse.

[235] Vgl. dazu im folgenden Teil die Gegenüberstellung/Vergleich von VK- bzw. DFG/IdK-Mitgliedern.

[236] Ein Beispiel für einen starken Beratungseinfluß bietet z. B. die Praxis von Dr. Frauenfeld in Moers. Sämtliche Nennungen der UNO in unserem Sample stammen aus seiner Praxis.

[237] Interview mit RA Hannover, a.a.O.

[238] Vgl. auch Interview mit R. Settele.

[239] Interview mit Hans Hammer und Heinz Kopp.

[240] Vgl. Interview mit Klaus Wellhardt.

[241] Allerdings kann angenommen werden, daß alle durch unsere Untersuchung erfaßten KDVer durch die Verweigerer-Verbände oder durch diesen nahestehenden Rechtsanwälte beraten wurden. Wir haben das Material teilweise durch Rundschreiben über eine DFG/IdK-Adressenliste erhalten bzw. durch Einsichtnahme in Archive von Rechtsanwälten.

[242] S. oben, S. 23.

[243] Vgl. *H. E. Jahn*, a.a.O., S. 241.

[244] S. oben S. 28, Anm. 101.

[245] *Jahn*, a.a.O., S. 239, spricht von 328 Anträgen, Stuckmann, a.a.O., dagegen von 517, S. 97.

[246] *Stuckmann*, a.a.O., S. 96 f.

[247] Ebenda.

[248] *Liepmann*, 1966, a.a.O., S. 18 ff.

[249] Ebenda.

[250] *Schmidbauer/Wagner*, a.a.O., S. 21.

[251] Mit dem Begriff »Wehrunwillige« werden auch Deserteure erfaßt. – Wir halten diesen Begriff für unglücklich gewählt, da er sich eng an den herrschenden Sprachgebrauch anlehnt, zumindest dem Begriff »Drückeberger« assoziativ zuzuordnen ist.

[252] Das methodische Vorgehen wird hier nicht weiter erläutert. Vgl. dazu z. B. *Mayntz/Holm/Hübner*, Einführung in die Methoden der empirischen Soziologie, Köln und Opladen 1969, S. 155 ff.

[253] Herkunft der Zitate vgl. Anmerkungen 177 und 178.

[254] Vgl. Definition von Motivation, oben 4. 2.

[255] Aus einem Urteil des Verwaltungsgerichts Bremen in Sachen W. A., April 1970.

[256] Vgl. *Dieter F. Markert,* Braune Armee, in: Entscheidung des Gewissens, a.a.O., S. 94 ff.

[257] Vgl. *Irving Goffman,* Asylums, New York 1968.

[258] Schriftliche Begründung des Antrags auf KDV beim Prüfungsausschuß des KWEA Köln, März 1970.

[259] Urteil des Verwaltungsgerichts Bremen in Sachen U. R., März 1969.

[260] Urteil des Verwaltungsgerichts Bremen in Sachen H.-W. E., April 1969.

[261] Sitzungsniederschrift einer Verhandlung vor dem Prüfungsausschuß beim KWEA Köln, April 1970.

[262] Urteil des Verwaltungsgerichts Bremen in Sachen U. R., März 1969.

[263] Urteil des Verwaltungsgerichts Hannover in Sachen R. S., März 1970.

[264] An diesem Beispiel läßt sich deutlich der Einfluß von Beratungen feststellen. Das Argument der UN-Weltpolizei ist bei dieser Untersuchung nur von Antragstellern genannt worden, die von Dr. Johannes Frauenfeld beraten wurden; zur Beratung und deren Einfluß vgl. unten 5.3.

[265] *Johannes Frauenfeld,* Das Grundrecht auf Kriegsdienstverweigerung (vervielfältigte Maschinenschrift), Moers (1970), S. 8.

[266] A.a.O., S. 9. Ergänzend weist Dr. Frauenfeld darauf hin: »Das entscheidende Unterschiedsmerkmal zwischen UNO-Charta und Haager Landkriegsordnung besteht darin, daß die Haager Landkriegsordnung den Krieg legalisiert, die UNO-Charta dagegen ein Gesetz gegen das Verbrechen des Krieges darstellt.« (Brief an die Autoren vom 27. 7. 1971). Es sei in diesem Zusammenhang noch auf den Plan »UN-Status für Deutschland?« hingewiesen. In ihm hat der ehemalige Vorsitzende des VK – Wilhelm Keller – für eine Mundualisierung Deutschlands plädiert. Danach sollte die oberste Gerichtsbarkeit und Exekutivgewalt den Vereinten Nationen übertragen werden. Außerdem übernimmt der UN-Generalsekretär oder ein von ihm benannter Vertreter »das Oberkommando über die aus der NATO und dem Warschauer Pakt herauszulösenden Kontingente der Bundeswehr und der Nationalen Volksarmee, die in UN-Polizeitruppen verwandelt bzw. von schon vorhandenen oder neu aufzustellenden UN-Truppen abgelöst werden«. (*Wilhelm Keller,* UN-Status für Deutschland?, (Frankfurt a. M./Detmold, o. J.); vergl. auch Interview mit Reinhold Settele.

[267] Aus einem Urteil des Verwaltungsgerichts Bremen in Sachen A. M., April 1969.

[268] Aus einem Urteil des Verwaltungsgerichts Bremen in Sachen H. G., April 1969.

[269] Vgl. *Theodor Ebert,* Gewaltfreier Aufstand – Alternative zum Bürgerkrieg, Frankfurt a. M. 1970; ders., Soziale Verteidigung – eine Alternative zu »Vorwärtsverteidigung?«, in: Probleme des Friedens info, 4. Jg., Heft 9–12/ 1969, S. 54–70; kritisch dazu: *Ursula Ossenberg,* Gewaltloser Widerstand und soziale Verteidigung, in: »Zivil«, 14. Jg., Nr. 1, Januar 1969, S. 9 ff. *Möhle/Rabe,* Überlegungen zur Problematik Sozialer Verteidigung, in: Antimilitarismus-Information, 3/71, S. 47 ff. Soziale Verteidigung – Friedens- und Sicherheitspolitik in den achtziger Jahren, = Gewaltfreie Aktion – Heft 9/10 1971, dort besonders *Egbert Jahn,* Soziohistorische Voraussetzungen der Sozialen Verteidigung.

[270] Die Gesamtaussage ergibt sich aus der Auswertung der in die Urteile bzw. Bescheide eingegangenen schriftlichen Anträge und des dort wiedergegebenen Verhandlungsverlaufs. Nicht berücksichtigt wurden die in der Urteilsbegründung enthaltenen Stellungnahmen des jeweiligen Entscheidungsgremiums. – Zur Einteilung der Motivationsfelder vgl. auch Schmidbauer/Wagner, a.a.O., S. 49 ff.

[271] Vgl. RKV-Handbuch . . ., KDV 300, a.a.O., S. 20–29.

[272] Vgl. RKV-Handbuch . . ., a.a.O., KDV 300, S. 29 ff.

[273] Entfällt!

[274] Über eine Adressenliste der Berliner DFG/IdK-Gruppe baten wir in einem Rundbrief, uns Bescheide und Urteile zur Verfügung zu stellen. Sowohl von Einzelpersonen als auch von Rechtsanwälten und Beratern erhielten wir dann das Material zugeschickt.
Die Zufallsstichproben wurden wie folgt erhoben: Gruppe 2: jede 12. Akte aus dem Gesamtmaterial (Verw.-Ger.-Urteile), Gruppe 4: jede 16. Akte aus dem Gesamtmaterial (gemischt), Gruppe 5: jede 3. Akte aus den Jahren 1969–1971 (gemischt), Gruppe 3 enthält nur Verwaltungsgerichtsurteile, Gruppe 1 ist gemischt.

[275] Vgl. Interview mit Reinhold Settele; ferner diverse Briefe von Rechtsanwälten auf das oben erwähnte Rundschreiben, im Archiv der Verfasser.

[276] Es handelt sich hierbei um Dokumente, von denen Fotokopien zugeschickt wurden; in diesen drei Fällen sind Namen und Verhandlungsort von den Absendern unkenntlich gemacht worden.

[277] Interview mit Ulrich Finckh, vgl. Anmerkung 158.

[278] Interview mit Klaus Wellhardt, vgl. Wortlaut in Teil E.

[279] Interview mit RA Dr. vom Hagen, vgl. Anmerkung 195.

[280] Interview mit Verwaltungsgerichtsdirektor Dr. Trapp am 8. 3. 1971 in Stuttgart; wir zitieren aus einer von Herrn Trapp selbst vorgenommenen schriftlichen Gesprächszusammenfassung.

[281] Interview mit Hans Hammer und Heinz Kopp am 21. 2. 1971 in Berlin.

[282] Vgl. dazu Bundesverwaltungsgerichtsurteil vom 3. 10. 1958, Aktenzeichen II C 235/57; ferner vom 24. 7. 1959, Aktenzeichen VII C 144/59; sowie vom 23. 6. 1961, Aktenzeichen VII C 33/60. Vgl. im einzelnen, RKV, a.a.O., KDV 300 – Abschnitt C, S. 16.

[283] Interview mit Ulrich Finckh, a.a.O.

[284] *Ralf Dahrendorf*, Einleitung zu: Der Zweite Bildungsweg im sozialen und kulturellen Leben der Gegenwart, Heidelberg 1959, S. XVII.

[285] Vgl. auch Tabelle 27 in Teil D.

[286] *Renate Mayntz* u. a., Soziologen im Studium, Stuttgart 1970.

[287] Bei diesem Wert ist zu berücksichtigen, daß es sich um eine sehr kleine Gruppe handelt, $n = 7$.

[288] Vgl. einschränkend dazu oben, Anmerkung 236.

[289] Überprüfung und Vergleich von Protokollen, Lebensläufen und Bescheiden jeweils eines Falles ergab, daß nur die Mitgliedschaft in Verweigererverbänden regelmäßig angeführt ist.

[290] *Hahnenfeld*, a.a.O., S. 62, vgl. auch § 26, Abs. 4, Satz 1 WPflG.

[291] *Hahnenfeld*, S. 62 f.

[292] Interessant erscheint es, daß bei der Mitgliedschaft in Sportvereinen in keinem Fall »Oberschicht-Sportarten« genannt werden wie Tennis, Segeln o. ä. Vgl. dazu bei *Mayntz*, Soziologen im Studium, S. 71 und Tab. 17 dort.

[293] Vgl. Anmerkung 264.

[294] Bei »keine Angabe« handelt es sich um zugesandte Kopien von Bescheiden, bei denen der Verfahrensausgang entweder unkenntlich gemacht war, oder die entsprechende Seite (= Deckblatt) fortgelassen wurde.

[295] Vgl. oben S. 37 ff.

[296] Jahresbericht 1969, a.a.O., S. 8 f. – Zur statistischen Erhebungsmethode der Wehrbehörden vgl. Tab. 24 in Teil D.

[297] Vgl. oben, S. 35.

[298] Beispielsweise befürchtete die Bundeswehrführung: »Entschließen sich vier oder fünf Soldaten einer Panzerkompanie über Nacht, dem Waffendienst zu entsagen, dann kann es passieren, daß am nächsten Morgen der eine oder andere Panzerwagen stehenbleibt.« »Der Spiegel«, Nr. 40/1968, S. 41.

[299] Vgl. Anmerkung 177.

[300] Vgl. auch Tabellen 24, 25 und 26 in Teil D.

[301] Vgl. die exemplarische Darstellung der Fälle X, Y und Z.

[302] Vgl. Interview mit Reinhold Settele in Teil E sowie Interviewanalyse und Tabelle 27.

[303] Vgl. »Der Spiegel«, Nr. 14/1971, S. 18.

[304] Vgl. Helmut Schmidt in: Wehrgerechtigkeit, a.a.O., S. 196, vgl. oben Anmerkung 5.

[305] In der von Wolfgang Hübner herausgegebenen Dokumentation einer Umfrage: »Warum wir den Wehrdienst verweigern«, Opladen 1971, wird aufgezeigt, daß die hier angesprochene opportunistische Haltung im übrigen durchaus eine Rolle spielt; vgl. dort S. 15, 18, 19, 22, 30.

[306] Recht der Kriegsdienstverweigerung, a.a.O., KDV 300, S. 39.

[307] Aus dem Urteil G. Z. ./. BRD-Kreiswehrersatzamt Stuttgart vom 22. 10. 1970.

[308] Ebenda.

[309] Die Nennung von Verteidigungsalternativen wurde bei der Verschlüsselung *nicht* als Indikator für politische Motivation gewertet.

[310] Vgl. u. a. die verschiedenen in »Gewaltfreie Aktion«, Berlin-West, Dez. 1969 ff., veröffentlichten Beiträge; sowie *Möhle/Rabe,* Überlegungen zur Problematik Sozialer Verteidigung, a.a.O., S. 58 ff.

[311] Vgl. *Wolfgang Hübner,* a.a.O., S. 16, 28, 30, 34, 41 f.

[312] Vgl. oben, S. 53 f.

[313] Als Untersuchungsmaterial dienten: Anträge sowie die dazu gegebenen Begründungen; Bescheide von Prüfungsausschüssen und Prüfungskammern, Verwaltungsgerichtsurteile; Verhandlungsniederschriften aller drei Instanzen; sowie private Korrespondenz und Klagebegründungen. Diese drei Fälle wurden nicht in die Stichprobe (n = 230) aufgenommen.

[314] Verhandlungsniederschrift, PA in Sachen X, Juli 1968, S. 3.

[315] Verwaltungsgerichtsurteil in Sachen X, Dez. 1968, S. 6.

[316] Verhandlungsniederschrift, PA in Sachen X, Juli 1968, S. 4.

[317] Ebenda.

[318] Ebenda.

[319] PA Bescheid in Sachen X, Juli 1968, S. 3.

[320] Ebenda; vgl. auch Anm. 198.

[321] PK Bescheid in Sachen X, Sept. 1968, S. 2.

[322] Vgl. oben, Normenkontrollverfahren des § 25 Wehrpflichtgesetz vor dem Bundesverfassungsgericht.

[323] Vgl. Verwaltungsgerichtsurteil in Sachen X, Dez. 1968, S. 4; siehe auch Strafanzeige von X gegen seinen Kommandeur, Aug. 1968.

[324] »Begründung der politischen Kriegsdienstverweigerung« von X für das Verwaltungsgerichtsverfahren, Okt. 1968.

[325] Verhandlungsniederschrift, Verwaltungsgericht in Sachen X, Dez. 1968, S. 3 f.

[326] Verwaltungsgerichtsurteil in Sachen X, Dez. 1968, S. 8.

[327] A.a.O., S. 11.

[328] Ebenda.

[329] Urteil des Bundesverwaltungsgerichts in Sachen X, Dez. 1970.

[330] Schriftliche Antragsbegründung von Y, Juni 1968.

[331] Ebenda.

[332] Ebenda.

[333] Schriftliche Zeugenaussage in Sachen Y an den PA, Juli 1968.

[334] Ebenda.

[335] PA Bescheid in Sachen Y, Sept. 1969, S. 3 ff.

[336] A.a.O., S. 3 f.

[337] Ebenda.

[338] A.a.O., S. 4.

[339] A.a.O., S. 5.

[340] PK Bescheid in Sachen Y, Febr. 1970, S. 3.

[341] Verwaltungsgerichtsurteil in Sachen Y, Juli 1970, S. 7.

[342] Ebenda.

[343] A.a.O., S. 11.

[344] Vgl. Verhandlungsniederschrift Verwaltungsgericht in Sachen Z, April 1970, S. 4.

[345] Zit. nach Verwaltungsgerichtsurteil in Sachen Z, Mai 1970, S. 2.

[346] Verhandlungsniederschrift PA, zit. nach PK Bescheid in Sachen Z, April 1969, S. 2.

[347] PA Bescheid in Sachen Z, Aug. 1968, S. 5.

[348] Brief von Z, Mai 1968.

[349] PA Bescheid in Sachen Z, Aug. 1968, S. 4.

[350] Klagebegründung für das Verwaltungsgerichtsverfahren in Sachen Z, Juli 1968, S. 1 f.

[351] Verhandlungsniederschrift Verwaltungsgericht in Sachen Z, April 1970, S. 2.

[352] A.a.O., S. 3.

[353] Vgl. Verwaltungsgerichtsurteil in Sachen Z, Mai 1970, S. 9.

[354] Den Verfassern ist die Existenz von mindestens drei derartigen Publikationen bekannt:
  – Statistische Kurzinformationen: Die Kriegsdienstverweigerung in der Bundeswehr – Stand 31. 12. 1964.
  – Statistische Kurzinformationen Nr. 3/69: Motive für die Kriegsdienstverweigerung – Berichtsjahr 1967.
  – Statistische Kurzinformationen Nr. 6/70: Die Kriegsdienstverweigerung unter besonderer Berücksichtigung der Kriegsdienstverweigerung von Soldaten.

[355] Statistische Kurzinformationen 6/70, a.a.O., S. 6, Angaben nach Tabelle 1b zusammengestellt.

[356] Ebenda.

[357] A.a.O., Angaben nach Tabelle 1a zusammengestellt.

[358] Ebenda.

[359] A.a.O., Angaben nach Tabelle 2 zusammengestellt.

[360] A.a.O., S. 1.

[361] A.a.O., S. 2.

362 Statistische Kurzinformationen, 3/69, a.a.O.; liegt nicht vor.

363 Statistische Kurzinformationen 6/70, a.a.O., S. 5.

364 Ebenda.

365 Bundeswehrverwaltungsamt St 1/WE 2, vom 15. 9. 1970; zit. nach *Seidel/ Reindel,* a.a.O., S. 134.

366 Statistische Kurzinformationen 6/70, a.a.O., S. 3.

367 Ebenda.

368 Ebenda.

369 A.a.O., S. 4; Ergebnisse aus Schaubild 2 zusammengestellt.

370 *Werner Hofmann,* Zur Soziologie des Antikommunismus; in: *ders.,* Stalinismus und Antikommunismus – Zur Soziologie des Ost-West-Konflikts, Frankfurt 1970, 4. Auflage, S. 131 ff.; hier S. 132. – Vgl. auch *Dieter Hirschfeld,* Umrisse einer Theorie des Antikommunismus, in: Das Argument, Heft 48, Oktober 1968, S. 335 ff.

371 A.a.O., S. 133 f.

372 A.a.O., S. 146.

373 A.a.O., S. 152.

374 Ebenda.

375 Vgl. a.a.O., S. 153.

376 *Hans-Helmut Thielen,* Der Verfall der Inneren Führung – Politische Bewußtseinsbildung in der Bundeswehr, Frankfurt a. M. 1970, S. 122.

577 A.a.O., S. 124.

378 A.a.O., S. 121; siehe auch W. Abendroth, Wirtschaft, Gesellschaft und Demokratie, a.a.O., S. 7 f.

379 Vgl. *Horst Bethge,* Wehrpropaganda in der Schule, in: betrifft: erziehung, Heft 1/1972, S. 19 f.

380 Konkret, Hamburg, Heft 2/1972, S. 11.

381 So meint *Schwamborn,* Handbuch . . ., a.a.O.; »Es ist vor allem auf die Existenz des Verfahrens, das viele mögliche Verweigerer fürchten, zurückzuführen, daß der Anteil der Abiturienten unter den Kriegsdienstverweigerern ca. 60 %/o beträgt.« (A.a.O., S. 63.) Dieser Auffassung ist entgegenzuhalten, daß es zwar richtig ist, von der Abschreckungswirkung des Verfahrens zu sprechen, gleichzeitig kann diese Aussage aber nicht eine Erklärung für den hohen Anteil von Abiturienten an der Gesamtzahl der Verweigerer geben.

Analysen

Kritische Darstellung von Problemen aus Gesellschaft, Wirtschaft und Politik.
Sachverhalte, Meinungen und Gegenmeinungen, Alternative Lösungskonzeptionen.
Dazu: Dokumentationen, Materialien und Literatur.

Veröffentlichungen der Hochschule für Wirtschaft und Politik, Hamburg
Herausgeber: Helmut Bilstein, Friedrich-Wilhelm Dörge, Ralf Mairose und Hans-Joachim Winkler

Leske Verlag

Kritik

Band 1:

Die autoritäre Gesellschaft

3. Auflage. 216 Seiten, kart. DM 16,–

**Herausgegeben
von Günter Hartfiel**

Autoren: Willy Strzelewicz, Wolfgang Hochheimer, Hans-G. Rolff, Günter Hartfiel, Jürgen Fijalkowski, Jürgen Ritsert und Wilfried Gottschalch

Inhalt: Herrschaft ohne Zwang? – Die permanente Reproduktion der autoritären Persönlichkeit – Demokratie der Unmündigen? – Das Unbehagen der jungen Generation – Demokraten als Bürokraten – Autoritäre Wissenschaft – Freiheit und Demokratie im etablierten Sozialismus

Band 3:

Parlamentarismus ohne Transparenz

272 Seiten, kartoniert DM 18,–

**Herausgegeben
von Winfried Steffani**

Autoren: Udo Bermbach, Klaus von Beyme, Thomas Ellwein, Klaus Günther, Frieder Naschold, Joachim Raschke, Winfried Steffani, Heinz Rausch, Bodo Zeuner, Heinrich Oberreuter und Heinz Laufer

Inhalt: Anspruch und Realität des parlamentarischen Systems – Rätesystem als Alternative? – Formierte Verwaltung – Regierung der Anpassung – Flickwerk statt Planung – Regierungswechsel auf Raten – Parlamentsreform in der Dunkelkammer – Selbstverständnis der Abgeordneten – Kandidatenaufstellung – Wahlen ohne Auswahl – Wahlrechtsänderung – Entscheidungsgewalt ohne Opposition

Band 2:

Konzentration ohne Kontrolle

2. Auflage. 314 Seiten, kart. DM 18,–

**Herausgegeben
von Dieter Grosser**

Autoren: Helmut Arndt, Friedrich Bloch, Günther Doeker, Reinhard Haarmann, Wilhelm Dürrhammer, Bernd-D. Bensch, Dieter Grosser und Walter Krummholz

Inhalt: Macht, Konkurrenz und Demokratie – Amerikaner in Europa – Steuern und Konzentration – Pressekonzentration – Wettbewerb, Konzentration und Frage der Kontrolle der Marktmacht – Mitbestimmung im Großbetrieb – Lohnpolitik der Gewerkschaften – Vermögensbildung

Band 4:

Manipulation der Meinungsbildung

2. Auflage. 368 Seiten, kart. DM 19,80

Herausgegeben von Ralf Zoll

Autoren: Horst Haenisch, Eike Hennig, Horst Holzer, Klaus Horn, Heinz D. Jaenicke, Heribert Schatz, Jürgen Seifert, Otwin Massing, Klaus Schröter, Thomas Ellwein

Inhalt: Abhängigkeit der Massenmedien von den Werbeeinnahmen – Probleme der Kontrolle von Funk und Fernsehen – Zum Problem journalistischer Objektivität – „Lebenshilfe" als Prinzip – „Tagesschau" und „heute" – Politisierung des Unpolitischen? – Die Zeitung der „Superlative" – Funktion rechtsradikaler Presse in der BRD

Westdeutscher Verlag Opladen